非物质文化遗产丛书

Intangible Cultural Heritage Series

卢沟桥传说

北京市文学艺术界联合会　组织编写

陈宇　编著

北京出版集团公司
北京美术摄影出版社

图书在版编目（CIP）数据

卢沟桥传说 / 陈宇编著 ；北京市文学艺术界联合会
组织编写. — 北京 ： 北京美术摄影出版社，2017.1
（非物质文化遗产丛书）
ISBN 978-7-5592-0006-8

Ⅰ．①卢… Ⅱ．①陈… ②北… Ⅲ．①卢沟桥—介绍
Ⅳ．①K928.78

中国版本图书馆CIP数据核字（2017）第041853号

非物质文化遗产丛书
卢沟桥传说
LUGOUQIAO CHUANSHUO

陈 宇 编著

北京市文学艺术界联合会 组织编写

出 版	北京出版集团公司
	北京美术摄影出版社
地 址	北京北三环中路6号
邮 编	100120
网 址	www.bph.com.cn
总发行	北京出版集团公司
发 行	京版北美（北京）文化艺术传媒有限公司
经 销	新华书店
印 刷	北京方嘉彩色印刷有限责任公司
版 次	2017年1月第1版第1次印刷
开 本	190毫米×245毫米 1/16
印 张	18.75
字 数	270千字
书 号	ISBN 978-7-5592-0006-8
定 价	68.00元

如有印装质量问题，由本社负责调换
质量监督电话 010-58572393

组织编写

北京市文学艺术界联合会

北京民间文艺家协会

序

PREFACE

赵 书

　　2005 年，国务院向各省、自治区、直辖市人民政府，国务院各部委、各直属机构发出了《关于加强文化遗产保护的通知》，第一次提出"文化遗产包括物质文化遗产和非物质文化遗产"的概念，明确指出："非物质文化遗产是指各种以非物质形态存在的与群众生活密切相关、世代相承的传统文化表现形式，包括口头传统、传统表演艺术、民俗活动和礼仪与节庆、有关自然界和宇宙的民间传统知识和实践、传统手工艺技能等，以及与上述传统文化表现形式相关的文化空间。"在北京市"保护为主、抢救第一、合理利用、传承发展"方针的指导下，在市委、市政府的领导下，非物质文化遗产保护工作得到健康、有序的发展，名录体系逐步完善，传承人保护逐步加强，宣传展示不断强化，保护手段丰富多样，取得了显著成绩。

　　2011 年，第十一届全国人民代表大会常务委员会第十九次会议通过《中华人民共和国非物质文化遗产法》。第三条中规定"国家对非物质文化遗产采取认定、记录、建档等措施予以保存，对体现中华民族优秀传统文化，具有历史、文学、艺术、科学价值的非物质文化遗产采取传承、传播等措施予以保护"。第八条中规定"县级以上人民政府应当加强对非物质文化遗产保护工作的宣传，提高全社会保护非物质文化遗产的意识"。为了达到上述要求，在市委宣传部、组织部的大力支持下，北京市于 2010 年开始组织编辑出版"非物质文化遗产丛书"。丛书的作者为非物质文化遗产项目传承人以及各文化单位、科研机构、大专院校对本专业有深厚造诣的著名专家、学者。这套丛书的出版赢得了良好的社会反响，其编写具有三个特点：

第一，内容真实可靠。非物质文化遗产代表作的第一要素就是项目内容的原真性。非物质文化遗产具有历史价值、文化价值、精神价值、科学价值、审美价值、和谐价值、教育价值、经济价值等多方面的价值。之所以有这么高、这么多方面的价值，都源于项目内容的真实。这些项目蕴含着我们中华民族传统文化的最深根源，保留着形成民族文化身份的原生状态以及思维方式、心理结构与审美观念等。非遗项目是从事非物质文化遗产保护事业的基层工作者，通过走乡串户实地考察获得第一手材料，并对这些田野调查来的资料进行登记造册，为全市非物质文化遗产分布情况建立档案。在此基础上，各区、县非物质文化遗产保护部门进行代表作资格的初步审定，首先由申报单位填写申报表并提供音像和相关实物佐证资料，然后经专家团科学认定，鉴别真伪，充分论证，以无记名投票方式确定向各级政府推荐的名单。各级政府召开由各相关部门组成的联席会议对推荐名单进行审批，然后进行网上公示，无不同意见后方能列入县、区、市以至国家级保护名录的非物质文化遗产代表作。丛书中各本专著所记述的内容真实可靠，较完整地反映了这些项目的产生、发展、当前生存情况，因此有极高历史认识价值。

第二，论证有理有据。非物质文化遗产代表作要有一定的学术价值，主要有三大标准：一是历史认识价值。非物质文化遗产是一定历史时期人类社会活动的产物，列入市级保护名录的项目基本上要有百年传承历史，通过这些项目我们可以具体而生动地感受到历史真实情况，是历史文化的真实存在。二是文化艺术价值。非物质文化遗产中所表现出来的审美意识和艺术创造性，反映着国家和民族的文化艺术传统和历史，体现了北京市历代人民独特的创造力，是各族人民的智慧结晶和宝贵的精神财富。三是科学技术价值。任何非物质文化遗产都是人们在当时所掌握的技术条件下创造出来的，直接反映着文物创造者认识自然、利用自然的程度，反映着当时的科学技术与生产力的发展水平。丛书通过作者有一定学术高度的论述，使读者深刻感受到非物质文化遗产所体现出来的价值更多的是一种现存性，对体现本民族、群体的文化特征具有真实的、承续的意义。

第三，图文并茂，通俗易懂，知识性与艺术性并重。丛书的作者均是非物质文化遗产传承人或某一领域中的权威、知名专家及一线工作者，他们撰写的书第一是要让本专业的人有收获；第二是要让非本专业的人看得懂，因为非物质文化遗产保护工作是国民经济和社会发展的重要组成内容，是公众事业。文艺是民族精神的火烛，非物质文化遗产保护工作是文化大发展、大繁荣的基础工程，越是在大发展、大变动的时代，越要坚守我们共同的精神家园，维护我们的民族文化基因，不能忘了回家的路。为了提高广大群众对非物质文化遗产保护工作重要性的认识，这套丛书对各个非遗项目在文化上的独特性、技能上的高超性、发展中的传承性、传播中的流变性、功能上的实用性、形式上的综合性、心理上的民族性、审美上的地域性进行了学术方面的分析，也注重艺术描写。这套丛书既保证了在理论上的高度、学术分析上的深度，同时也充分考虑到广大读者的愉悦性。丛书对非遗项目代表人物的传奇人生，各位传承人在继承先辈遗产时所做出的努力进行了记述，增加了丛书的艺术欣赏价值。非物质文化遗产保护人民性很强，专业性也很强，要达到在发展中保护，在保护中发展的目的，还要取决于全社会文化觉悟的提高，取决于广大人民群众对非物质文化遗产保护重要性的认识。

编写"非物质文化遗产丛书"的目的，就是为了让广大人民了解中华民族的非物质文化遗产，热爱中华民族的非物质文化遗产，增强全社会的文化遗产保护、传承意识，激发我们的文化创新精神。同时，对于把中华文明推向世界，向全世界展示中华优秀文化和促进中外文化交流均具有积极的推动作用。希望本套图书能得到广大读者的喜爱。

2012 年 2 月 27 日

序

石振怀

　　2014年7月，丰台区申报的"卢沟桥传说"入选第四批国家级非物质文化遗产名录，这充分显示了"卢沟桥传说"作为北京地域内具有重大影响力的民间文学资源所具有的非物质文化遗产价值。然而，"卢沟桥传说"进入国家级非物质文化遗产名录的路程并非一帆风顺，也可以说经历了一些波折。早在2007年6月，"卢沟桥传说"就入选了第二批北京市市级非物质文化遗产名录，并经专家推荐申报了第二批国家级非物质文化遗产名录。尽管北京市在这次申报中有北京童谣、八达岭长城传说、永定河传说、杨家将（穆桂英）传说等多个项目上榜，可唯独同样具有很大影响力的"卢沟桥传说"遗憾落选。此后，"卢沟桥传说"也申报过第三批国家级非物质文化遗产名录，但仍未能入选。究其原因，并非是对"卢沟桥传说"的保护价值存在质疑，只是由于我们对"卢沟桥传说"的民间讲述者缺乏深入的调查和了解，因而在一定程度上削弱了项目的活态传承性。

　　应该说，从"卢沟桥传说"参与申报非物质文化遗产名录以来，丰台区为该项目的挖掘整理、保护传承做了大量的工作。首

卢沟桥传说

先，他们在以往搜集整理"卢沟桥传说"的基础上，又对民间传承的、只有很少人会讲的传说内容进行了更加深入的挖掘和整理。此后的几年间，他们通过走访调查、入户访谈，又收集到了"卢沟桥传说"的故事十余个，有许多是"卢沟桥传说"已有资料中从未出现过的，如《漂鱼的传说》《一个饼子一锭金》等。他们还积极通过乡镇、街道对能够讲述卢沟桥传说的传承人进行了调查摸底，掌握了大量传承人的相关资料。如家住卢沟桥西桥头村的郑福来老人，是为数不多，目前仍在世的七七事变亲历者，他从小就听乡里的老辈人讲卢沟桥的传说故事，会讲卢沟桥传说近百个，经常给村里人和学校学生讲卢沟桥的故事，还根据自己讲述的故事整理出"卢沟桥故事"手稿，退休以后更是常年坚持在卢沟桥、宛平城和抗战雕塑园义务给中外游客讲故事，声名远扬。2015年，郑福来老人成为第四批北京市市级非物质文化遗产项目"卢沟桥传说"的代表性传承人。此外，丰台区还发现了张霖、郭文明、李世明、刘路非、邢锦堂等多位"卢沟桥传说"的讲述者。而卢沟桥传说的发生地——宛平城街道，也为"卢沟桥传说"的传承保护做了大量的工作，除了搜集整理有关卢沟桥传说的文字、图片等史实资料，编辑出版《卢沟桥的传说》《走进卢沟桥》《爱上宛平城》等图书外，还将卢沟桥传说的传承引入学校，组织学生了解和讲述卢沟桥的传说等。正是丰台区围绕"卢沟桥传说"的传承保护做了这么多艰苦细致的工作，使得本身就具有很高价值的"卢沟桥传说"能够最终入选国家级非物质文化遗产名录。

此次丰台区将"卢沟桥传说"结集出版，为"非物质文化遗产丛书"增添了浓墨重彩的一笔，也是对"卢沟桥传说"进行保存、保护的重要举措之一。据了解，丰台区对"卢沟桥传说"的文字整理从20世纪60年代就已经开始。1963年，一些民间文学作者曾搜集了"卢沟桥的来历""蝎子城的传说""卢沟晓月"等民间传说。这些故事被1982年上海文艺出版社出版的《北京的传说》一书收录。此后，丰台区又曾编辑过两本"卢沟桥传说"的合集：一本是1982年由丰台区文学创作协会与丰台区文化馆联合编印的《卢沟晓月（民间故事集）》（资料），收录卢沟桥的传说49篇；一本是2002年由孙涛主编、文化艺术出版社出版的《卢沟桥的传说》，收录卢沟桥的传说42篇（与上一版本的部分篇目相同）。

　　本次出版的《卢沟桥传说》新书，主要体现出三个特点。一是篇目齐全，此次出版的《卢沟桥传说》将以前搜集整理的传说故事全部囊括其中，同时收录了2006年以来新搜集整理的卢沟桥传说十余篇，还收录了民间流传的不同版本的传说，有的传说达三个版本之多，因此该书可称得上是卢沟桥传说的集大成者。二是编目清楚，该书与以往两个版本的合集不同，它的编目不是采用以故事名称大排行、一贯到底的方式，而是将不同类型的传说故事进行了细致分类，其内容包括卢沟桥修建历史的传说，卢沟桥上石狮子的传说，卢沟桥与龙蛇龟兽的传说，卢沟桥与皇帝、臣子的传说，卢沟桥与普通百姓的传说以及卢沟桥抗战事迹的传说等。三是编者权威，与以往编写卢沟桥传说的社团组织或个人不同，此次编写《卢沟桥传说》的是丰台区非物质文化遗产的管理机构，且是在对卢沟桥传说进行全面搜集整理的基础上进行的，因此编者的资质更具权威性。此外，本书为卢沟桥民间传说的介绍，其中所选的故事、传说，都是群众口耳相传承袭下来的，有些故事在人物、朝代、时间等方面与历史史实不符。为了不使读者误解，特此说明。

　　我与本书的编著者陈宇相识多年，她最初给我留下的印象是她刚到文化馆不久，在一次北京市群众文化论文的征集活动中，初次出手的她就获得了二等奖。此后多年来，我们在工作中多有交集，也有许多交流。几乎在全国非遗工作刚刚开始时，她就参与到非遗保护工作中来了，及至后来担任丰台区文化馆非遗部主任。正是在陈宇和她的同事们的共同努力下，丰台区的非遗工作成绩斐然。丰台区文化馆的成军馆长也是非遗工作的积极支持者，我在北京群众艺术馆主管非遗工作期间，成馆长给了我很多的支持和帮助。

如今，浸透着前辈和后人心血与汗水的《卢沟桥传说》就要付梓出版了，我愿意提前送去我诚挚的祝贺，这也是我之所以愿意为本书写序的心意所在！同时，我衷心希望丰台区的非遗工作能够在今后取得更大的成绩。

是为序。

2016年9月

石振怀曾任北京群众艺术馆副馆长、《北京志·非物质文化遗产志》常务副主编。

目录
CONTENTS

第 三 章

卢沟桥上石狮子的传说　　　57

第 四 章

卢沟桥与龙蛇龟兽的传说　　　97

非物质文化遗产丛书

Intangible Cultural Heritage Series

卢沟桥传说

第五章

卢沟桥与皇帝、臣子的传说 —— 169

第六章

卢沟桥与普通百姓的传说 —— 203

第七章

卢沟桥抗战事迹的传说 —— 243

目
录

第一章

卢沟桥传说概说

卢沟桥及所在区域概况

卢沟桥位于北京市丰台区中部宛平城西门外170米处，距北京城20千米，因横跨卢沟河（今天的永定河）而得名，是北京现存最古老、最雄伟的石造联拱桥。该桥始建于金世宗大定二十九年(1189年)，建成于金章宗明昌三年(1192年)，距今已有800多年历史。它作为首批国务院公布的全国重点文物保护单位，名扬中外，每年迎接着成千上万的中外宾客专程前来参观。

卢沟桥传说主要流传于卢沟桥所在的相关地域，即今天北京市丰台区和永定河流域。

丰台区位于北京市西南，为北京市四个近郊区之一。地跨东经116°4′~116°28′，北纬39°46′~39°54′。周围相邻八个区县，东为朝阳区，北为东城区（原崇文区）、西城区（原宣武区）、海淀区和石景山区，西北为门头沟区，西南和东南为房山区和大兴区。全区共21个街(乡)。丰台区地处华北大平原北部，西北靠山，东南距渤海150千米。地势西北高、东南低，呈阶梯下降。西部为浅山区；东部为平原，平原占全区面积的四分之三。整个冬季受高纬度内陆季风影响，寒冷干燥；夏季受海洋季风影响，高温多雨，是典型的暖温带半湿润季风型气候。

永定河水系是海河流域七大水系之一，全长747千米，流域面积47016平方千米，流经内蒙古、山西、河北、北京、天津五省、直辖市、自治区的43个县市。这一流域属温带半干旱、半湿润季风气候区，降雨时空分布不均，年际间丰枯交替。年内降水主要集中在汛期三个月，占全年降水量的75%。年际间丰枯连续出现的时间一般为2~3年，最长连丰年6年，连枯年达12年。特殊的气候和地理条件使得永定河下游在雨季经常洪水泛滥。而京南渡过永定河的最好地点就是后来兴建卢沟桥的所在地，因为从此上行，岸高流急不便越渡；从此下行，河床又逐渐开阔，极易泛滥成灾，于是永定河上的古代渡口就开始在此发展起来。自原始聚落发展时起，永定河就是华北平原、内蒙古高原以及东北平原之间的交通要道，正是这条通道使出现在华北平原腹地的中原文化沿着太行山东麓向北方传播，北方草原文化沿着同样的路线逐渐向南方渗透，由此这里也成为南北方古代文化集中接触的地带。

卢沟桥全长266.5米，宽7.5米，下分11个涵孔。桥身左、右两侧石雕护栏各有望柱140根，柱头上均雕卧伏的大小石狮约501只，神态各异，栩栩如生。"卢沟晓月"金代便是闻名于世的人间胜景，被金章宗定为"燕京八景"之一。桥东的碑亭内至今还立有清乾隆御笔题写的"卢沟晓月"汉白玉碑。意大利旅行家马可·波罗曾在他的游记中盛赞卢沟桥，称"它是世界上最好的、独一无二的桥"。

卢沟桥横跨永定河，桥西岸是京西浅山区，东岸是北京小平原，历史上水患频繁(在金代建桥时就发生过较大的洪患)。金灭辽后建设中都城，为彻底解决卢沟河的难题，打通南北交通的陆路运输线，朝廷招集工匠花费三年的时间，终于建成了一座坚固精美的联拱石桥，命名为"广利桥"，即今天的卢沟桥。从此，卢沟桥成为北京连接华北的咽喉要冲。

同时，卢沟桥也是七七事变的爆发地，是中国人民反抗外国侵略的历史见证。卢沟桥东为宛平县城，建于明崇祯十一年（1638年）。1937年7月7日夜，驻丰台日军在卢沟桥畔中国守军防区内进行军事演习，演习结束后，借口失踪一名士兵，无理要求进入中国军队防守的宛平城搜查，遭到中国守军的拒绝。日军遂向位于桥东的宛平城和卢沟桥发动攻击，并企图强夺卢沟桥。中国守军第二十九军官兵，在日军蛮横无理的挑衅和攻击下，忍无可忍，奋起抗击，打响了中华民族全面抗击日本侵略者的第一枪。这就是著名的七七事变，亦称"卢沟桥事变"。

第二节

卢沟桥传说的传承传播

卢沟桥有着独特的建筑结构和精美的雕刻艺术，有着令人流连忘返的迷人景色。从它建成的那一天起，围绕着卢沟桥的种种传说便应运而生了，在800多年的历史长河中一直被以口传心授的形式在民间广泛流传着。在流传过程中，人们又不断丰富、发展其内容，使卢沟桥最终成为故事、诗词、歌谣、歇后语、小说、舞蹈、戏剧等各种文艺形式取之不尽、用之不竭的题材，知名度不断扩大。这些传说充分反映了我国古代劳动人民的勤劳、勇敢和智慧，同时也生动体现了中华民族抗击外来侵略者的英雄气概。

关于卢沟桥传说最早的记载现已很难查找，但在民国时期的报刊上曾登载过有关卢沟桥传说的文章。1937年在卢沟桥爆发了著名的"卢沟桥事变"之后，更使卢沟桥名扬天下。关于卢沟桥的传说故事，散见于地方志等各种资料之中。已经初步整理的传说故事曾分别辑录在《卢沟晓月》及《卢沟桥的传说》等书刊中。1963年，民间文学作者在收集北京古老传说的同时在民间收集了《卢沟桥的传说》《蝎子城的传说》《卢沟晓月》等四篇传说，1982年被上海文艺出版社出版发行的《北京的传说》收录。1982年，在丰台区文学创作协会与丰台区文化馆联合编辑的《卢沟晓月》刊物中也登载有十余篇传说。2002年，由孙涛主编，文化艺术出版社出版发行的《卢沟桥的传说》中，收录了《铁柱穿心》《卢沟造桥》《姑嫂造桥》《定桥龟》《三青落在卢沟桥》等关于卢沟桥的传说42篇。2007年，丰台区非物质文化遗产保护工作办公室在进行非遗普查时又搜集整理了卢沟桥的传说15篇。

卢沟桥传说在丰台及宛平城周边地区流传十分广泛，许多"卢沟桥传说"的讲述者都是卢沟桥周边地区的普通百姓，但由于以往对此项工作的忽视，并未对卢沟桥传说的讲述者做过深入的调查和翔实的记录。1982年，丰台区文学创作协会和丰台区文化馆曾对卢沟桥传说做过一次调查了解，并在毛志成的参与下编印了一本《卢沟晓月（民间故事集）》，搜集整理了近60篇约14万字的卢沟桥传说，可以说这是可查阅到的有关卢沟桥传说的第一本合集。在这本合集中，我们看到了一大批卢沟桥传说的讲述者和搜集整理者的名字，如讲述者户世海、刘泽玉、郭文龙、王金、何文等，搜集整理者锦霖、赵美琳、路素英、赵子清、李昆仑、郭刚、柳辉、蔡振义、魏俊良、彭小真、晨子、邹鸿君、赵敬强、冯维海、杨春槐、唐天然等，可以说他们都是卢沟桥传说从文字上记录下来的有功之臣。而如今，我们只能在这本书上看到他们的名字（有的还是笔名），而对于他们如何将前辈讲给他们的卢沟桥传说讲给后人，那些搜集整理者为记录这些传说付出了哪些辛勤和努力，甚至连他们本人更多的真实信息我们都一无所知。但是他们有一个共同的身份：他们是卢沟桥传说的传承者，他们是为卢沟桥传说传播做出重要贡献的人。

2007年，丰台区文化馆在组织"卢沟桥传说"参加北京市市级非物质文化遗产名录申报时，曾对丰台区内会讲卢沟桥传说故事的人做过一次调研。据当时的调查结果看，丰台区地域内能够讲卢沟桥传说故事的人只有不足十人。他们是：

郑福来，男，1931年生，家住卢沟桥西桥头，曾任宛平城办事处副主任等职，会讲近百个卢沟桥的传说故事。

张霖，男，1925年生，丰台区文化馆离休干部，家住望园西里，会讲上百个反映劳动人民智慧、鞭挞贪官、齐心合力治水等有关卢沟桥的传说故事。

郭文明，男，1937年生，家住泥洼路，会讲几十个有关卢沟桥的传说。

李世明，男，1930年生，家住卢沟桥南里，能讲关于卢沟桥抗战事迹的系列传说。

刘路非，男，1941年生，家住卢沟桥街道晓月苑，会讲部分卢沟桥传说。

卢沟桥传说

邢锦堂，男，1929年生，家住北大地一里，会讲部分卢沟桥传说。

尽管他们是一个很小的群体，却活跃在卢沟桥畔、劳动工地、学校、部队以及丰台的周边地区，尽其所能传播着卢沟桥传说。

郑福来老人在这些卢沟桥传说传播者中极具代表性。郑福来，1931年生于卢沟桥畔。1937年卢沟桥事变发生时，年仅6岁的郑福来目睹了日本侵略者侵占我国领土、杀害我国同胞的种种罪行，他的儿时伙伴就是被日本侵略者的炮弹炸伤而不治身亡的。1949年，18岁的郑福来曾以卢沟桥镇政府民政委员、治安委员的身份，参加了开国大典，并在新中国成立后担任了卢沟桥镇的第一任镇长。1951年，郑福来在接待参观卢沟桥的美国记者爱泼斯坦时，曾为她讲述了许多卢沟桥的故事以及卢沟桥事变的那些往事。此后，他就把讲解卢沟桥的抗战往事当成了自己的职责，成了卢沟桥事变的义务讲解员。及至退休后，义务讲解成了他的主业。如今已经85岁高龄的郑福来老人已经在卢沟桥义务讲解65年，听他讲解的人有超过70个国家的外宾、媒体记者以及数以万计的参观者。2015年，郑福来老人成为北京市市级非物质文化遗产项目"卢沟桥传说"的代表性传承人。

卢沟桥传说蕴含着我国广大人民群众的精神、信仰和价值取向，继承了我国优秀的民族民间文化传统，具有人类学、民族学、民俗学研究素材的特殊价值，受到了国内外文化工作者的广泛关注。

卢沟桥传说的基本内容

卢沟桥传说的内容十分丰富，故事繁多：有关于如何修造卢沟桥的传说；有关于卢沟桥上狮子的传说；有关于卢沟桥桥墩斩龙剑的传说；有关于"卢沟晓月"的传说；有关于卢沟桥与宛平城的传说；有关于卢沟桥事变二十九军血战日本侵略军的传说等。从不同角度分析，可以分为多种类别。当然，即使按同一标准分类，仍然互有重叠和渗透。但从传说的具体内容看，大致可以划分为以下几大类别。

一、关于卢沟桥来历和兴修过程的传说

卢沟桥的来历在史料中没有记载，今文献史料中留下的关于卢沟桥的记载亦很少，仅在《金史·河渠志》有记载："大定二十八年（1188年）五月，诏卢沟河使旅往来之津要，令建石桥，未行而世宗崩。章宗大定二十九年（1189年）六月，复以涉者病河流湍急，诏命造舟，既而更命建石桥。明昌三年（1192年）三月成，敕命名曰广利。"从这段记载中我们知道该桥是金大定二十九年（1189年）始建，明昌三年（1192年）建成，皇帝起名叫"广利桥"。那么，日后为什么又把"广利桥"改称"卢沟桥"呢？其说法不一。民间传说《卢沟造桥》是这样描述的：早先在永定河上没有桥，在河畔靠摆渡为生的一青年名叫卢沟，常年在河上摆渡，见到河中恶龙常常闹水，行人无法过河，总琢磨着既能治住恶龙闹水又方便百姓过河的好方法。后听一过河老汉说河上只要有座桥，恶龙就不胡闹了。于是，卢沟每天摆渡后就到西山去伐树修桥，用一年时间架起了一座大木桥，可恶龙一下就把木桥拱倒了。于是，卢沟又用三年时间建起了一座砖桥，恶龙把砖桥也拱倒了。老汉被卢沟建桥的决心所打动，把他带到西山，让卢沟凿出810块大方石、140根石柱子。卢沟用老汉给的大锤和凿子，用三年时间备齐石料，把云水洞外的

10座山峰凿成了10把石剑，又用五年时间凿出490座大小不一的石狮子和4头大象，最后在老汉点活了的狮子和大象的帮助下，卢沟建起了一座大石桥。一条恶龙企图破坏石桥，被石剑扎得鲜血淋漓，疼得它把石桥都拱弯了，又被400多只石狮压住，最终大石桥成了联拱石桥，桥栏站满石狮，桥头石象牢牢顶住，坚固异常。皇帝看了很是喜欢，赐名"广利"，可是百姓们为纪念卢沟，都管这桥叫"卢沟桥"。

此外，民间还有《姑嫂造桥》《铁柱穿心》《子打父为何故》《鲁班爷显灵》等传说，都是关于卢沟桥来历的民间故事。

二、关于卢沟桥狮子和三棱铁柱的传说

卢沟桥世人皆知的一大艺术特色是那形态各异、生动传神的500多只石狮子。关于卢沟桥上的石狮子，明代时就有"数之不尽"的说法，老北京也流传着"卢沟桥的狮子——数不清"的歇后语。为什么数不清，在"卢沟桥传说"中就有八种说法不一的传说。此外，《卢沟桥上的狮子和大象》《卢沟桥上的母子狮》《大狮爪下的小狮子》《捧肉包子的石狮子》《蝎子蜇，狮子泪》《华表座狮讨封》《玉簪狮子落卢沟》等传说也都是关于狮子的。

此外，《斩龙剑传说》《铁柱穿心》《斩龙剑的由来》《乾隆与斩龙剑》描述的是卢沟桥桥体的重要构件——三棱铁柱。这安装在桥墩分水尖前的三棱铁柱共十根，是抵御洪水、冰凌，保护桥墩的极好构件。800多年前使用铸铁保护桥墩，是当时造桥技术的一大创造。通过《铁柱穿心》《斩龙剑的由来》《乾隆与斩龙剑》三篇传说，三棱铁柱的神奇作用在民间广泛传播。这三篇传说反映了人民群众对工匠祖师鲁班的敬仰，对孝顺老人、淡薄金钱的青年的赞扬，对只图钱财的女儿们的气愤。

对于这些，文献史料中并没有相关记载或早已亡佚，但这些珍贵的无形历史却通过一些民间传说得以保存下来，并依靠群体记忆在老百姓口头中鲜活地流传了下来。

三、关于"卢沟晓月"等卢沟桥附属景观的传说

"卢沟晓月"作为"燕京八景"之一名扬四海。关于"卢沟晓月"这块碑是如何立的，在民间有《卢沟晓月传说》《乾隆与卢沟晓月》《三十晚上看月亮》等一系列传说。另外，关于卢沟桥其他附属景观的传说，主要还有《定桥龟的传说》《碑亭上盘龙柱的传说》《盘龙柱的传说》《镇水犀牛的来历》《卢沟桥边的"知县柳"》《大青二青三青》《三青落在卢沟桥》《大水漫不过卢沟桥》《卢沟桥畔的桑歌》《卧龙坡》等多篇。

在卢沟桥的桥东雁翅桥面北侧有四根盘龙宝柱，当中立一块大石碑，正面刻着"卢沟晓月"四个大字，为乾隆御笔，背面是乾隆所作的卢沟诗，这就是著名的"卢沟晓月"碑及碑亭。清代康熙、乾隆两位皇帝曾多次到卢沟桥巡视，卢沟桥现存石碑的碑文就有不少反映他们巡视永定河、修葺卢沟桥的记录，有的还是两位皇帝亲笔题写。"卢沟晓月"碑至今还在桥头立着，使"卢沟晓月"景观不仅充满民间传说的丰富色彩，还彰显了历史史实的深厚魅力。

四、关于卢沟桥抗战事迹的传说

卢沟桥因1937年在这里发生的七七事变而闻名天下，也形成了卢沟桥抗战系列传说，为卢沟桥传说增添了反映新的历史的传奇内容。例如《夜袭敌营斩敌酋》《桥头浴血战》《敢死队夜战显神威》等，就是关于二十九军在七七事变中英勇战斗杀日寇的传说。其中最富传奇色彩的传说是《卢沟桥的狮子能杀敌》。卢沟桥上的狮子是很有名气的。从古时候起，民间就有卢沟桥的石狮子能在关键时刻惩恶扬善、除暴安良，甚至在日本帝国主义铁蹄践踏的年代，桥上的石狮子也曾大显神通出来保护疆土。现在，人们要是到卢沟桥去看看，细心的人会发现许多石狮子身上还带着伤痕，其实这是战争硝烟留下的痕迹。但在老百姓眼里，一枝一叶总关情，他们将卢沟桥的伤痕连同那场中华民族的劫难，永远地刻进了朴素的历史记忆，以卢沟桥传说的形式在子孙中世代传唱，即使在今天这样的和平年代，也教育影响着后代人。

非物质文化遗产丛书

Intangible Cultural Heritage Series

卢沟桥传说

　　此外，还有《党柱治水》《城隍好见　小鬼难缠》《马屁精受审》《永定河上的庞陵堰》《鸡和骆驼没税》《刘罗锅拜寿》《有道明君》等不同内容和风格的卢沟桥传说。这些传说从不同侧面记载着卢沟桥的历史，同时也反映了我国人民丰富的想象力和创造力。

卢沟桥传说的基本特征

卢沟桥传说有着丰富的思想内涵，表现了人民群众聪明智慧、勤劳勇敢、善良质朴、爱憎分明的品质，具有鲜明的思想性。总体说来，卢沟桥传说主要有以下基本特征。

一、具有广泛的群众性和民间传承性

卢沟桥传说故事是千百年来人民群众集体创作的结晶。在长期的传承过程中，每一个讲故事的人既是传说故事的继承者，又在一定程度上是传说故事的创作者。大家在劳动中讲述，在生活中讲述，在休闲时讲述，没有固定的地点，没有固定的版本格式，也没有固定的主讲人，讲述者兴致一来就讲，内容不断丰富，不但故事越来越多，而且有的故事还出现了不同的版本。它在人民群众中一代又一代流传至今，一个个大同小异的故事，永远也说不完，听者觉得不对还可以随时更正，是富有地方特色的比较典型的民间口述文学，充分体现了传承与创造的统一。

二、形成了独特的民间传说集丛

围绕着"卢沟桥"这一中心母体，历经千百年来人民群众的传述创作，形成了有一定规模的、独特的民间传说集丛。虽然中国古代桥梁很多，也大都有各自的民间传说，形成我国各具特色的桥文化，但像卢沟桥传说这样历史悠久，而且内容如此丰富的关于一座桥的传说，还是十分罕见的。这使卢沟桥传说作为一个特殊维度上的箭垛式民间文学单元，在纷繁的民间文学宝库里独树一帜、风采别样。

三、历史跨度大，传播区域广泛

卢沟桥传说传播地域广泛，不仅流传于丰台宛平全境和永定河流

卢沟桥传说

域，且辐射至全国，甚至远播韩国、日本及新加坡等东南亚国家和世界各地的华人区，影响深远。另外，卢沟桥传说的历史跨度大，即它不只是包括某一个朝代或某一个历史时期的民间传说，而是几乎从卢沟桥自800多年前开始修建一直到今天，辽、金、元、明、清历朝历代元素，乃至当今发生的事件，都在传说中异彩纷呈，尤其是关于抗日战争的大量传说故事的涌现，更使得卢沟桥传说具有了宝贵的人文历史意义。

四、承载了多种形态的地域文化

"卢沟桥传说"与"卢沟桥文化"的形成是一个互构的过程。卢沟桥传说大多来源于卢沟桥，深深依附于卢沟桥的文化语境，而传说的创造与传承某种意义上又丰富了"卢沟桥文化"，并成为其不可或缺的组成元素，两者可谓相得益彰、相映生辉。数量蔚为壮观的民间传说与卢沟桥的自然景观、人文景观，使得卢沟桥成为当之无愧的自然与文化意义上珍贵的"双遗产"。

卢沟桥传说与永定河文化、宛平文化浑然一体、息息相关，而且成为这两者典型文化样式的代表。由于特殊的自然地理原因和人文历史传统，永定河的治水文化和龙崇拜文化、宛平城的京畿文化，典型地体现于这一地区民众的口头传统中，卢沟桥传说便是其中杰出的代表。

五、体现了民间文学内容的多样性

卢沟桥传说的题材极其丰富，内容多样，涉及人物、地名、景观、建筑、历史事件、自然风俗等，从普通人到古代名人，从百姓到皇帝，从家庭小事到战乱大事，从写实到神化，一一囊括。它既有反映人们热爱自然、改造自然的传说故事，又有反映历代社会生活、风土人情的故事；既有赞颂真善美的传说故事，也有鞭挞假恶丑的传说故事；既有古代的，也有现代的；既有美丽的神话传说，也有对真实历史的演绎。即便关于同一母题的传说，也有相当多的民间异文形式存在。

卢沟桥传说个性鲜明、内容丰富、时空跨度大，既有对特定历史时期、历史事件的记忆和演绎，又具有浓郁的地方特色和人文情怀，是不可多得的民间口头叙事遗产。

卢沟桥传说的保护价值

卢沟桥传说的历史源远流长，自发端流传至今，已有800多年。卢沟桥的传说内容丰富，几乎涵盖了民间文学的所有领域。除以民间文学形式口耳相传外，传说还以诗歌、戏剧等多种形式传承流播。因此，"卢沟桥传说"与卢沟桥本身的历史价值、科技价值一样，具有极高的社会价值、文化价值、史学价值、民间教育价值、文学艺术价值。

一、社会价值

卢沟桥传说是扎根于宛平地区和永定河流域的特殊的口头传统，长期以来流传于这一地区老百姓的口耳之间，具有鲜明的地方特色。它既是卢沟桥及其相关历史发展的见证，又是具有重要民族认同价值的口头传统和宝贵的文化资源，不仅是该地区人民在长期生产生活实践中创造的丰富多彩的精神财富，更是地域群体自我认同的标志性文化内容。它服务于地域共同体的精神共建，对于该地区甚或更广地域的集体心理秩序起到了稳定调和的作用。

二、文化价值

作为整个"卢沟桥文化"的有机组成部分，卢沟桥传说是卢沟桥所建构的文化图式中最生动的表达和传承方式。正是这些"活态的"口头传说将卢沟桥与从古至今广大民众的日常生活紧密联系起来，使得卢沟桥不再仅仅是一个建筑学意义上的存在，而是成了一个历史文化载体，一个对于地域、社会和民族、国家有着非凡意义的时空文化符号。

作为非物质文化遗产的"卢沟桥传说"与作为物质文化遗产的卢沟桥是密不可分的整体。这两者共同承载着卢沟桥特殊的桥文化和抗战文化，是世界文化多样性的具体体现。

三、史学价值

卢沟桥传说依附于卢沟桥的多个侧面而产生，是对古代历史文化，特别是金代以后历史文化的民间诠释，很多传说内容丰富，人物生动丰满，能反映出建桥以来不同历史时期的社会思想、信仰与价值观及各民族群众的深层心理，可作为民间口述历史的重要史料，对研究我国各个历史时期的社会、经济、政治、文化都有一定的参考价值。

四、民间教育价值

形形色色的卢沟桥传说创造于民间、衍生于民间，在广大地域传播并被民众世代传承，它就是民间的"无字教科书"。传说中包含着无数朴素的人生哲理、道德观念，尤其是关于"卢沟桥事变"及以后相关的抗日战争的系列传说，更能让世世代代的中国人勿忘国耻、奋发图强。这些流传于民众的口头传说中深刻的历史记忆、民族情感和自发性的民族国家认同观念，对于广大民众来说，是其他任何社会化教育方式所无法达到的。

五、文学艺术价值

卢沟桥传说不仅体现了民众出色的想象力和创造力，而且其中所蕴含的中华民族特有的精神价值、思维方式、智慧头脑和文化意识，是当代很多艺术产品的创作之源和灵感栖息地。这其中很多关于特色人物刘罗锅、乾隆皇帝的传说，就曾经广泛地被当代影视文学作品借鉴，并取得了巨大成功。传说作为文学普及读物，流传极广，老少咸宜，而且历来是各种文学样式的创作源泉，以"卢沟桥传说"为题材的文学作品多种多样。同时，通过文学形式的传播又扩大了"卢沟桥传说"的影响，丰富了传说的内容，对繁荣文学艺术具有重要意义，极大地丰富了中国民间文艺的宝库。

第（二）章

卢沟桥修建历史的传说

党柱治水

一

　　从前，卢沟桥下的永定河经常发性子，隔个一年半载的总要发一次大水。清乾隆年间，有一次河水发大了，河里的浪有山墙那么高，不到半天工夫就把卢沟桥旁的河堤冲开了，河水哗哗地往外流。

　　朝廷年年向老百姓要钱，一要就是48万两，说是治河捐。这年水特别大，还多收了10万两，交给了河路厅的道台，叫他把河治好，不然就要全家抄斩。

　　道台接到这个令，急得一边捋胡子，一边打转转。他领了一帮子官儿来到河口子，一看这么大的水把河堤都要冲垮了，吓得更没了主意。回到衙门后，他饭也没吃就睡下了。

　　他躺在炕上，眼皮说啥也合不上，翻过来转过去，心里不住地寻思：这回可要坏菜啦，这大水要是治不好，淹了村子倒是小事，全家脑袋都保不住了。他想着愁着，愁着想着，一直到三更天才迷糊着了。过了一会儿就听有人指点说："道台呀道台，你真是个糊涂蛋！这点儿事就把你急成这个样子？你去找党柱呀，龙门还能合不上？"道台冷不丁一睁眼，眼前还是黑咕隆咚一片，啥也没有。

　　他愣了一会儿又合上眼睛，不一会儿又迷糊着了。这时，又听有人指点说："道台呀道台，你真是糊涂蛋！这么一点儿事就把你急得这个样子？你去找党柱呀，龙门还能合不上？"道台又冷不丁一睁眼，眼前还是黑咕隆咚，啥也没有。

　　第二天，道台想，这里一定有点儿说道儿，就把身边的亲兵叫来说："昨晚，我一连做了两个梦，有人说合上龙门非党柱不可，你们马上把这个人给我找来。"说完每个人发一吊小钱儿，就都打发出去找人了。

这帮亲兵走出衙门四处转悠找党柱。找了大半天也没找到，眼见就快黑天了，他们心想，就这样两手空空回去非挨屁股板不可。正在想着愁着，愁着想着，忽听一个老太婆吆喝："党柱啊，党柱。党——柱——"

兵丁们听了几声就再也听不见了。他们赶忙去找地保，叫地保帮着找党柱。

地保想，党柱倒是有，可是个小孩子呀，找他干什么呢？这真叫丈二和尚摸不着头脑。他把兵丁领到党柱家，见了党柱的爹妈。

兵丁们上前给二位老人作个揖说道："二位老人家，我们奉道台之命来请党柱去治水。"

二位老人一听，急忙说道："回禀老爷，我家党柱今年才12岁，是个小毛孩子，能治个啥水呀？我们就这么一个儿子，你们修点儿好吧！"

兵丁们哪肯放手，气呼呼地嚷道："不行，这是我们道台爷的命令，你们不交出党柱，可要小心你们的脑袋！"

这时，只见党柱从屋里跑出来说："你们不要难为我爹娘，我去就是。"

爹娘一看，更着急了，拦住孩子说："去不得，孩子，你会治个啥水？"

党柱说："二位爹娘，我要不去，当官的也饶不了咱们。我去了，也许能治好水，乡亲们就得救了。"

◎ 美丽的卢沟桥（一）◎

爹妈没法，只好答应了。党柱就跟着去了。

道台一听把党柱找来了，赶忙出来迎接，把他让到了大厅。道台也不管他多大，又打洗脸水，又沏茶端点心。

党柱足吃足喝一顿，看了看道台说："道台，找我有什么事儿你就直说吧！"

道台说："咱这地处，河水出了险，我是请你来帮忙的。"

党柱说："叫我治水可以，可是我的爹娘怎么办？"

道台赶忙答道："这好说，决不能亏待，我已经准备好了三顷地和一套四合砖瓦房。"

党柱说："你把我爹娘找来，当面交齐吧！"

道台就把党柱爹找来，交了字据。可是他爹却舍不得党柱，眼泪吧嗒吧嗒直掉。党柱劝爹爹说："爹呀，您甭着急上火，我长大了也不定能成个人，就是成了人没本事也还得叫二老受苦。再说，这水要治不好，咱们穷人都得遭殃。"他爹听了有理，就含泪回去了。

第二天一大早，道台就把上好的饭菜送到党柱面前。党柱吃饱了，站起来和道台说："水火无情，不等人啊，咱们去看看吧！"

道台和党柱一起来到河口子，一看，水更大了。党柱把挡水的秫秸捆子摆好，冲着那决堤的口子，"扑通"一声就跳了下去。随后又跳出水面喊道："把挡水的游子推下来！"

岸上的人一听说要游子，便一齐动手，把秫秸捆子都扔进河里，只见党柱跳到这游子上，三转两转就落到水底，河口子的水立刻就小了。这时修河工们又都动了手，三下五除二，就把河口子给堵上了。

从此，党柱治水就出了名。卢沟桥西修了金龙四大王庙，立了100多个牌位，都是治水有功的人。其中有个最大的牌位，就是党大将军，那就是咱们的党柱。

搜　集：**北京传说故事采风队**

整　理：**晨　子**

摘选自丰台区文化馆内部资料

二

早年，人们都管"永定河"叫"无定河"，因为它一会儿窜到东，一会儿窜到西。人们还管它叫"浑河"，因为不但它的水浑得像泥粥，同时，它就像一个愣头儿青的浑小子，动不动就发大水。所以，咱们北京有句老话叫：南修城墙挡大水，北修城墙挡鞑兵。大水指的就是永定河水。

后来，皇上下了一道旨意，在卢沟桥北边的河堤上修一座龙王庙，请了小白龙在这里镇守，并且御封永定河为"铜帮铁底永定河"。

自从这位小白龙镇守永定河以来，几年间倒也相安无事。尽管每年夏天，口外一下暴雨，永定河里的河水也是奔腾咆哮，似虎狼一般，但由于有小白龙管着，始终没有决口。

这条小白龙最喜欢听戏，有一年阴历七月十五，宛平县知县要请小白龙看戏。

宛平县知县姓"党"，做事虽然有些迂腐，倒也两袖清风，为百姓做了一些好事。到了七月十五这天，他从轿房吴二那里雇来一顶最干净、最漂亮的小轿去接小白龙看戏。

他沐浴更衣，焚香叩头，口称："龙王爷在上，下官是宛平县知县，今天请您去看戏，以保佑我一方百姓和京城的安全。"

党知县一连说了三遍，这时就见供桌底下爬出一条小白长虫，它爬到红托盘里，盘起身子，蛇头向上仰着，发出咝咝的响声。那党知县赶忙双手托起托盘，毕恭毕敬地把它放到轿子里。

到了地方，党知县叫戏班拿出戏单，送到小白龙面前，请它点戏。《三国演义》《水浒传》《西游记》，各种戏单全叫它看了，那蛇头还是仰着，不断发出咝咝的叫声。直到把戏单翻到《水漫金山寺》这出戏时，那小白龙才点了点头。

戏唱到夜里十一点多钟时，党知县想请小白龙回庙，可是一找轿子却踪迹皆无，吓得党知县顿时浑身冒冷汗。他知道，如果子时还不把小白龙送回龙王庙，永定河就要发大水。

◎ 美丽的卢沟桥（二）◎

那么轿子到底哪儿去了呢？就在这天晚上，出了这么档子事：宛平县守城的李守备看上了一个漂亮的小寡妇，要在这天夜里娶过来，到轿房吴二那里雇轿子，吴二告诉李守备："有一顶好轿子，叫党知县雇去抬小白龙了。"李守备说："戏现在刚开演，送小白龙回去也得需要两个时辰，不如我先用小轿接人，然后再把轿子送回不迟。"吴二满口答应了。

没想到那个寡妇根本不乐意，躲藏起来，那李守备东找西找，足足找了两个时辰才把那寡妇找到，等到把轿子送回，早已经过了子时，误了小白龙回庙的时辰。

这时，只听见卢沟桥北边一声闷雷似的轰隆声，接着就有人大喊："永定河开口子啦！"

永定河这时正一个洪峰连着一个洪峰，口子越冲越大，那水头足有一丈多高，水到之处，房倒屋塌，大树连根拔起，人和牲畜顺水漂流。不到一个时辰，水就到了彰义门，守城的官兵赶紧一面将城门堵住，一面飞报皇帝。

皇帝一听大怒，命太监驾小船到卢沟桥传旨：限党知县三日内将决口堵上，否则全家问斩！

党知县亲自带着河兵、百姓去堵决口，可是那洪水来势凶猛，几百斤重的大石头，一扔到水里连个影子也没有。堵了两天两夜，根本堵不住。党知县又急、又累、又困，他靠在一棵大槐树上昏睡过去。

突然，有人推了他一把，他睁眼一看，是一个白胡子老头，对他说："那小白龙擅离龙王庙，子时又不复返，浑河里的那条孽龙乘机闹事，要淹北京城。小白龙玩忽职守，闯下大祸，已经逃走了。记住：要想挡住，非得'挡住'。"那老人连说了两遍，就不见了。

党知县心中很是惊奇，琢磨不透老人的话到底什么意思。就在这时，只听轰隆一声，堤岸又被大水冲塌一块，水势更加汹涌了。众兵丁和乡亲们日夜劳累，已经是人困马乏，见到河堤的决口越来越大，不由得灰心丧气起来，再也没有力气了。党知县见大势不好，一面率先抱起一块大石向决口扔去，一面大喊着："快，快动手给我挡住。"话音刚落，只听见一个清脆的声音回答说："爷爷，我来了，您叫我有什么事吗？"党知县回头一看，不由得又惊又喜。

原来答话的正是他家三代单传的独苗，党知县的孙子——党柱。小党柱生得眉清目秀，聪明伶俐，是党知县的掌上明珠，见到他，党知县自然是心欢喜。可党知县知道河堤上是危险之地，就连忙一把搂过党柱，问道："你怎么跑到这里来了，要是被大水冲走怎么办？"小党柱挥着小拳头说："我不怕，我就是来帮助爷爷治水的！"党知县苦笑了一下，说："傻孩子，爷爷和这么多大人都挡不住河水，你一个小孩儿能有什么用，还是快快回家去吧。"

小党柱听了却瞪起小眼珠说："不，我不回家，奶奶说了，挡不住水，咱们全家谁也不能活命，连整个北京城都得让大水给淹了，我的名字就叫党柱，说不定真能挡住大水，替爷爷分忧呢。"

党知县一听这话，心头一震，心想莫非那白胡子老头的话就应在自己孙子的身上？不由得看看那浑浊的河水，又看看小党柱。小党柱似乎看透了爷爷的心思，说："爷爷，我不怕，我跳下去掐住恶龙的脖子，让他不能再拱堤岸，你们就赶快用石头把决口堵上，准能挡住河水。"党知县向河中望去，见河水浊浪翻滚，河堤上的土正在一块块地向下脱落，眼看就又要塌下一大块，也顾不得再多想，只得含着泪点点头，伸手整整小党柱的衣衫，摸摸他的黑发说："孩子，你要真看得见恶龙在哪儿，就下水吧。你们小孩子眼尖，我们大人比不了，只是见到决口堵上，你马上就出来，爷爷等你。"

众兵丁和乡亲见此情景，虽然心里很难过，可也真盼着有人能治住恶龙，都不约而同地准备好了石块、沙袋等东西。小党柱看了爷爷一眼，"扑通"一声就跳进了激流中。说来也怪，水头顿时就被挡住了，众人连忙把石块、沙袋等投下，片刻间就堵住了决口。

决口堵住了，大水退了，永定河水顺着河道向南流去，可是小党柱却再也没有上来。永定河岸的乡亲们从此世世代代都传颂着党柱治水的故事，把小党柱称为"党大将军"。

讲　　述：**郭文龙**

整　　理：**杨学恒**

摘选自丰台区文化馆内部资料

卢沟造桥

早先在永定河上没有桥，来往行人都要坐船过河。河畔上住着一个姓卢的青年，靠摆渡为生。因为他出生时正赶上永定河发大水，把他家门前冲出一道沟，所以家人给他起名叫卢沟。

卢沟长年在河上摆渡，见到河中恶龙经常闹水，一闹起来，行人就无法过河。他就琢磨着要想出一个好法子来，既能治住恶龙，又能方便来往的行人。

一年夏天，又赶上恶龙闹水，卢沟只得收了渡船，在家歇息。这时，来了个老汉要过河，说是有急事，求卢沟无论如何送他一趟。卢沟无奈，只得硬着头皮撑船下河。说来也怪，小船到处，风平浪静，没有一丝浪花，卢沟正在纳闷，就听得老汉说："这河面上要是有座桥，恶龙就不敢这么胡闹了。"刚说完，老汉就不见了。卢沟一个劲儿地揉着眼睛，心想这是碰见神仙了吧。

打这儿以后，卢沟就一心想着修桥。他每天摆渡后就到西山去伐树，凑够一堆，就扎成一排顺河放到家门口，就这么着，用了整一年的工夫，终于在河上架起了一座大木桥。

桥架好后，乡亲们都挺高兴，恶龙可生气了。他来到了桥下，用身子缠住桥桩一用力，木桥就被拱倒了，大木头顺水而下，一会儿就没影了。

卢沟看到木桥毁了，很是生气，便索性不摆渡了，在岸边烧起砖来，用了三年的工夫，又在永定河上修起了一座砖桥，心想，这下子可不怕恶龙再来拆桥了。谁知道恶龙又来了，在桥墩下又撞又晃，桥没倒。恶龙又弓着背往上拱，砖桥吃不住劲了，又轰地一下倒了。卢沟这回可伤心了，只觉得眼前一黑，昏了过去。

当他又醒来时，看见之前那个老汉正站在他面前，见他睁开眼了，

◎ 美丽的卢沟桥（三） ◎

就对他说："好孩子，有志气，让我来帮你建座大石桥吧。"说完，就领他来到了西山，指着那些大石头说："你把这些石头凿出810块大方石、140根石柱子。"

卢沟拿起老汉给他的大锤和凿子，二话没说就干了起来。老汉指点了几天，见卢沟的手艺练得差不多了，就告诉卢沟凿完后到云水洞去找他，说完就走了。

卢沟没日没夜地干了起来，头碰破了，手震裂了也不停锤，整整干了三年，才备齐石料。他又到云水洞去找老汉，老汉告诉他，让他再把洞外的10座山峰削下来，凿成10把石剑。这活儿可就更难了，卢沟用了足有100天，才凿出10把尖尖的大石剑。

老汉这次又告诉他，再凿出490座大小不一的石狮子和四头大象出来。卢沟还是没说二话就干了起来。这次用的时间更长，足足五年时间才把狮子、大象凿完。

老汉这次没等卢沟找就自己来了，看着卢沟凿出的石料，满意地笑了。对他说："好孩子，太辛苦你了，要不是我这些年拖累你，你早该成家立业、儿女满堂了。不过你干的是件大事，后代儿孙知道了，也会感激你的。你去吧，现在可以建桥了，我太老了，就叫狮子和大象去帮助你吧。"说着，老汉挨个儿拍拍石狮和石象，那些石狮和石象突然变活了，帮助卢沟把石料全部运到了永定河边。卢沟喜出望外，连夜指挥石狮和石象建桥，一夜之间，大石桥建成了。

卢沟欢喜得流下了眼泪，百姓们也敲锣打鼓赶来庆贺。那恶龙可气坏了，怒气冲冲地赶到石桥下，使劲用身子缠住桥墩。可他没想到，这次的桥墩是用石剑做的，一下子刺得他鲜血淋淋，疼得他上蹿下跳。这一下可麻烦了，平坦的桥面被拱弯了。那400多个石狮一看不妙，就连忙跳上了桥栏杆，压住了桥身，有的跳得慢点儿，没地方了，只好几只挤在一起。恶龙的身子被压了下来，可是心里还不服气，就把身子猛地伸直了往两边撑，想把石桥头挤掉。石象一看着了急，马上扑上去顶住了桥头。恶龙又气又累，吐了几口黑血，死掉了。

这座大石桥从此就成了拱桥，桥栏上站满了石狮，桥头还有石象顶住，坚固异常。皇帝看了挺高兴，赐名"广利"。可百姓们为了纪念卢沟，都管它叫"卢沟桥"，一直流传到今天。

那位老汉呢？人们都说他就是鲁班爷。

讲　　述：**户世海**

搜集整理：**李昌仑**

摘选自丰台区文化馆内部资料

第三节

讨债修桥

卢沟桥这地方原来没有桥，只有个渡口叫"卢沟渡口"。河两岸的人要想来往，就得靠渡船。

有个专门靠摆渡为生的船工姓张，在家排行老二，大家都叫他张二。

张二渡船有这么个规矩，就是人刚上船先不收钱，非等到船摇到了河中间，才停下来挨个儿收钱。这样他可以自己开价儿，给少了就不摆了。过往的人常常是多给他一点船钱。

有一天，下起了大雨，张二刚要拴船回家，忽见跑过来一个书生。他跑过来后，就拉着张二说："大哥，你现在送我过河去吧！"

张二瞧了一眼书生，皱了皱眉头，说："你没瞧雨这么大？雨停再说吧。"

那书生一听，着了急："大哥行行好吧，我是有急事呀！我多给点钱也行。"说着，就解开了背在身上的一个包袱，从里头拿出一锭银子，向张二递过来。

张二一听这话，再往那个打开的包袱里一看：好家伙，得有几百两银子，白花花的堆在包袱皮儿上！

张二的心顿时动了一下，说了句："上船吧。"书生便跟着张二上了船。

一下大雨，这水也涨了，浪头也高了。那船就跟在筛子上摇似的，吓得书生两手抠住船帮动也不敢动一下，眼睛闭得紧紧的。那包袱在他后背上，直刺张二的眼。张二朝河两岸瞧了瞧，没人。他弯腰抄起了船篙，猛地照那书生脑袋就是一下。书生顿时趴下了。张二赶紧上前解下包袱，又一抄那书生的腰，"扑通"一声就把人扔到水里去了。

张二得了昧心的钱，又加平时积攒，就卖了船，在河东岸的小镇上买了所房子，做起了买卖。过了两年，张二竟发了财，成了这小镇上有名的富户。

张二有了钱，可就神气啦！巴结他的人也多起来。他们一瞧张二还打着光棍儿，就张罗着给他提起亲来。这张二本来长得就不难看，再加上趁钱，没费事就找了个漂亮的姑娘做媳妇，一年后又得了个胖儿子。

自从有了儿子，可把张二两口子乐坏了，跑前跑后地看，总是合不上嘴。孩子比他们的心尖儿还值钱，真是他们的掌上明珠。

忽然有一天，这孩子开始不吃东西，光是哭闹，怎么哄也不行。开始，张二两口子还以为孩子只是闹脾气呢，可过了两天孩子还是这样，两口子就急了，张二赶紧四下里找大夫。他找来一个大夫给孩子看了后，抓了药，熬好给孩子喝，满心想着病会好，可第三天孩子还是照旧又哭又闹，啥东西也不吃。于是，又找第二个、第三个大夫给孩子瞧病，也一样没见好。眼见着那孩子一天比一天瘦，哭的声也一天比一天小，急得张二拍着脑门子直转悠。

这天，张二正唉声叹气地在街上转悠，迎面过来一个青衣道士。只见这道士穿一身破衣裳，一副黑脏脸，就跟有日子没洗了似的。这道士走上前，对张二说道："这位大哥，什么事让你这么愁眉不展的？"

张二头也没抬，摇着手说道："嗐，甭提了！"

那道士微微一笑，说："如果我没猜错，一定是令郎身患重病。"

张二一惊，惊喜地说："道长神明！我正是为此事着急。道长能否救他一命？"

道士答道："区区小病，不在话下。"

张二听罢，如同遇到救星一样，赶紧将道士请到家里。

道士摸了摸那孩子的脉，又在那孩子身上来回捏了两遍，就在桌前坐了下来，要过笔墨纸砚，不大会儿就开了张药方子。道士把药方子递给张二说："先给孩子吃下这药，过两天我再来。你孩子的病会好的。"说完，道士就出门走了。

张二照方抓了药，熬好，给孩子喂下，就见不大工夫，那孩子哭起来，比之前的声大了好些。

过了两天，道士果然又来了。他照样给孩子摸摸脉，又给孩子捏了

卢沟桥传说

捏，开了方子就走了。就这样连着几次，孩子的病几乎全好了。

一天，道士给孩子看完了病，刚要走，张二上前拦住，说："多亏了您给我的孩子治病，真不知怎么谢您才好，这是五十两银子，表表我的心意，望您收下。"说着，张二的媳妇端过一个木盘，上边堆着银子。

道士看了看银子，笑着摇摇头。

张二一愣，赶忙说："不，道长，这点儿心意您一定得收下！"

道士还是没说话，照旧笑着摇摇头。

张二可糊涂了，不解地问："那您是什么意思？"

道士这才问了句："你的孩子值多少钱？"

张二不假思索地回答："孩子是我的命根子，怎么能用钱比呢？"

道士又说："那好，我就收你些钱意思意思。"

张二说："您说吧。"

道士伸出两根食指一搭："十万两银子。"

张二一听，差点儿没坐在地上："我说道长，我这家全卖了，也不过十万两银子。您是不是少……少要点儿？"

那道士又一笑："你刚才不是还说孩子是你的命根子吗？为了孩子的性命，你连这点儿钱都不肯出？况且你的孩子的病还没全好呢！好好想想吧。"

张二一听这话，更是傻了眼，呆呆地看着道士。看着看着，他觉得这道士很面熟，最后猛然想起，道士长得跟被他扔进水里的书生差不多。顿时，他心里一哆嗦："看来这关我是过不去了。"

没办法，张二只得给了道士十万两银子。等到道士把他孩子的病治好，就带着老婆、孩子走了，也不知去了哪儿。

那道士呢？就用这十万两银子请了好多个工匠，在小镇西头的永定河上修起了一座狮子桥，因为这桥是建在原来的"卢沟渡口"，人们就给这桥取了个名字，叫"卢沟桥"。

搜集整理：**路素英**

摘选自丰台区文化馆内部资料

第四节

姑嫂造桥

一

相传，卢沟桥是姑嫂比艺，小姑子修成的。

有一天，鲁班下界访查卢沟河，只见水面浑浊，激流如箭。在卢沟渡口，河中只有几只木船来回摆渡行人车马，两岸上的人们熙熙攘攘，异常拥挤。鲁班心中着急，心想这里应该修座大桥。他顺河往北访查，到了怀来县，河夹在两山之间，过往行人也很不便。鲁班下定决心，南北各修一座石桥。怎样修呢？他盘算了很久，想来想去，让闺女和儿媳妇比艺，各展才能。

原来鲁班有一儿一女，儿子娶了一个媳妇，是柴王爷的大闺女，聪明伶俐，手脚勤快。自己的女儿也心灵手巧，不愧是鲁班的后代。姑嫂都有一身超群的技艺，相处得亲如姐妹，非常和睦。两人经常比巧，小姑子胜了，嫂子无非说一两句：说什么也得给你找个好样的女婿；嫂子要是胜了，小姑子无非说是哥哥给帮了忙。鲁班摸透了俩人的脾气，决意让二人各修一座石桥，比试高低。

鲁班向二人交代清楚，限期三天，每人修成一座石桥，看谁的结实好看。再有一则，只许夜里修，鸡叫停工。第三天早晨鸡叫交工。

嫂子在上游山间架桥，小姑子在下游卢沟渡口架桥。姑嫂二人各有各的绝招。嫂子暗中调来天兵天将，就地开山取石加工，像蚂蚁搬家一般，将加工后的石料运到河床，一声号令，七孔桥墩同时从河床竖起，一夜之间，稳稳当当码完了。公鸡一叫，嫂子偷偷看了看小姑子的活茬儿，心中不禁暗喜，小姑子砌的桥墩虽说多了四个，可太单薄了，并且还刚出水面不高。她哪里知道，小姑子有自己的高招，神出鬼没，调兵遣将，一夜的工夫，把桥修成了11桥孔，仰面朝天摆在那里，桥面压在下边，只要用劲把它翻过来，扣在河上，桥就算完成了。她也悄悄看了看嫂子的，一看桥墩修成了，桥面还没修，照这样，还得干一夜。一琢磨，自己还有时间，干脆来个新样的，在仰面朝天的桥墩上再扣上一座，不是又结实又好看吗。

第二天鸡一叫，二人住手，小姑子一看嫂子的桥，大致完工了，甚至连栏杆都装得差不多了。原来嫂子也留了一手，桥面的21块大石料，头天就加工好了，不到半夜就全安好了。这下子小姑子可急了，天一擦黑，请山神、拜土地，帮助赶快加工，说什么鸡叫前也得完了。山神立即行动，把三山五岳闲散的狮子调来，在桥两侧的柱头守候。狮子也不知道怎么回事，有的在柱头低头看水，有的昂首看天，带小狮子来的母狮，用嘴抚弄狮子，千状万态，什么样的都有。第三天鸡一叫，山神点化，柱头的狮子不动了，牢牢驻守在那儿。

嫂子猜想小姑子的也许没完哪，跑来一看，完了，而且还真够好看的。回头一看自己的，也还满意，七孔石桥非常壮观。两人一起跑来拜见鲁班，都想争说自己的桥好。其实鲁班从一开头心里就有了底数，要点化二人修个什么样的桥，暗暗做了支配，要达到自己的算计，还得施展一招，就说："明摆着的外表都看清了，还得试试结实程度，也好让桥落落实。"小姑子提议，请柴王爷推上那座"百花山"，在桥上走走

◎ 美丽的卢沟桥（四） ◎

试试，看哪座桥禁得住压。鲁班说："就这样办！"

柴王爷用小车推来"百花山"，吱吱扭扭走过小姑子修的桥，颤了两颤，纹丝没动。嫂子心想："她的不怕压，我的就更不怕了，石料大，有挺劲儿。"小车又吱吱扭扭走上了嫂子修的桥，小车过去了，桥面下沉，河水漫桥而过。嫂子沉不住气了，幸亏是父亲推车试的，不然还要误会是小姑子捣的鬼呢！嫂子惊讶地问："你的桥怎么压不下去呀？"小姑子说："嫂子你哪知道，下边还有一座仰面朝天的桥。我的桥洞是圆的，不是半圆的，所以不怕压。"嫂子看着桥两侧的狮子，越看越喜爱，就问："这些狮子哪来的？有多少个？"小姑子说："我真不知道哪来的，是我看你的桥快完工了，我着了急，才求山神帮忙找来的，至于大狮子和小狮子，我也不知多少个。你数数看看！"嫂子数了两遍，也没数出准数来，只是对自己的桥漫水而过，心里十分不快。公爹鲁班早看出儿媳妇的心事来了，认真地说："闺女，别不高兴了，你那儿修的桥就得是个漫水桥，不然河上冲下来的山柴就把桥孔堵塞了。"嫂子一听，才知道公爹是早有安排的。

直到今天，嫂子的漫水桥仍旧安然无恙。只是这个响当当的名字——卢沟桥，越来越多的游人慕名而来，却很少想到当初修桥的人了。

搜集整理：**锦　霖**
摘选自丰台区文化馆内部资料

二

卢沟桥闻名古今中外，800多年来饱经风霜，备尝天灾人祸，既是北京现存最古老、最雄伟的石造联拱桥，又是打响全面抗战第一枪的英雄桥。那么这座桥是由谁所建造的，自古就有很多关于它来历的传说。其中有一则传说，说是鲁班的小女儿和其嫂子打赌而建好的卢沟桥。

◎ 美丽的卢沟桥（五）◎

相传，有一天鲁班带着儿女在此路过，见一条河拦路，过路人很多，但必须得等到有船过来才能过河。他想：要在这建一座桥该有多好啊！这时，聪明伶俐的小女儿看着父亲发愣的样子，一下子就猜到了父亲的心思。于是对父亲说："爹爹，我知道您在想什么。"鲁班笑眯眯地看了一眼小女儿，说："你知道我在想什么啊？"小女儿说："您一定想要在这建一座桥，是吗？"鲁班点点头，然后说："可是我已经老了，谁来建这座桥合适呢？"这时小女儿在鲁班的耳边小声说："爹爹把这事交给我和嫂子吧！"说实话，鲁班也想试试她们姑嫂的能力，于是说："这样吧！你们姑嫂俩每人建一座，你在这儿建一座，你嫂子在怀来那建一座，都是在这条河上，看谁建得快、建得好，时间是一宿，天鸣鸡叫为准！"姑嫂两人都争强好胜，嫂子想赶在小姑子前边建成，小姑子也想赶在嫂子前面建成。

随着鲁班一声令下，建桥比赛开始了。小姑子想：我要在嫂子前面建成，必须得想个绝招。于是她把当地城隍土地爷的能工巧匠都请来帮忙了。大家都很高兴，建桥既是为百姓办好事，还能各显神通、展示技艺。在大家的努力下，这座桥建得是巨石层叠，铁柱穿心，上有竣石水台，下有斩凌剑，构思精细，施行巧妙，美丽壮观。小姑子这边提前完工了，还没到鸡叫的时辰。小姑子想和嫂子开个玩笑，于是学了一声鸡叫。在怀来那边，嫂子想超越小姑子，也想了个绝招，桥是倒着建的，她想等建好后翻个个儿过来就成了，这样不是更快吗，可是还没等到翻过来呢，就听到了鸡叫声。嫂子看了看小姑子造好的桥，再看看自己还没来得及翻过来的桥，心想：这下自己准是输了。

等到天亮鸡叫时，鲁班来到河边看到怀来那座桥仰面朝天摆在那里，知道是小女儿使的诡计，就对嫂子说："是你小姑子捣的乱，你在桥墩上再加上一座桥面吧，这样更结实。"因此，怀来那座桥是倒着的，被后人称为"漫水桥"。

手　　稿：**郑福来**
搜集整理：**陈　宇**

第五节

子打父为何故

很久很久以前，永定河上没有桥，也没有固定的名字。因为河水浑浊，有人叫它小黄河；因为河道迁徙不定，也有人叫它无定河。

那个时候，过往客商要过河只能乘船。当地有个人叫张二，就住在永定河边。平日里他和妻子卢氏靠一只小船摆渡为生，闲时也打捞些鱼虾，生活还算过得去。

有一天，天上飘起了蒙蒙细雨，张二正要拴船收工。一个山西客商背着一个大包袱，急匆匆地赶过来，拉着张二说："师傅，我急着赶路，麻烦您送我过河吧！"

张二看了看天，慢吞吞地说："你没看下雨了吗？河里风大浪大，等雨停了再说吧。"

山西客商着急地说："师傅，您行个方便吧，我出双倍的价钱！"

张二看了看山西客商背上的大包袱，心里一动："上船吧。"

到了河对岸，天色已晚，加上雨越下越大，山西客商再着急也没法赶路了，张二夫妻两人就留他住下了。

晚上，女主人下厨做了小米面饼子、炖小鱼来招待客人，张二还陪客人喝了两盅酒。山西客商连日旅途疲劳，吃完饭没过一会儿就歪靠在自己的包袱上睡着了。

张二推了推客人，觉得包袱很重，摸了摸，硬邦邦的，打开一看，全是银子。这夫妻二人平日里捕鱼摆渡，都是小本生意，哪见过这许多银子。二人不由得起了歹意，趁着山西客商还在熟睡，偷偷拿走了他的包袱，还在他身上绑了块石头，将他沉到河里喂鱼去了。

有了这笔钱，张二也就不摆渡了，而是买地置房，过起了舒心日

◎ 美丽的卢沟桥（六）◎

子。没多久，卢氏又给他添了一个大胖小子，乐得张二合不拢嘴。

可是这个孩子有些古怪，刚出生的时候，一连三天哭个没完，怎么哄也不行。长到3岁好不容易不哭了，每天早、中、晚必打张二一次，打不着就哭，一直打了十多年。张二一直不知这是什么缘故，只有暗地里自叹命苦。

有一天，来了个道士，号称九龙山人，善看阴阳八卦。张二正为儿子的事情发愁，于是就把道人请到家里。

老道问张二："施主把贫道叫到府上是看相算命呢？还是看阴阳宅？"

张二说："听说道长能掐会算，能知过去未来，今天请教一下道长：'子打父，为何故？'"

老道一抒胡子，心里已经明了，哈哈一笑说："子打父，为何故？为的是十多年前的小摆渡。无量佛，罪过，罪过。"说完老道就告辞了。

夫妻俩对山西客商一事一直心中有愧，听老道这么一说，心里就明白过来了——原来儿子就是那个被他们害死的山西客商转世投胎，来跟他们夫妻讨债的，真是天道循环，报应不爽。不过错事已经做下了，后悔也来不及了，夫妻俩商量着今后要弃恶从善，多做好事，希望上天能够大发慈悲，宽恕他们。因为当年的山西客商是因摆渡而被害，张二夫妇就拿出很多银子，在永定河上修了一座桥，方便来往客商，也为自己赎罪。

于是，打那以后，永定河上就有了桥。

根据郑福来手稿整理

摘选自孙涛主编2002年版《卢沟桥的传说》

二

卢沟桥栏杆上数不清的狮子，一直被传为佳话。可是关于卢沟桥是怎么来的，却有另外一个传说。

原来，卢沟桥这地方是个摆渡口，没有桥。靠近摆渡口有一个小镇。镇上虽然人口不多，可是十分热闹，为了接待过往行人，开了不少客栈和商号，摆渡人也由一两家发展成十多家。

有一个姓田的，本来也是个买卖人，后来看摆渡生意好，也就打了一条船，干起摆渡来了。

镇上有个山西人姓卢，很会经商，他开的商号生意比别人都兴隆，就是家人都在山西。到了这年秋天，他想回家看看家人，就收拾收拾、盘点盘点，准备回老家。这天他就带上钱财，来到摆渡口。

到了摆渡口，正遇上那个姓田的摆渡人，讲了价钱就上了船。姓卢的商人一心盼着早点回家，让摆渡人把船摆得快一点。姓田的摆渡人见他钱财不少，起了歹心，就慢慢腾腾地磨蹭。那时永定河水大、浪也急，船到河心，总是摇摇晃晃的。姓卢的商人越担心，姓田的摆渡人就越摇晃，三摇两晃就把姓卢的商人给晃到水里去了。从此，这个摆渡人也就不干摆渡了，开起大买卖来。

一来二去，他生了个儿子，挺聪明，天天围着他转，特别招人喜欢。可是到5岁的时候，这孩子就变了，每天要打他爹三个嘴巴，天天如此，不打不行。田掌柜为这事非常苦恼，天天发愁。他有吃有喝，财大气粗，天不怕，地不怕，就怕儿子打嘴巴。

◎ 美丽的卢沟桥（七）◎

孩子是怎么变的呢？原来是一个老和尚教他的。这老和尚住在河边的一个寺里，他亲眼看到田掌柜怎样害死了姓卢的商人，等田掌柜孩子懂事时，他就告诉了孩子，还给孩子出主意，每天打他爹。孩子记住这事，回家去就照做。每天早晨起来也不言语，上去就是仨嘴巴，到晚上还打一遍，不让打说什么也不行。

田掌柜没法，也到庙里找这个老和尚。老和尚一见他就问："田掌柜，生意不错吧？日子舒心吧？"田掌柜说："嗐，别提了。什么都好，就是生了个造孽的孩子，天天打我的嘴巴。"

老和尚笑了笑说："你没问问他，为什么打你呀？"

"问了，什么也问不出来。我也不少他吃，也不少他喝，可他就是这么犯浑。"

老和尚说："不能吧，今天你回去再问问他。你就说：'天也大，地也大，儿子你天天打嘴巴。儿子儿子我问你，这嘴巴到底为什么？'"田掌柜记住这个话就回家了。

不一会儿，他儿子来了。老和尚说："今天你爸爸再问你，你就说：'天也大，地也大，你贪财把人推河下。伤天害理出人命，我不打你长不大。'"孩子记住这话也回家了。

到了晚上，儿子又要打他爹。他爹赶忙说："天也大，地也大，儿子你天天打嘴巴。儿子儿子我问你，这嘴巴到底为什么？"这时儿子说："天也大，地也大，你贪财把人推河下。伤天害理出人命，我不打你长不大。"说完又是仨嘴巴。

卢沟桥传说

姓田的一听，知道理亏，也没言语。可是他想，为了这事天天打我，这什么时候是个头呢？不行，我还得去找老和尚。

第二天，他又去找老和尚。老和尚说："怎么样，问了吗？"

"问了。"

"还打吗？"

"还打。"

"孩子说什么？"

"孩子说：'天也大，地也大，你贪财把人推河下。伤天害理出人命，我不打你长不大。'"

老和尚说："你是有过这事吗？"

"有过。"

"害的是谁呀？"

"卢掌柜的。"他把七八年前的事说了一遍。

老和尚说："真有这个事，你就费点儿财吧！"

"费多少都行，只要孩子不打我。"

老和尚说："那么你把所有的钱财都拿出来，在这修一座桥，你儿子就不打你了。"

"再打呢？"

"再打你找我。"

姓田的回去，一夜没睡着，一想起姓卢的商人就做噩梦。第二天他就把买卖收了，修桥去了。

他请了不少工匠，修了两三个月，把桥修起来了。叫什么名字呢？老和尚说："你这是勾还姓卢的账，就叫卢沟桥吧。"

就这样，留下了卢沟桥。从此，他的儿子也再不打他了。不过，那时他修的桥，还是一座小卢沟桥，不是现在的卢沟桥。现在的卢沟桥建于金大定二十九年（1189年）；明正统年间又重修了一次；清康熙元年（1662年）又修一次；清光绪帝出殡，入西陵，折了桥帮，后来又修一次。可是，这个故事却在卢沟桥一带长久流传着。

搜集整理：**张紫晨　　郊区组**

第六节

铁柱穿心

永定河波涛汹涌，水浑流急，河水涨落无常，有时发起脾气来，一夜间就能吞没岸边的农田、庄户，使两岸成为一片汪洋。

自打金朝兴旺后，金朝皇帝为方便统治，把都城迁到了北京。北京成了大都市，永定河就成了都城的重要门户、交通要道，南来北往、调兵运粮都要由此经过。

可偏偏那两年永定河水势大得出奇，动不动就冲垮河上的木桥、掀翻河上的船只，造成交通不便不说，也不知有多少人掉到河里喂了鱼虾。有一次大水冲上了东岸，险些淹掉北京城。四乡百姓纷纷传言，说永定河出了恶龙，要把北京城变成苦海幽州。

消息传到了京城，金章宗完颜璟一听此事龙颜大怒，心想自己就是堂堂真龙天子，怎能容忍一条恶龙随意兴风作浪，再说永定河是京城门户，南下用兵的要道，治理不好，还怎么统一天下？于是降下圣旨，招集天下能工巧匠，要在三年内修建一座大石桥，延期者斩。

圣旨一下，官府就开始征集天下工匠和四乡民夫开山取石、破土修路，想把桥修成世上少有、万年牢固的大石桥。

在众工匠中，有一个姓鲁的，据说是鲁班爷的后代，自幼继承祖业，技艺过人，木工、石工、泥瓦工、铸钢炼铁样样精通，便成了领头人。他带领瓦工从房山、平谷等县的大山里开采大理石、青条石等，堆在永定河边，足足用了一年时间才把石料备足。

鲁师傅又带着石匠们开始加工石料，凿的凿、雕的雕，又用了一年时间，才把小山似的石料加工出来。负责监造的官员看到打好的石栏、石柱、石狮、石象和大华表，小的小巧玲珑，大的宏伟壮丽，喜得合不上嘴，恨不得大桥一夜之间就建成，自己好到皇帝面前去领赏，一个劲儿催促人们快干活。

当官的心急，鲁师傅的心更急。在这两年的时间里，他天天观察永定河的水情，知道要架桥的地方水深流急不说，河底又都是流沙烂泥，立桥墩就是一道大难关，何况此时又逢雨季，水势比平时又大了许多，要想轻而易举地把桥架起来，是不大可能的。可是限期已到，时间不容人，到时间建不好桥，皇上怪罪下来，自己和众工匠性命难保不说，河两岸的乡亲也没法过上安定的日子。再说凡是能工巧匠，越碰上难干的活儿就越是不服气，总想看看自己有多大本领。鲁师傅是鲁班爷的后代，说什么也不能给老祖宗脸上抹黑呀。他思来想去，终于决心第二天就立桥墩。

第二天清早，鲁师傅招集众人开始立桥墩，可也碰巧，这天永定河风平浪静，水势趋缓，工程进行得非常顺利。众工匠干了整整一天，虽说累得腰酸腿软，可是看见高高竖起的桥墩心里也特别高兴。鲁师傅心里也暗自欢喜，想不到这道难关居然轻易闯过了。

可万万没想到，第二天早上桥墩却不见了。众工匠望着空荡荡的河面，一个个目瞪口呆，半天说不出话来。鲁师傅派水性好的人下河察看，才知道桥墩被河水冲垮了，大条石都沉到了河底。工匠们虽然垂头丧气，可也只得再从头干起。就这样，桥墩立了三次，倒了三次，不管想什么法子，桥墩还是没立起来。

俗话说"事不过三"，工匠和民工们开始害怕了，认为真有恶龙在河中作怪，于是纷纷上供烧香，求恶龙高抬贵手。鲁师傅虽然不去烧香供恶龙，可心里焦急万分，也是一天三炷香，向老祖宗鲁班爷求助，盼望鲁班爷能显灵指点，保佑大桥早日建成，拯救众人性命。

到了晚上，鲁师傅烦恼得不能入睡，不由自主地又来到了永定河边，只见天上月明星稀，清风送爽，脚下河水翻腾，浊浪喧天，倒是一番宜人景致。他心急如焚，哪有欣赏景致的闲心，只是看着滔滔急流长吁短叹，恨不得一声大喝，止住滚滚河水，可是河水好像在故意同他为难，一浪更比一浪高。

鲁师傅束手无策，不由得想起了老祖宗鲁班爷，心想：要是他老人家在世，一定能想出好法子来。想着想着，他忽然听到远处传来了朗朗话音："石桥万年牢，铁柱穿心过；石桥万年牢，铁柱穿心过。"鲁师傅回头望去，只见四周仍是月明星稀，清风阵阵，却不见半个人影。他心想一定是鲁班爷前来指点，万分欢喜地跑回了工房，反复琢磨这两句话，直到金鸡报晓才想出了一点门道。

等到众工匠醒来，鲁师傅将夜中之事对众人讲了一遍。众人大喜，拜谢了鲁班爷后，就在鲁师傅的指点下，将一块块桥墩石的中心凿出一个圆孔，打出茬口，用几十层桥墩石鱼鳞式压住茬口，圆眼对成一条线，用一根长长的大铁柱从圆孔中插下去，把桥墩石连成一串，灌上灰浆使铁柱和石头融为一体。这个方法果然高明，虽然河水一浪高似一浪，可桥墩就像生成的一块巨石，一动不动地屹立河中。

在众工匠的欢呼声中，鲁师傅心中的一块石头落了地，心想只要立起一个桥墩，就不愁其余几个了，于是吩咐众人提早收工庆贺一番，第二天早起再去搜集废铁，搭起熔炉炼铁铸柱。

不说众工匠喝酒庆贺，两岸乡亲们听说了好消息，纷纷送来家中废铁，就连京城里的百姓，也连夜送来不少破锅烂铁。转眼间，河岸上就堆起了一座铁山。鲁师傅看在眼里，喜在心头，高兴得难以入睡，趁着酒兴又来到河边察看立起的桥墩。

谁知好事多磨，只见夜间的河水更加汹涌，一股股黑浪发了疯似的向桥墩扑去，一个接着一个好像要一口把桥墩吞下去解气。鲁师傅放心不下，一步跨上了桥墩，刚到上面就暗叫不妙，觉得脚下的桥墩有些摇晃。他连忙趴下仔细察看，原来是灌入圆孔中的灰浆被河水浸泡多时，已经有些松动了，铁柱和桥墩石有了缝隙，所以桥墩又开始摇晃。幸好大铁柱已深深插入河底，桥墩石才没被大水冲走。

鲁师傅心中正在叫苦，又见一个巨浪卷着一棵大树向桥墩扑来，只听"轰"的一声巨响，桥墩猛地一阵摇晃，他险些落入河中，不由得一下扑在桥墩上，双手紧紧抓住桥墩上的铁柱，连眼都不敢睁开。

鲁师傅趴在桥墩上，不忍睁眼看到桥墩再一次被冲毁。可纳闷的是，风渐渐小了，浪渐渐静了，桥墩也不再摇晃了。他睁眼一看，不由得又惊又喜，只见自己抓着铁柱的手破了，鲜血流下，和那灰浆混到了一起，想不到那已经松劲的泥浆一遇人血又立即凝结起来，把铁柱和桥墩石黏结在一起，桥墩又立稳了不说，而且更加牢固。

真是天无绝人之路，鲁师傅绝处逢生，又是高兴，又是纳闷。他正在仔细琢磨，忽然远处又传来朗朗话音："铁柱穿心过，石桥万年牢，得花费心血呀。"鲁师傅听到熟悉的声音，又惊又喜，可是仍旧没有见到半个人影，只得向天恭恭敬敬地拜谢了鲁班爷的指点。他这时才明白过来，鲁班爷的意思是用铁水浇铸桥墩中的圆孔，使桥墩从上至下铸为一体。

到了第二天，鲁师傅指派工匠们开炉炼铁，又叫人把凿好的桥墩石依茬口竖好，命众工匠手持盛铁水的大勺做好准备，一旦铁水放出，就接去浇铸桥墩。工匠们依吩咐做好准备，只待鲁师傅下令开炉放铁水。

鲁师傅脱去上衣，手持一把匕首静视着炉中铁水，见那满炉的铁水逐渐沸腾起来了，突然，他把匕首猛地刺进了自己左臂。顿时，鲜红的血液流入沸腾的铁水中，铁水冒起了青烟，变得像血一样红。工匠们都被惊呆了，但他们随即想起了"干将莫邪铸剑"的故事，明白了鲁师傅要用血和铁水来浇铸桥墩。于是，他们都激动地咬破了自己的手指，让血水流进自己的大勺内，再赶紧接了铁水去浇铸桥墩。

就这样，满带着工匠们鲜血的铁水注入了桥墩的孔中，使巨大的桥墩上下成为一体，扎根在汹涌的河中，像中流砥柱一样坚固异常。这就是卢沟桥上的"铁柱穿心"。

桥墩浇铸完后，铁水还没用完。鲁师傅想起夜里大树撞击桥墩的情景，就用铁水铸成三棱形铁柱，安放在桥墩的分水尖上。夏、秋季用来斩断山洪带下的树木；春季用来斩断上游冲下来的大块冰凌，以保护桥墩的安全。这就是卢沟桥上有名的"斩凌剑"，又叫"斩龙剑"。

卢沟桥建成了，金章宗非常高兴，赐名"广利"，可是人们却习惯地称它为"卢沟桥"。卢沟桥从建成至今已有800多年了，但仍然坚固异常。听老辈人讲，就是因为卢沟桥上凝聚着无数劳动人民的血汗，所以一提起卢沟桥，老人们就爱给后人讲起修建卢沟桥时的种种传说，让后代儿孙们牢牢记住卢沟桥的来之不易，要世世代代爱护它、保护它。

搜集整理：**郭　刚**

摘选自丰台区文化馆内部资料

芦老沟和李晓月

在长辛店住着个老汉，叫李老憨，40多岁得了个儿子，起名叫李晓月。李老憨过了半辈子才得了这么棵独苗，自然宠爱异常，坐着时抱着，走路时背着，要星星不敢给月亮。

这李晓月长到16岁了，还是除了衣来伸手、饭来张口外，什么活儿都不会干。没想到一天晚上李老憨得病身亡，抛下李晓月孤身一人。

从此李晓月更是吃喝玩乐，任意挥霍，没过一年，就把家产花个一干二净，只得整天在大街上乞讨为生。

一天，李晓月来到了永定河渡口，见到摆渡的船夫正是父亲的好友——芦老沟，就连忙向芦老伯讨饭吃。芦老沟一见李晓月也是大吃一惊，想不到不过一年光景，一个小少爷成了个叫花子，很是心疼，就把李晓月接到船上，仔细盘问了起来。

李晓月说："我什么都不会干，家里钱也都花没了，不讨饭吃怎么活呢。"

芦老汉说："你年轻力壮，靠乞讨为生不觉得脸红吗？你爹一辈子辛苦，才积攒下一份产业，还不是为你这个儿子能有点出息。想不到你却……"

李晓月一听，连忙说："芦老伯，您只要收留我，我愿意跟您学摆渡，给您当儿子。"

芦老汉一听挺高兴，他打了一辈子光棍儿，想不到到老还能捡个儿子，李晓月是故人之子，又是个身强力壮的青年，只要不怕吃苦受累，会有出息的，就收留了他。

从此，芦老汉每天带着李晓月摆渡。李晓月虽然懒，可无处可去，只得跟芦老汉干活儿，也慢慢学会了摆渡。他人懒心可不笨，渐渐发觉芦老汉见了富人总是漫天要价，每日还能挣不少银两。只是一样，芦老

◎ 卢沟桥雪景 ◎

汉生活很俭朴，整日粗茶淡饭，就是高兴时喝上二两，也从不买点儿肉吃。李晓月虽然有点受不了，可是想到芦老汉的钱，就又忍耐着待下来。

李晓月开始试探打听芦老汉的钱，可芦老汉告诉他说："等你真的变得勤劳了，而且有了孝心，我会把钱给你的，并且让你去干一件大事，你可不知道我有多少钱啊，哈哈。"

李晓月从此更加卖力干活儿，并且对芦老汉多方照顾，芦老汉看在眼里，乐在心头。

一天，芦老汉叫李晓月买了些酒肉，要和他共度中秋，二人喝着酒，李晓月又问芦老汉钱的事。芦老汉喝得半醉，笑着对他说："今日你不问，我也要告诉你了。我老了，快不行了。从30年前我就开始攒钱，想在永定河上修一座大石桥，钱快够了，可我也快死了，幸好有了你，你就继续干下去吧，那钱放在庙里的供桌下，有……"

话没说完，李晓月就把芦老汉推进了永定河，拔腿向庙中跑去。原来李晓月一开始就存心不良，想算计芦老汉的钱财，今天知道了银子的下落，就迫不及待地下了毒手，害死了芦老汉。庙中的老和尚是芦老汉的故友，跟李晓月也早就相识，所以听李晓月说来取义父的钱财，以为是他们要修桥了，不但没有生疑，而且还帮助他从供桌下取出银子。

那李晓月拿到的银子有五千两，连夜就跑到京城买了个官做。别瞧他好吃懒做，可钻营取巧、拍马奉迎却是把好手。没几年工夫，他不但官做大了，也发了大财，娶了老婆，还生了一个儿子。

没想到儿子刚刚一岁，李晓月突然头顶长疮、脚底流脓，闹起病来，连小儿子也染上了。李晓月连忙告病待在家中，不敢出去见人，他心里有鬼呀。可小儿子几天下来已经奄奄一息，眼看就活不成了。没办法，他只好硬着头皮张榜招医，可是没人来揭榜。要说京城名医不少，可他为人奸猾刻薄，远近闻名，谁也不愿上门。

李晓月急得天天念佛烧香。一天晚上，眼看儿子要断气了，他又烧起香，心中暗自向芦老沟告饶。就在这时，家人说有个老和尚来揭榜。他知道和尚、道士中经常有高人，就请了进来。

那老和尚进门看看说："大人还没什么，先救孩子吧。"说着，就从怀中掏出一包药来，给小孩洗了疮口，又拿出一颗丸药给孩子服下。还真灵，没过一个时辰，小孩就能哭了。

李晓月一看大喜，连忙和老婆一起拜谢老和尚。

老和尚说："不用谢了，小孩能不能保住，还得看大人能不能治好，这病本来就是从大人身上得的嘛。"

李晓月一听，心想这老和尚莫非是神医？什么都没问就知道病从我身上而起，不由得抬头端详老和尚。这一下可不要紧，差点没把李晓月吓死，原来这看病的老和尚是当年庙中的那个和尚。

老和尚冷笑着说："治病除根，李大人自然知道病根所在，就请大人说出，我方可下药。"

李晓月几年来一直心中不安，今天见了老和尚更是害怕露了底细，不由得面呈杀气。老和尚一眼就看透了他的心思，说："李大人别多费心思了，我本来也没几年活头了，可是孩子无缘无故地得了此病，如不抓紧诊治，恐怕只能好得一时，到头来性命难保，这份家私不知要落到何人之手呀。"

李晓月一听，就泄了气，知道老和尚什么都料到了。杀他倒容易，可是没人给自己和孩子治病，这不是白白谋财害命，到头还是一场空吗。听老和尚的话，只要自己认罪，病就还有治，不管怎么说，还是保命要紧，于是就把当年谋害干爹芦老沟的事说了出来。

老和尚听了之后，说："你既然能认罪，说明良心还没丧尽，这病就有治，儿子是能保住了。不过，你现在就得按芦老沟的话去做，马上在永定河修一座大石桥，我算好了，有十万两银子也就够了。"

李晓月一听就像五雷轰顶一样，一句话也说不出来，十万两银子，还不如要他的命哪。可他老婆为救孩子什么也顾不得了，别说十万两银子，就是把李晓月卖了救儿子她也乐意。她现在才知道李晓月是个什么东西，连打带骂把李晓月轰到一旁，吩咐管家马上招集工匠，到永定河上修桥。

大桥修好，李晓月和儿子的病也轻了不少，尤其是那孩子，已经能够说话了，只是头上的疮还未封口。李晓月此时对老和尚和老婆都只得百依百顺。老婆逼着他再去求老和尚，他就只得来求老和尚发善心。

老和尚说："桥修好了，芦老沟的心愿是了了。可你的罪过太重，至今还未向芦老沟赔罪。这样吧，你到桥上去给你干爹磕头，能震得桥身抖动，桥下水鸣，就是你干爹饶恕你了，快去吧。"

李晓月知道老和尚说话灵验，便飞快地跑上桥面磕起头来。他连磕了300多个头，磕得头上的脓和脑门儿的血流到了桥面上，忽然，他听到桥下的河水轰鸣起来，桥身也抖动起来了。李晓月心中一喜，昏了过去。当他醒过来后，看见桥头平地耸起一块大石碑，上面写着四个字："卢沟晓月。"

后来，人们都说那四个字的意思就是说：芦老沟知道李晓月诚心悔过，建好大石桥，芦老汉心愿已了，也就不再记恨李晓月，特意立了这块石碑，写上了"卢沟晓月"，让后人记住卢沟桥的来历，知晓以后应该怎么做人。

搜集整理：**赵子清**

摘选自丰台区文化馆内部资料

永定河上的戾陵堰

永定河原名卢沟河，卢沟河东岸有一座古蓟城。战国时，蓟城是燕国的首都。三国时，曹操派镇北将军刘靖在这里镇守。

东晋时期，由于连年征战，蓟城四野地旷人稀，杂草丛生。每年七月，遍地蓟草绽开一朵朵淡紫色的小花，远远看去，好像一片艳丽的云霞。

公元350年，蓟城遭遇百年不遇的大旱。冬天没落一片雪，春天没降一滴雨，地里的禾苗干枯了，连丛生的蓟草也渐渐地枯萎了。蓟城和附近农村的百姓只好以树皮、草根充饥。

刘靖心里十分着急。自从驻守蓟城，他大力推行"屯垦戍边、寓兵于农"的政策，平时除了操练兵马外，还率领士兵开荒种地。如今天不降雨，官田、民田都晒冒了烟，他怎能不急呢？刘靖一连给曹操送了三份奏章，请曹操下令救济蓟城百姓。

一天清晨，刘靖带着儿子刘宏出蓟城南门去查看灾情，出城不远，就被跪在大路中央的母女二人拦住了去路。

刘靖急忙翻身下马，伸手把母女俩扶起来。

母亲四十开外年纪，脸色黄中带黑。她涕泪满面地说："刘大人，民妇的男人早就离世了，留下一女和年近古稀的婆婆。今年大旱，田里颗粒无收，只能顿顿以野菜充饥。婆婆年高体弱，禁受不住，倒在炕上奄奄一息。可怜她在昏迷中不断地呻吟着：'粥……给我一碗粥……'听了叫人五脏俱碎。民妇万般无奈，求刘将军行行好，用……用……一斗米买下我的小女，让婆婆临死前喝上一碗粥……"说到这里，已经泣不成声。

刘靖听了，心里十分难过，急忙转过身对儿子刘宏说："儿，回蓟城和你娘要三斗米，给这位妇人送到家中。"刘靖见儿子的马跑远了，又安慰了母女二人几句，叫她们好好在这里等着，说完，一个人拉着马往前走去。

走到一片树林跟前，刘靖猛然看见一位鬓发斑白的老汉，嘴里嚼着一棵蓟草，直挺挺地靠在一棵大树上，一动不动。刘靖觉得奇怪，走近一看，这位老人不知什么时候已断了气，尸体早已僵冷了，泪沿着这位身经百战的将军的双颊流下来。他把老人慢慢地放到地上，脱下自己的战袍，轻轻地盖到老人的身上。

刘靖跨上战马，环顾干旱荒凉的四野，不由得仰天长叹。他勒转马头，扬鞭在马屁股上抽了几下。那马一声长嘶，飞也似的奔回蓟城。

刘靖回到蓟城，立刻起草了一份命令：拨出一半军粮，立即救济蓟城百姓；派百名士兵到蓟城四野巡察，把饿死在荒野的灾民就地掩埋；立刻动工修水利，引卢沟河水入高梁河，使蓟城旱涝保收。

第二天清晨，刘靖把诸事安排妥当后，带着几名士兵和儿子刘宏出了蓟城西门。他们登上石景山察看卢沟两岸的地形。卢沟上游地势高，树林茂密，下游地势平缓，田畴交错。究竟在什么地方拦河修堰，众说不一。

为了挑选一个修河堰的好地点，第三天早晨，刘靖一个人骑着马，沿着卢沟河岸向上游跑去。马至庲陵，刘靖一下子勒住了马缰。庲陵四周山岭逶迤，树木葱茏，杂花遍地，群蝶飞舞。刘靖心中大喜，心想，在这里筑一拦河堤，分卢沟为东、南两股，既可以保证蓟城灌溉土地，又可以减少卢沟下游的水灾，岂不是两全其美。只是浪高水急，这堰该怎么修呢？他犯了愁，翻身下马，拉着马走进河边的树林。

刘靖将马拴在一棵大树上，自己坐在一块石头上，靠着树干休息。这时从树林深处走出一位老人，这位老人鹤发童颜，神采飘逸。他冲着刘靖拱拱手道："前面可是刘将军？"

刘靖急忙起身还礼："末将正是刘靖。"

"将军既然想在庲陵修河堰，引卢沟河水入高梁河，造福蓟城百姓，何不学秦国的李冰父子？江南多竹，北国多荆。东边的山岗下，有一道古河道，遍地沙石；北边的山岗上，满山紫荆；两边的高山里盛产石灰石，这是有名的'戾陵三宝'。将军何不用荆条编筐，装土石、灰石、沙石，然后沉入河底？"

刘靖听后豁然开朗，心里十分高兴，忙说："多谢老先生指点。请老先生留下姓名，末将明日登门拜谢。"

老人微微一笑说："山野之人不值得留姓名，将军不必客气，为子孙后代造福的事，人人都应尽力，还望将军多多保重。"说完，转眼不见了。

一声长长的马嘶，把刘靖惊醒。原来，他靠在大树上睡着了。他骑上马，向着梦中老人指点的地方驰去。他驰到东山脚下，遍地沙石，一川鹅卵，在阳光下闪闪发光。他驰上北山，丛生的荆条像密密的树林，随风摇曳。他驰到西山，西山到处都是石灰石。

刘靖骑在马上，迎着夕阳向蓟城奔驰。随着奔驰的马蹄声，一幅兴修卢沟水利的蓝图在脑子里清晰地勾画了出来：把蓟城士兵一分为五，年老体弱者到北山采荆编筐；身强力壮者，一部分到西山开石灰石、烧石灰；一部分到东山挖沙石；一部分从戾陵向东挖一条东箱渠，沟通卢沟河与高粱河；一部分用筐把石灰石和沙石挑到戾陵附近的卢沟河岸，一齐沉入水中，修一道戾陵堰。

蓟城百姓听说刘将军要兴修水利，引卢沟河水入高粱河，无不欢欣鼓舞，男女老幼都踊跃参加。

卢沟河上临时架起了两座木桥。刘靖亲手制作了一条又粗又长的桑木扁担，同士兵一起挑沙运石。挑沙石的人在卢沟河岸川流不息。不知谁编了两支小曲，人们一边挑，一边唱，歌声响彻戾陵山谷：

> 桑木扁担两头颤，
> 我挑沙石垒河堰。
> 引来卢沟长流水，
> 灌我蓟城万顷田。
> 紫荆花开满山岗，
> 采下荆条编荆筐。

> 蓟城有了卢沟水，
>
> 天旱不用拜龙王。

一天，天刚蒙蒙亮，刘靖就率领士兵在卢沟河岸挑沙石。他刚把两筐沙石挑到河岸，就看见一个小姑娘背着四只大筐迎面走来。小姑娘看见刘靖，急忙放下筐施礼道："刘将军，我就是那个要被卖掉的小姑娘。吃了少将军送去的米，奶奶的病慢慢地好了。老人家听说将军要修戾陵堰，欢喜得老泪纵横，就催着俺娘和大家一块到北山采荆编筐，又让我到北山替她割回荆条，在炕上精心编了四只大筐。奶奶让我当面送给将军，还要替奶奶谢过将军的活命之恩。"说完向刘靖拜了三拜。

刘靖急忙接过这四只大筐，只觉得浑身热血沸腾。他含着泪花说："靖绝不负蓟城百姓的一片厚望！"

从此，刘靖一次挑四只大筐，在崎岖的山路上奔走如飞。在他的带动下，士兵、百姓个个多装快跑，卢沟河岸装满沙石的大筐很快就堆得像小山一样高。东箱渠眼看就要挖好了，整个工地沉浸在即将胜利的欢乐中。

正当人们欢欣鼓舞，准备向卢沟河沉筐修堰时，忽然传来一个噩耗：刘靖将军口吐鲜血，卧床不起了。

这消息就像晴天霹雳，震惊了众百姓的心。人们从四面八方涌到刘将军的家门口，焦急地等候消息。到了第三天早晨，刘将军的儿子刘宏身穿重孝从院子里走出来，黑压压的人群顿时哭成一片。

等大家稍稍平静下来，刘宏流着眼泪对大家说："家父已经在黎明时分去世，临死前一再嘱咐我，一定要修好戾陵堰，切切不可辜负蓟城百姓的厚望。他让我把他的尸骨埋在戾陵山岗上，生虽不能亲眼看见戾陵堰完工，与军民同乐，死后也要看着戾陵堰造福蓟城百姓，与军民同欢。"

刘将军出殡那天，蓟城百姓倾城而出，附近乡村的百姓也早早地赶到了城门口。棺材一出城门，四野哭声震天动地。百姓主动为刘将军挂孝，数不清的手纷纷扬扬地撒着纸钱，地上、棺材上落了一层又一层，好像骤然降了一场大雪。

　　棺材被放进墓穴，刘宏为了满足蓟城百姓的心愿，只代表家人埋了第一锹土，就退到了一旁。士兵和百姓排着长长的队伍，穿过卢沟河上的木桥，用衣襟包着蓟城四野的黄土，慢慢地走过来，把哀思和黄土一齐撒进刘将军的墓穴。土越撒越多，坟越堆越高，慢慢地变成了一座小山。

　　夜深了，送葬的人群渐渐离去。一轮残月斜挂蓝天，把淡淡的银光洒在将军的坟上，洒在飞扬激溅的卢沟河上。河水拍打着墓旁的山崖，呜呜咽咽地流向远方。

　　为了实现父亲的遗愿，丧事一完，刘宏就率领军民加紧施工。晋升平三年（公元359年）春天，一道高一丈，东西长三十丈，南北宽七十

◎ 永定河上的戾陵堰 ◎

余步的庆陵堰巍然屹立在水面上。堰分卢沟水经东箱渠入高梁河上游，流经蓟城南北，灌溉两千多顷土地。从此，蓟城年年丰收。

这就是永定河上的庆陵堰，是北京有文字记载的最早的水利工程。

搜集整理：**赵美琳**

摘选自丰台区文化馆内部资料

蝎子城的传说

老北京的人们都说卢沟桥是蝎子城，谁走到卢沟桥都要瞧瞧这蝎子城是怎么回事。

早先年间，不知从哪里爬来一只大蝎子，它张着两个大夹子，翘着一条长尾巴，专门吃小动物。

有一天，大蝎子遇见一只过路的羊。它转转两只大眼睛，对羊说："你想从我这儿过，得让我喝你的血。"

羊看看蝎子那两个大夹子，心里有点害怕，可是看看它走路那个慢腾腾的样子，就壮起胆子说："你要喝我的血？你能追得上我就行。"

说完，撒腿就跑。

蝎子甩起大尾巴，一个翻身，一下就叮在羊屁股上。羊跑得越凶，它咬得越紧，终于把羊的血给喝干了。

又有一天，蝎子遇见一头过路的驴。它又转转两只大眼睛，对驴说："你要从我这儿过，得让我喝你的血。"

驴竖着两只耳朵，心想：我走我的路，你干吗要喝我的血。于是，它扯起嗓子叫了几声，说："蝎子哥，我和你前世无冤，今世无仇，你凭什么要喝我的血？"

蝎子挥舞两下大夹子说："这个地方是我的。你不让喝，你就别过。谁要过，我就喝谁的血，这是我的规矩。"

驴气得尾巴直甩，鼻子也直出大气，说："我不管你什么规矩，我的血不能让你喝。"蝎子瞧瞧驴这一身肉，早就按捺不住了，一下子跳到驴的脖子上吸起血来。驴疼得满地打滚儿，可是，再怎么滚也没用，蝎子紧咬住不放，最后又叫蝎子把血给吸干了。

就这样，每过一只动物，蝎子都要吸它们的血。蝎子喝血越多，长的个儿也就越大，慢慢地就长成了好几丈长。这时，不要说是毛驴，就是大骡子、大马，只要叫它遇见，血都得给它吸干。

又过了一阵子，蝎子的本事更大了，连人的血也喝起来了，而且还专喝童男童女的血，这下可把人们都急坏了。

有一家老两口，只有一个小孙子，叫这蝎子看中了。它爬上了这家房顶，尾巴冲着门口，夹子搭在墙上，就等着喝这孩子的血。老两口紧紧搂着孙子，吓得关门闭户，整天哭泣。

这天夜里，老两口搂着孙子迷迷糊糊的，像是要睡着了。忽然来了一个老头，只见他走上前来，摸摸孙子的头说："孩子，你不要怕，该你除害的日子到了。"

老两口听说要除掉大蝎子，可高兴了，但是一想，孩子怎么能除害呢？他们睁大眼睛，好奇地看着那老头，只见老头鹤发童颜，穿着一身道服，手里拿着拂尘。他们想，说不定是神仙下凡搭救孩子的。正想着，又听老道问道："孩子是什么年生的？"老两口说："鸡年啊，属鸡的。"

老道说："鸡，还能怕蝎子吗？"

老两口一听，虽说鸡不怕蝎子，可是我这孙子到底是孩子呀，一见了蝎子不是白白送死吗？

老道一看，知道他们想的什么，哈哈一笑，顺袖筒里掏出一张黄纸来，说："给我一把剪子使使。"

老婆婆就顺手给了他一把剪子。就见这个老道铺开那张黄纸，三剪两剪，剪成一只大公鸡，随后在油灯上一熏，吹了一口气，纸公鸡顿时变成一只黑毛大公鸡。这公鸡跷跷腿，啄啄毛，拍拍翅膀，雄赳赳地站在老两口的眼前。那孩子也高兴了，一下就把公鸡抱了起来。老道说："抱着它出去，和蝎子斗。"说完就不见了。

老两口想，这黑毛大公鸡准是神鸡，能斗胜！于是就把门打开了。

蝎子一看门开了，它挺挺肚子，摇摇夹子，翘翘尾巴，等着孩子出来。

孩子抱着公鸡跑出房门，冲着蝎子说：

"蝎子，你要喝我的血，把头伸过来吧！"

◎ 宛平城（一）◎

　　蝎子闻见一阵人肉香味，赶快爬下房来。这时，孩子把公鸡一撒，这公鸡扑棱棱飞到蝎子的面前。

　　蝎子看看这黑毛大公鸡，转转两只眼睛，心想："好啊，先给我一只鸡吃吃，这不是更美吗？"它把尾巴一甩，就向公鸡爬过来了。谁知这只黑毛大公鸡，忽地一下，变成一只几丈高的大公鸡，它颈毛一挓挲，两腿一使劲，就和蝎子斗了起来。

　　蝎子两个夹子不住地挥舞，尾巴甩来甩去。公鸡两只金环眼紧盯着蝎子，等待时机。这时，见蝎子一转身，上去就是一口。蝎子哆嗦一下，一阵疼痛，身子就小了一点。公鸡再啄一口，它又哆嗦一下，身子又小了一些。最后，公鸡一爪子按住了蝎子的头。蝎子左右转动它的身子，来回摆动长尾巴，可是怎么使劲也动不了。公鸡乘势又按住了它的身子，这时，蝎子再也动弹不得了。它连连哀求说："饶命，饶命！"

　　公鸡不理蝎子那套，伸长脖子，用嘴"当当"两下，就把它的两只眼珠子给啄了下来，随后叼起一摔，蝎子就断了气。蝎子气一断，筋骨一松，身子变长了，长得尾巴搭过了河，脑袋和身子伸出了一里多地。公鸡呢？公鸡又缩成了原来那么大小，一阵风飞得无影无踪了。

　　从那时起，就有了卢沟桥和蝎子城。当地人说，这蝎子城就是卢沟桥东的宛平城。这座城东西长，南北短，扁圆形状，是蝎子肚子。东门外，一南一北有两口枯井，正是蝎子的两只瞎眼睛。东北和尚庙有两座半截塔，偏南大枣园也有两座半截塔，是蝎子的夹子。西门外的卢沟桥，打东向西，撅起老长老长的一个桥身，正是蝎子的尾巴。

那时，桥西路北有个大王庙，这儿，是个税局子，是皇家崇文税局的分卡。各地客商行走做买卖，一过就得上税。有人曾编了个顺口溜，说："走过京，闯过卫，卢沟桥上过税。"就是说那税局子比蜇人喝血的蝎子还毒啊。那税局子收来的税款，专款专用，全给西太后做了胭脂费。可是，只有一点，就是带公鸡不上税，因为它斗蝎子有功。后来，税局子的人不干了，说："鸡不上税，行；鸡有毛，毛得上税。"所以后来，凡是过卢沟桥带的鸡都是没毛的。

搜集整理：**张紫展　赵慧娟　赵日升**

第三章　卢沟桥上石狮子的传说

第一节

卢沟桥的狮子数不清

提起卢沟桥的狮子数不清，总有人不太服气，几百米长的桥栏杆，能有多少石狮子？

有一年，从山东来了个枣贩子，经过卢沟桥时，看见桥上的石狮子千姿百态，栩栩如生，很是有趣，就忍不住数起石狮子来，从西数到东、从东数到西，可是怎么也数不清。同行的伙计告诉他，卢沟桥的狮子数不清由来已久了，劝他别再白费力气。

可这枣贩子生性倔强，越劝越来劲儿，偏要赌这口气不行。他还真有主意，从枣筐里数出一大堆枣来，然后开始数狮子，见一个石狮子就往狮子嘴里塞一颗枣，从桥西数到桥东，又从桥东数到桥西，可是数来数去，总是看到有的狮子嘴里没塞着枣。他就又数出一堆枣来，继续数狮子，可转了一天，枣贩子的枣筐见了底儿，石狮子也没数清，只得死了心，垂头丧气地离开了卢沟桥。

卢沟桥上的狮子为什么数不清呢？这事还得从修建卢沟桥说起。

当初修建卢沟桥时，皇帝限期三年完成。皇帝的话就是圣旨，谁要是违背了旨意，就要犯杀头之罪，所以圣旨一下，大小官吏就忙上忙下，四处征集工匠，抓民夫，摊派银两，把四乡百姓搅得日夜不得安宁。

众工匠和民夫们在官府的督促下，没日没夜地苦干，好不容易才把石料开采出来，又在数九隆冬掘井泼水为道，历尽千辛万苦，才把石料运到永定河边，开始建桥。

两年多的时间过去了，卢沟桥总算有了个模样，众工匠心中暗自庆幸。可就在这时，又出岔子了。

原来皇帝过生日，四方纷纷朝贡，有外国使节进贡大象和狮子各一对，说它们是百兽之王。皇帝初次见到大象和狮子，当然高兴得很，听说它们是百兽之王，心想百兽之王来朝贡人中之王，心中得意万分。可又一想，大象和狮子只有这几只，要是一旦死去怎么办？猛然间，他想起了正在修建中的卢沟桥，于是就下令把卢沟桥修建成狮象桥，要千秋万代把兽中之王踩在脚下，以示人中之王的尊严。

皇帝这一心血来潮不要紧，可又苦了修桥的工匠们。监造修桥的官儿把民夫、工匠招集起来，要他们把桥建成狮象桥。三天拿不出办法，每人责打300皮鞭，到了三年期限完不成，全部杀头，家产充公。其实这些官员早就打好了坏主意，大桥马上就要完工了，三年期限也要到了，到时候只要向皇上说大桥已经完工，没办法改建，再选个地点另修一座狮象桥就能交差了，说不定还能再捞一笔外财。现在催逼工匠们，为的是赖掉三年的工钱，再搜刮一下众人的家产。工匠们眼看好不容易把桥建好了，又来了这么一道圣旨，不由得忧虑万分。这下子不光钱拿不到手，恐怕连命都得搭上，可皇上圣旨如山，官吏如狼似虎，又怎么办呢？

众人正在忧虑，一个老工匠站了出来，对大家说："大伙儿别急，咱们祖师爷鲁班给咱们传了各种手艺，难道咱们还能没有办法吗？只要大家齐心合力，狮象桥就能造好，大伙儿丢不了性命，三年工钱也不怕它飞了。"说完，冲着那官员嘿嘿一笑。

那官员一愣，心想这老头子可真厉害，一眼就看穿了我的心思，眼珠一转，坏主意又来了，说："好，只要狮象桥修好，不但三年工钱一分不少，我还另外每人加五两赏银。可有一样，桥上的狮子不能少于400头，大象最少也得有两只。要是少了，到时候可别怪我不讲情面。"

大伙儿一听，这不是成心找碴儿吗？一座桥上要有400头狮子不说，还要两只大象，就是一只大象也站不下，不由得一齐望着老工匠。老工匠不慌不忙地说："没关系，大人只等到时候验桥好了。不过大人说的话可得算数，要不然我们能修桥也就会拆桥。"

卢沟桥传说

◎　卢沟桥的狮子（一）　◎

　　那官员一听，心里也有点害怕，要是桥真的坏了，皇上一气之下，自己也甭想活命，就说："好。咱们立字为据，谁也不得反悔。"当下命人取过笔墨纸砚，立了字据。

　　再说众工匠在老工匠的指点下，在每个桥栏柱上都刻了石狮子，可每个柱上都刻了也才不过280来头，离400头还差得远呢。工匠们又发愁了，一根柱子上也不能出两个头呀，怎么凑够数呀？老工匠告诉众人不用着急，到时他自有主意，又吩咐众人在桥头两端各刻两只大象。

　　众人一听又有点犯愁了，刻大象倒不难，可大象刻小了吧，不像那么回事儿，皇上又得不满意；刻大的吧，桥头高出桥身了，又不像个桥样儿了。只见老工匠用根棍子在地上画了个图，大伙儿一看就乐了。原来画的是只跪在地上的大象，鼻子正好顶着桥头一端，这下子不但大象变矮了，桥头和大象连在一起，好看不说，桥又结实了不少。工匠们连忙依图刻了起来。

　　转眼间，验桥日期到了。只见那位官员领着几百个随从来到桥上，他是特意多带人来挑刺儿的，可一看到修建好的卢沟桥，不由得目瞪口呆，心中暗暗叫好！可又一想到工匠们的工钱、赏银，心里就如同刀割一样难受，马上吩咐随从四处查看，寻找毛病，随从们转了又转，也挑不出毛病来，就查共刻了多少头狮子。工匠们一听心就惊了，知道狮子不够数呀。

只见老工匠说："每根柱上都有一头狮子，请大人查点吧。"当官的一听就乐了，他心里也多少有点数，这下知道狮子数准是不够了，马上吩咐众人查数。随从们一听每根柱上一头狮子，心想这就好数了，头也不抬地数着柱子。老工匠呢？手持个铁锤跟在后面，随从数过一根，他就用锤子在狮子身上敲打两下。当官的看着也不理睬他，心说，你这一两锤也打不坏桥，等数完我就头一个拿你开刀问斩。

随从们数完桥柱，就马上报告说石狮子不够数，一共才280头。当官的一挥手，厉声喝道："来人，把众工匠就地斩首。"呼啦啦一下子，随从们把众工匠都围了起来。老工匠这时就说话了："且慢，你们没数完狮子，怎么就要杀人？"随从们一听就愣了，刚数完的，怎么说没数完呢？老工匠笑着说："我刚才说每根柱上都有一头狮子，可狮子身上还有狮子呢，你们光数桥柱怎么知道一共有多少狮子呀？"

当官的一听就火了，嚷着："快去再数，数清再跟他们算账。"随从们马上又去数了，这下可麻烦喽！几百个随从忙得团团乱转，数到日头偏西，也没数清到底有多少狮子。

原来，老工匠刚才那么敲打几下，大狮子身上就又出来许多小狮子，爬的滚的、躺的卧的、撒欢儿的吃奶的，根本就没法数了，太多啦。

随从们没办法了，只得报告说狮子太多了，实在数不清，足有400多头。当官的也傻了眼，只得灰溜溜地留下工钱、赏银，去向皇上报告大桥建成的消息。这就是有名的卢沟桥，现在还有不少人喜欢去数桥上的狮子，可从来也没人数清过。

那个老工匠呢？等众工匠领完钱时，早就没影了。众人都说他就是工匠们的祖师爷鲁班，特意显圣来搭救后代徒孙来的。

搜集整理：**蔡振义 郭 刚**

摘选自孙涛主编2002年版《卢沟桥的传说》

卢沟桥建于金大定二十九年（1189年），完成于明昌三年（1192年），到现在已经有800多年的历史。

卢沟桥有两排石栏杆，每根石栏杆上都有狮子，有大狮子，有小狮子，有趴着的，有卧着的，有背着的，有抱着的，还有骑在脖上的、钻在肚下的。一个狮子一个样，每根栏杆上都有，到底有多少个，谁也数不清。

传说，有一次，新到任了一个宛平县令，他听说卢沟桥上的狮子数不清，很不服气，心想，天下哪有这种事。

这天，他把守城兵都叫了来，说："都说卢沟桥的狮子数不清，我今天就派你们去数狮子，你们数清了有赏。可有一件，你们数的数，必须都得对上，对不上，不算。"

守城兵得了令，就都到了卢沟桥桥头。他们排着队，一个挨一个，从桥栏杆前面走过，走一步数一下，走一步数一下。他们各数各的，来回走了两遍，到头来，一报数，一个人一个数，就没有相同的。他们报告了县令。县令说："不行，还得回去数。"守城兵就又回到卢沟桥桥头，重新数了起来。

◎ 卢沟桥的狮子（二） ◎

非物质文化遗产丛书
Intangible Cultural Heritage Series

卢沟桥传说

这回数得比上两次还仔细，一连数了三遍，到桥头一报数，还是不一样。县令的胡子都气炸了，把士兵们狠狠骂了一顿。

守城兵不服气地说："老爷不信，您去数数看。"

县令心想：数就数，你们等着，我数清了再和你们算账。

他坐了轿子，上了桥头。下轿以后，先从桥东向西数，再从桥西向东数。数了一遍下来，再数第二遍。数完第二遍，数没对上，又数第三遍。第三遍又是一个数，又数第四遍。不管他数多少遍，这数目就没有一回是重样的。他累得满头大汗，腰疼腿酸，再也数不下去了，就坐着轿回来了。

到了晚上，他想：真怪，这狮子怎么会数不清呢？莫非它们长了腿，会走动？想到这里，他便爬起来，又上了卢沟桥。

这时，正是半夜子时，四处静悄悄的，只有卢沟河水哗哗作响。县令轻轻地走到桥上，只见这些狮子正在戏耍：有的从栏杆上下来东窜西窜，有的从这根栏杆跳到那根栏杆，有的小狮子在大狮子身上来回爬滚。县令看到这里，猛地叫了起来："好哇，原来你们是活的！"

他这一叫不打紧，狮子马上回到自己的地方，一动也不动了。

原来这些狮子是当年鲁班修桥时留下的。鲁班把那汉白玉的石头像赶羊似的赶了来，做成了桥栏杆，又在每根桥栏杆上刻下了各种各样的石狮子，刻完以后，挨个儿头上给了一锤子，这样，它们便都活了起来，可是有一样，不能离开这座桥。

所以，北京人有句歇后语叫"卢沟桥的狮子——数不清"。

搜集整理：**唐天然**

三

北京有几个人不知道卢沟桥的？凡是知道卢沟桥的人，又有谁不知道桥上的石狮子的？可要说起卢沟桥上的石狮子为什么出名，还得从修建卢沟桥说起。

也说不上是哪年了，反正是在明代初期，皇上要修卢沟桥。其实，也就是重新建桥，因为原来的桥太小，也不结实。皇上要求新桥比前朝历代修得都好，而且还得快，十天之内就得修完，不能耽误了皇帝出游的日子。皇上这一句话不要紧，永定河两岸可闹翻天了。无论大官小官，都一齐忙开了。忙什么？是干活吗？才不是呢，是忙着抓钱。他们到处拉民夫，派捐税，直闹得人跑马叫，鸡犬不宁。老百姓一看，干脆逃吧。一夜之间，两岸百姓几乎跑干净了。剩下的也就是些老头老太太，不是瞎就是瘸，除了身上一身破衣裳，手里捧个糠窝窝外，别的一无所有。

这下子，那些大官小官都傻了眼。他们也知道自己除了捞钱的本事外什么也不会，干活还得靠老百姓。这下人都跑了，皇上怪罪下来就得掉脑袋。别看这些当官的狠，可就怕皇上怪罪。这些大官小官一商量，得，咱们也别要钱了，赶快求爷爷告奶奶去吧，于是连夜分工，分别上各家去求那些老头老太太，让老百姓赶快回来修桥，不但不再摊钱，还答应多给工钱。可就是这样，也没人回来，因为老百姓都让当官的给坑怕了。

这当官的急得像热锅上的蚂蚁团团乱转。有人说去求鲁班。鲁班是天下工匠的祖师爷，技艺高超，这谁都知道。可鲁班整日云游四方，解救危难，上哪儿去找呀？正在着急呢，从南边来了两个人，一男一女。有认识他们的，就赶紧招呼着迎上前。原来，这两人正是鲁班和他的妹妹。这些当官的可乐坏了，马上迎上去，请求鲁班帮忙。鲁班其实正是为了这事而来的，因此就满口答应三天之内修好卢沟桥。可有一样，得把老百姓的钱送回去，以后也不准再欺压老百姓。当官的虽说爱财如命，可真到了要掉脑袋的时候，还是惜命的多，马上一一答应，贴出了安民告示。百姓知道鲁班来了，都纷纷赶回家来，个个兴高采烈。

这时候，有一个人却不高兴了。是谁呀？原来就是鲁班的妹妹。她自幼和哥哥学艺，也是心灵手巧、技艺高超，可就是有点爱争强好胜，耍点小孩儿脾气什么的。她本来想好好教训一下那些当官的，见哥哥随便就答应修桥，有点生气了，暗中憋了个小心眼儿，想让哥哥为难。

再说鲁班开始修桥，头两天事事如意，兄妹俩齐心合力，互相配合。可到了第三天，妹妹不干了。鲁班想，妹妹年纪小，可能是累了。就让她休息休息，自己一个人干。到了傍晚一看，坏了！石料不够了，桥面上还差不少石头。他叹了口气，连晚饭都没吃，就直接到京东平谷县运石头去了。鲁班行走如飞，天刚黑，他就到了平谷，随即挑好了石头就往回走。赶到西便门外，鲁班有点累了，就坐下来抽袋烟。他哪里知道，妹妹早就在这里等他了。妹妹看见他老远赶着一大群白花花的石头来了，心里觉得奇怪，仔细一看才明白，原来鲁班把石头变成了活羊，怪不得这么快呢。妹妹心里更生气了。原来，那些石料不是不够，鲁班干活从来没算计错过，是妹妹为了不让鲁班按时完工，偷偷把一些石料藏到河里去了。她可没想到鲁班会想出这个办法来运石头，心里一着急，坏主意就出来了。她趴在地上学起了公鸡叫。这一叫可把鲁班吓坏了，以为是天亮了呢。天一亮，期限到了不说，这些石头羊也就不会走啦。

果然，一听鸡叫，那群羊一下子就趴在地上变成石头了。鲁班急得直打自己脑袋，怨自己偷懒，路上偏要抽烟，这下一误事，自己的名声就完了。要知道鲁班干活从来没被难倒过，更是从不失信。这次如果失信了，那些当官的再去欺压百姓，自己也没法说话了，因为是自己失信在先呀。

妹妹见哥哥急得够呛，不由得一下子笑出声来。这一笑，鲁班才明白过味来，抬头一看天，果然才三更时分，连忙又轰起石头羊赶路。可是有的石头羊累坏了，趴在那里就起不来了，从此成了"燕京八景"之一"西便群羊"。兄妹俩一上路，妹妹就先跑了，鲁班一个人赶着石头羊往卢沟桥奔来，刚到宛平县城，就看见河对面也有一群石头羊往桥面上跑，不过比自己这些羊发青，鲁班就猜到这是妹妹干的。果然如此，妹妹一看自己一淘气，让哥哥连夜劳累受急，心里也挺过意不去，就抢先一步来到永定河，把藏起来的石头也变成羊赶上桥头，想自己把桥面铺好。鲁班远远一看，把心就放下了，知道那些石头羊是自己早先备下的，正好够用，也就不再着急赶自己的石头羊了。想不到自己的羊群也看见了对面的羊群，以为是来顶架的，就猛冲上去。两群羊撞到一块都倒下了，变成了大石头，正好铺上了桥面。卢沟桥之所以坚固异常，据人们讲，就是因为桥面的石头挤得特别紧。后面跑得慢的羊没地方待了，妹妹一挥手，都把它们赶到西堤上去了。桥修好了，也到了五更天。公鸡啼叫，东方放晓，人们都来观看卢沟桥，纷纷赞叹不已。不过细心的人就能看出来，桥西的石头白，桥东边的石头有点发青。

鲁班兄妹合力修好了卢沟桥，就准备动身上路，可是众百姓心里十分感激，齐声挽留他们。兄妹俩一商议，决定住两天再走，一是盛情难却，二是兄妹俩消除了误会，也想轻松愉快地玩两天。没想到这一歇又歇出事儿来了。

第二天一早，鲁班和妹妹刚起床，就听到桥边人声喧嚷，跑去一看，桥面上布满了狼脚印，还有不少狼粪。西堤上也出现了不少大坑，那些被妹妹贴上的护堤石都不见了。兄妹俩心中明白：这是昨天上桥面时，被山里的狼群看见了，夜里狼群来寻羊了。两人一想，羊变成石头当然不怕狼了，可老百姓的日子该不安宁了，得想个法子才行。鲁班的妹妹心眼来得快，拿出剪刀剪了一群纸虎，一吹气，纸虎就都跑到桥栏杆上去了。百姓们一见都欢呼起来。虎是兽中王，有了虎就再也不怕野兽捣乱了。果然到了夜里，桥上的纸虎两眼放光，守卫着卢沟桥，狼群一见就跑开了。百姓们刚放下心来，却又出岔子了。

原来北京夏天非常热，桥面上又没个遮挡，到了中午，纸虎热得受不了，跳到永定河去洗澡了。可纸虎怕水，一下水就被泡烂了，百姓们又来了。鲁班一想狮子不怕热，就让妹妹又剪了些狮子。这些狮子长毛大嘴的，更是威风，一下子都蹲在了桥栏杆上。不少孩子就拍着手叫："纸狮子！"小孩人多，舌头又大，纸狮子一听，原来是叫我们石狮子，好吧，那就变成石狮子吧。不听也不行啊，小孩都是金童玉女呀。桥上的狮子就一下子都变成了石头的，永远镇守在卢沟桥上了。因为当时小孩太多，桥上的狮子往哪边看的都有，就连在妈妈肚子里的小狮子都爬出来看热闹，所以卢沟桥上的石狮子不但个个形态不一，而且数都数不清了。从此，世人都知道卢沟桥上的狮子数不清，卢沟桥也就更加出名了。

搜集整理：**郭　刚**

摘选自丰台区文化馆内部资料

四

相传很早以前，卢沟桥这个地方没有桥，只是一片汪洋。河水的东、西两岸都是芦苇，中间有一条大河，河岸两边的人们平日往返虽有渡船，但也十分不便。生活在两岸的人们都期盼着能在这条河上架一座桥。这事让鲁班爷知道了，他为了造福后代，于是决定在这里造桥。架什么桥呢？木板的不行，时间长了容易腐朽不说，遇到大的洪水一冲就完了。于是鲁班爷决定架一座石桥，从里到外、从上到下都是用石头垒起来的。鲁班爷选好了桥址，又琢磨着给桥起个什么名字好呢？他看到河两岸芦苇长得很高、很茂盛，水深得又像一条大水沟，就起了个名字叫"芦沟桥"。后来人们为了写着方便，就把"芦"字的草字头去掉，写成了"卢沟桥"。

卢沟桥的桥面用大石块，两边的栏杆光用石材也不好看呀。鲁班爷想起离这儿不远的北边有一座狮坨山，山上有很多狮子，正好请它们来镇守卢沟桥。于是鲁班爷手提大斧就来到了狮坨山。狮坨山的狮大王不在，出外会友去了。鲁班爷对众狮子说："我今天来是请你们去镇守卢沟桥的，现在你们大王不在，如果你们有愿意去的就跟我走吧，守桥是为民造福的好事，大王即使知道了也不会怪罪你们的。"众狮一听这是扬名露脸的好事，一个个都表示愿意去，于是跟着鲁班来到了卢沟桥。

鲁班刚按顺序排完了众狮的各自职位，狮大王也赶来了。它很生气地对鲁班说："鲁班，你不经我同意，就私自把我的儿孙叫到这里来为你看桥是绝对不行的，我要让它们回去。"它大声地吼叫："你们要

◎ 卢沟桥的狮子（三） ◎

不听我的话跟我回狮坨山，我就把你们都打死在这里。"可众狮你看看我，我看看你，没有一个动的。狮大王看到众狮都不愿意回去，大怒，动手就要打它们，有的小狮子吓得藏到大狮子的肚子底下，有的躲在背后，有的打跑了，有的打死了，有的甚至吓得跑到了颐和园，在十七孔桥上安了家，可就是没有回狮坨山的，所以后来狮坨山就只剩空名，没有狮子了。狮大王见众狮都不听话，就把怒气撒到鲁班身上，动手要打鲁班爷。只见鲁班爷举起大斧两下子就把狮大王打倒了，还劈成了四瓣，把它们变成了四头小狮子，安在桥两头四根大石柱的华表上，并对它们说："卢沟桥的狮子什么时候有人数清了，你们就什么时候得道成仙了。"

卢沟桥的狮子数不清？可有好多人不信，非要数清了不可。不仅有人较劲，神仙也较劲。

据说有一个卖花生豆的，听说卢沟桥的狮子数不清，很不服气，于是有一天，他挑着担子来到了卢沟桥，非要数一数卢沟桥的狮子有多少。他每数一只就往兜里放一颗花生豆，数完之后，他找了个茶馆一边喝茶一边数……这时正好有个人来买他的花生豆，他起身给人家称好了，收了钱，又坐下来想接着数，可是刚才数到什么数了，他却想不起来了。得，白数了。他想，再数一遍吧，于是又到桥上从头数起。当数到最后一只狮子时，突然桥上来了一匹惊马，他急忙躲闪，慌忙躲闪间，重重地摔了一跤，把兜里和筐里的花生豆撒了一地。他从地上爬起来，长叹一声说："卢沟桥的狮子真是数不清啊。"

又有一天，有一位神仙也来到了卢沟桥。他看到神态各异的狮子来了兴趣，又听人说卢沟桥的狮子数不清，他大为不信，并说，自己要是数不清卢沟桥的狮子，那就是一个糊涂神。这时有一人在旁边插话说："得有个时间限制才行啊！不能无休止地数，没完没了的。"神仙问："那定多长时间哪？"插话的人说："以太阳落山为准。"神仙看了看太阳还老高，不以为然地说："行啊，那就太阳落山为限吧！"

神仙以为好数，可数着数着就不是那么回事了。因为在数的时候，有的小狮子跟他开玩笑说："我在这哪，你忘了数我了。"那个说："还有我哪！"小狮子藏到这、躲到那，可不听话了！他数了一遍又一遍，还是没数清到底有多少狮子。这时太阳已经落山了，这样他就成了一个糊涂神了！要不怎么有那么一句话叫"糊涂庙里糊涂神"，据说就是打那个时候来的。

手　　稿：**郭文明**

搜集整理：**陈　宇**

第二节

大狮爪下的小狮子

卢沟桥上的狮子不光是数不清，据说个个都还有点讲头。

就拿那个大狮子爪下的小狮子来说吧，听老人讲，那还是个人变的呢。

那个人是个阔少爷，后来父母双亡，他就把家产挥霍得一干二净，成了个穷光蛋。因为他除了吃喝之外什么都不会干，连要饭都懒得要，所以他就来到永定河边的树林中，一头躺在大树下等死。

迷迷糊糊间，他听到有动静，睁眼一看，原来是一只大狮子走过来了。他心想：我现在跑也来不及了，干脆省点儿力气等死吧。于是，他就真的连动也没动，仍旧躺在那里。

没想到大狮子走到他跟前，说起人话来了："你一定是有什么难处才躺到这里来的，说给我听听吧。"

原来这大狮子是这里的兽王，这棵大树是它的遮阳伞。每天来到这大树下的，不是该轮到它吃的小动物，就是遇到难处来向它求救的动物。

那人心里害怕，就一五一十地向大狮子说了自己的事。大狮子听了叹口气说："我是兽王，碰到过不少难事，像你这样连要饭都懒得要，躺着等死的人，可还是头一次碰上。可你既然来了也不能白来，你把我脚趾缝里的泥沙清干净了吧，也许我还能帮你点儿忙。"

那人听了大狮子的话，不敢不答应，死的心思也没了，就把大狮爪子搭在自己腿上，小心翼翼地干起活来。他干得还真仔细，把泥沙剔得一干二净。大狮子觉得挺舒服，站起来抖抖身上的毛，说："回去吧，以后每天中午都到这儿来给我剔脚上的泥沙，我让你过好日子。"说完就走了。

那人把寻死的事扔在脑后，向家中走去。真想不到，他家里不但有了吃喝，还有人伺候他了。这下他可高兴了，又过上了衣来伸手、饭来张口的生活。

不过，他还没敢忘了大狮子的话，每天到林中大树下去伺候大狮子。他的日子也越来越阔气，财宝成堆，奴仆成群。

慢慢地，他的懒病又犯了，每天不再精心伺候大狮子，只是应付差事，有时还故意拔掉大狮子爪上的几根毛，抓上几个小口。可那只狮子却无动于衷，好像什么都没觉出来一样。他的胆子更大了，干脆就不去了。一天过去了，两天过去了，什么事也没发生，他更放心了。等他第三天早上醒来一看，可傻眼了。家里的财宝、奴仆都没了，只剩了破屋一间，甭说吃喝，连棵青草都没有了。他知道这回大狮子是生气了，就又连忙跑到大树下去找大狮子。

大狮子来了。没等大狮子开口，他就开口说："我来伺候您了。"大狮子没说话，伸出爪子搭到他的腿上。他心里虽然很厌烦，可嘴里却说："我以后一定天天来伺候大王。"

大狮子猛地起身把他踩到脚下，说："我老了，也该死了，用不着你伺候了，可你也别想再活了，真想不到你这个人连野兽都不如，一点信用不讲。本来你能过一辈子好日子，可现在就不能怪我不讲情面了。"说完，大狮子抖着身上的毛，张开血盆大口大吼起来。那人吓得

◎ 大狮爪下的小狮子 ◎

魂飞魄散，当时就死了。大狮子哈哈笑了几声，也死去了，临死也没松开爪下的那个人。那个人呢，后来和大狮子一起变成了石狮子，一直被压在大狮子爪下。

现在，这只石狮子还在卢沟桥上呢。不过如果仔细观看，这只大狮爪下的小狮子有着好几副脸孔，左看右看都不一样。人们说，他是还想欺骗大狮子，想让大狮子开恩，让他过上好日子呢。

讲　　述：**刘泽玉**

整　　理：**魏俊良　彭小真**

摘选自丰台区文化馆内部资料

第三节

捧肉包子的石狮子

卢沟桥附近的石狮子也有不少，什么模样都有不说，而且还多多少少有点来头，流传下许多有意思的传说。

就拿宛平城西门墙北旮旯儿的那只石狮子来说吧，相传就是个皇亲国戚家的公子哥变的。这个公子哥年岁不大，坏毛病可不少，成天跟一帮狐朋狗友混在一起，吃喝嫖赌，横行霸道。他最大的爱好就是吃，天上飞的、地下跑的、水里游的，没有他不吃的，就是晚上睡觉不捧个肉包子都睡不踏实，所以人们都叫他"肉包子少爷"。

有一天，他从西山朋友家回来，肚子撑得溜圆，连路都快走不动了，可手里还没忘捧着一个特大的肉包子，一步两步挪回家来。当他刚走到城西墙北旮旯儿，就再也动不了窝儿了，靠着城墙根儿一个劲儿地喘粗气。

这时候，天色突然变了，只听得"轰隆隆——"一声连着一声的霹雷响个不停，一阵狂风扑来，刮得全城天昏地暗、飞沙走石，吓得百姓都关紧门窗躲了起来。等到第二天清早，人们出门察看，才知道街上出了怪事。城墙根儿上多出了一只大石狮子，这石狮子的模样还真不错，胖大魁梧。就是有一样让人纳闷，两个前爪不抱金砖，不抱银球，偏偏抱着一个大肉包子。

众人正在议论纷纷，可巧这时肉包子少爷的家人出来满街寻找少爷。人们这才知道，肉包子少爷也正巧在昨天傍晚不见了。不用说，一定是雷神爷见他罪孽太多，活在世上一点用处没有，把他变成了这只石狮子……

多年之后，就在那只捧肉包子的石狮子斜对过，开起了一家酒店。掌柜的姓郝，名叫来福，天生一副笑脸儿，为人和气不说，烹调手艺更是出众，煎、炒、烹、炸样样拿得起来。可就是一样，一年到头门庭冷

◎ 卢沟桥的狮子（四）◎

落，没个红火的时候，就连逢集赶会的日子里，来客也是稀稀落落。

众人都说掌柜的名字不错，手艺也不错，买卖不好都是让肉包子少爷弄的。郝掌柜的听了这句话只是一笑而过，也没放在心上。

却说有一年四月，店里来了个进京赶考的阔秀才，满身绫罗绸缎，出手不是金就是银的，骑着高头大马，跟着书童、脚夫。他一连看了几个店堂都不满意，就奔郝掌柜这儿来了。

俗话说："店大欺客，客大欺店。"阔秀才进门二话没说，先掏出两锭金银往桌上一拍，对郝掌柜说："你有什么好菜尽管往上端，瞧得上，我就吃住在你这里，瞧不上，就算你没福气，我一个子儿不给，转身就走。"

郝掌柜一看，不敢怠慢，连忙亲自下厨房掌勺，没多大工夫，一桌酒席整整齐齐地摆了上来。阔秀才吃喝是个行家，酒菜一入口就赞不绝口，当时就把金银交给了郝掌柜，住了下来。

郝来福到今日才真正来福了，这两锭金银恐怕一年也挣不下，每日小心伺候，生怕得罪了这位财神。想不到这位阔秀才吃郝来福的饭菜吃上了瘾，每天三顿，顿顿要的都是满汉全席，吃不了就扔。俗话说："人越待越懒，越吃越馋。"阔秀才吃得嘴刁了，吃鱼要中段，吃鸡啃翅膀，吃包子得去皮儿，每天扔的比吃的多。一个月下来，又扔下好几锭金银才够开销。

虽说做买卖的都想赚钱，可郝来福还没见过这么扔钱的主儿，不能不好心相劝，可阔秀才不听他说完就喊上了："我秀才有钱，就爱吃穿，可我自幼读书知礼，一不赖账，二不欺人，再吃也不能像那只石狮子一样，你做买卖我花钱，用你多说少道干什么？"

郝掌柜的一听，心想也是，他花我挣，天经地义，我没事找什么不痛快？于是天天照旧好酒好菜伺候阔秀才。直到考期将近，阔秀才才进京赶考，临走时还说得中之后再来吃上几日。

自打阔秀才走后，郝掌柜的酒店买卖也日益兴隆起来，喝酒住店的越来越多。六月的一天，店上又来了一个人，一身破烂裤，满脸污垢，像个乞丐一样。郝掌柜刚要上前搭话，却见他"扑通"一声跌倒在地，晕了过去。他是个买卖人，见多识广，心知来人多半是饿晕了过去，连忙给来人灌了一碗米汤，用热毛巾擦去他脸上的污垢，仔细一辨认，却不由得大吃一惊，原来这个乞丐正是进京赶考去的阔秀才。

阔秀才醒来后，满面羞惭地向郝掌柜诉说了事情经过。原来阔秀才走后仍是一路走一路吃，不小心误了考期，而腰中银两又所剩无几，只得去亲戚家求助，哪知连门都没进去，就让仆人给羞辱了一番。阔秀才人穷脾气也大，一气之下就走了。书童和脚夫见他穷了，就偷了他的剩余银两和坐骑逃走了。阔秀才万般无奈，只得沿途乞讨为生。

郝掌柜的一听，心里很是同情，让阔秀才住下休养几日再走，并且给他端饭菜来吃。阔秀才身本本来不错，几天过去也就康复了，对郝掌柜千恩万谢，准备告辞回家。郝掌柜这时才对他说明，几日来给他吃的山珍海味，其实都是阔秀才以前的，并没花郝掌柜一文钱。阔秀才一听才恍然大悟，难怪几天来吃的东西味道虽美，却净是鱼头鱼尾之类，又是惭愧，又是感激。郝掌柜给阔秀才一些银两，又包上一大包吃的，送阔秀才上路。阔秀才千恩万谢，含泪离去。

再说阔秀才自从回家后，一改前风，勤俭度日，发愤读书。三年后进京赶考，一举高中。他念起郝掌柜的恩德，出钱为郝掌柜重建店房，赠了金匾。从此，这个饭店名声远扬。

阔秀才还在酒店不远处盖了座"普济庵"，以表示不忘郝掌柜教诲，普济四乡。最让人纳闷的是，那只捧肉包子的石狮子不知什么时候也变了，变成捧着个大金元宝了。

搜集整理：**邹鸿君**

摘选自丰台区文化馆内部资料

玉簪狮子落卢沟

卢沟桥上的狮子数不清。传说这数不清的狮子是从王母娘娘一支镂刻精美的白玉簪上跳下来的。

王母娘娘有九个女儿，最小的一个叫织女，是织锦的能手。王母娘娘用她织的锦装饰天空，那就是云霞。

织女从小就十分向往人间的生活。一天傍晚，王母娘娘因在蟠桃会上喝了酿制千年的葡萄酒，回来后坐在宝座上直打瞌睡。织女乘机偷偷地飞到了人间。织女飞到人间后，和一位神牛的主人——牛郎结成夫妻。过了两年，他们生下一对儿女，日子过得甜蜜蜜的。

王母娘娘醒后，知道织女溜到人间同凡人成了亲，心里十分恼怒。于是她从头上拔下白玉簪，拨开云雾，一下看见了织女的家。她怒气冲冲地从天上飞下来，闯进织女家里，不管织女怎么恳求，也不管一对外孙怎样哭喊，拉着织女就往天上飞。

牛郎知道后，赶紧把一对儿女放进筐里，披上神牛死后留给他的牛

◎ 卢沟桥的狮子（五） ◎

皮，挑着一对儿女飞上了天，大步向织女追来。眼看就要追上了，王母娘娘冷冷一笑，从头上拔下白玉簪，在空中用力一划。这下可糟啦，在牛郎和织女之间，立刻出现了一条波涛汹涌的天河。

王母娘娘划天河时用力太猛，把白玉簪一下折成三截。王母娘娘顺手一扔，转身就走。

这白玉簪是一宝，前两截掉到天河两岸，立刻变成无边无际的树林。这树白枝、白叶、白花、白果，风儿一摇闪闪烁烁，好像一川星斗。

最后一截从天上飘飘悠悠地掉下来，不偏不斜，恰好落到卢沟桥上。这最后一截上面刻着精美的群狮，白玉簪一沾地，这群镂刻精美的狮子立刻活了，纷纷从白玉簪上跳下来。它们在卢沟桥上抖抖鬃毛，伸伸腰，按按爪子，争抢着跳到桥栏石柱子上玩耍起来。当时正是月明星稀的午夜，遍地月光把个卢沟桥照得白玉似的。桥下的永定河水，波光闪闪，奔腾不息。山影、树影，星光、月光一齐倒映在水中。蹲在石柱上的狮子玩得十分开心，有的侧耳倾听水声，有的俯视遍地月光，有的仰视满天星斗，有的迎风长啸，有的母子相抱……

王母娘娘拂开云雾往下一看，轻轻说了声"变"。一群正在嬉戏玩耍的狮子猛然僵在石柱上，一动也不能动了。当太阳从东方升起，把一缕缕金色阳光洒在它们身上的时候，这群各具情态、神采迥异的狮子一下子变成了石狮，只好世世代代地蹲在卢沟桥上。

这些世世代代蹲在卢沟桥上的石狮，究竟有多少呢？

经考证，现在卢沟桥上狮子的准确数字是501只。

搜集整理：**赵美琳**

摘选自丰台区文化馆内部资料

第五节

蝎子蜇　狮子泪

卢沟桥建桥至今，流传过许多反映人民苦难的传说。其中，"蝎子蜇"和"狮子泪"的故事传播最为广泛。

"蝎子蜇"的故事：据说，幽州苦海龙王和卢沟龙王在卢沟渡口处修了一座蝎子城。这座城为长方形，正好像蝎子的肚子；城东门外左边和右边有两口井，像蝎子的眼睛；城西门外斜着的卢沟桥，就像蝎子的尾巴。从来都说蝎子的毒素聚在尾巴上。当年，卢沟桥上有一个税关，把持着这条九省御道。南来北往的车马货物，到这里都得缴纳一笔税，仿佛叫蝎子蜇了一下，所以过去的宛平城，又叫蝎子城。

多少世纪来，桥上过不尽的骆驼，迈着慢腾腾的大步，驮来土产山货，以供养京师，但当驼铃一响，骆驼走过卢沟桥桥头，都免不了被蝎子蜇。即便身穿团花马褂、身背花刀花枪的镖师，到这里也难免如此。"蝎子蜇"的传说，反映着旧社会苦难人民对官家苛捐杂税的痛恨。

日本统治时期，卢沟桥还流传着一个"狮子泪"的传说。

◎ 卢沟桥的狮子（六） ◎

卢沟桥沦陷后，日本侵略者一到宛平城就开始抓人、杀人，人们在惊恐、饥饿和疾病中挣扎着。日本侵略者在宛平城里的城隍庙开了一个粥厂，搞所谓"慈善事业"，实质是一个劳工收容所，是许进不许出的"杀人场"。卢沟桥流传着歌谣："粥厂好比鬼门关，进去容易出来难。进去皮包骨头瘦，出来白骨扔沙滩。"卢沟桥沦陷八年，卢沟桥的300户人家，在1941年这一年里就饿死了三四百人。悲惨的现实，使一个神奇的"狮子泪"的传说，在卢沟桥传开了。

据说，京西白盆窑有一乡民挑着一挑瓦盆进城卖货，来到卢沟桥时，天还没亮，因违反宵禁，被守桥的日本兵拘留在离桥头不远的地方。他不时听到有唏嘘声从桥上传来，以为另有多人被拘留在桥上，及至天明放行过桥，却并不见一人踪影。他好生奇怪，无意中发现石狮子个个眼中珠泪盈盈，有的眼泪还在流淌不止。

还有一种传说。当年，西城的两名中学生听说石狮滴泪，曾在夜幕降临之际潜伏到卢沟桥附近，夜半听到狮子吼叫，以致守桥的日本兵三五成群分散在桥的两头，彻夜没有一个敢上桥踱步的。

卢沟桥沦陷八年期间，这一令人心生凄怆的传说，常使百姓泪流满襟，悲不自胜，也常常激励人们起来和侵略者斗争。

根据郑福来手稿整理

摘选自孙涛主编2002年版《卢沟桥的传说》

第六节

华表座狮讨封

卢沟桥的东、西两头有石制华表四座，高一丈四尺多，下面有石须弥座，座上立八角石柱，石柱上端横贯云板，柱顶有莲座圆盘，圆盘上雕有石狮子。人们把东面的叫"迎君来"，西面的叫"望君归"。传说这个名字是乾隆给封的。

卢沟桥始建于金大定二十九年（1189年），到了清乾隆年间，已历经500多个寒暑。这桥上的石狮取天地之灵气、受日月之精华，已经有了灵性。

这年初春，乾隆起驾到卢沟桥视察永定河。人马走到东桥头，忽然停住不走了，不知是什么缘故。

这时就见守城营官来到驾前，跪倒禀报说："启奏万岁，前面有两只石狮拦住去路。"

伴驾的和珅生气地说："这两只畜类如此大胆，敢拦圣驾，把它们赶走。"

刘墉说："石狮拦驾，必有缘故，不能草率。依臣的看法，一是它们守卫石桥五百载有功，来驾前讨封；二是都说皇上不好见，它们想见见。如真是无理取闹，再乱棍打死不迟。"

乾隆听了，点头道："你们不必惊慌，左右闪开，待朕亲自去看看！"

于是两旁人员闪开，君臣

◎ 卢沟桥的狮子（七）◎

数人骑马来到桥头看个究竟。只见石狮前腿弓、后腿蹲、高仰头，一动不动。

乾隆问："你们两个拦朕去路，想干吗？是迎接朕讨封，还是无理取闹？"

这时，就见两只石狮前腿跪倒。乾隆一看笑着说："你们是在迎接朕啊？"

石狮不住点头。这时刘墉说："万岁，您每次过桥，它们都在迎接您。"

乾隆一想："那朕就封你们叫'迎君来'吧。"

两只石狮果然具有灵性，听说受封，赶紧趴倒在地谢恩，然后高高兴兴地回到圆盘座上去了。

人马过了桥，乾隆在桥西大王庙将他爷爷康熙当年亲巡永定河写的五言诗镌刻在石碑上：

> 源从自马邑，流转入桑干。
>
> 浑流推浊浪，平野变沙滩。
>
> 廿载为民害，一时奏效难。
>
> 岂辞宵旰苦，须治此河安。

在人马返回的时候，走到西桥头，又被西桥头两只石狮拦住了去路。

乾隆知道又是来讨封的，于是纵马上前笑着说："朕每次出巡回来，你们俩总是迎接朕回来，朕封你们俩叫'望君归'吧。"

石狮子谢恩，高高兴兴地上了圆盘座。乾隆回头向随从官员们说："桥上石狮都懂得不怕辛苦，尽职尽责，作为民众的官老爷更应该懂得这一点。"

从那以后，"迎君来""望君归"的名字就这么流传下来了。

根据郑福来手稿整理

摘选自孙涛主编2002年版《卢沟桥的传说》

第七节

金丹的故事

卢沟桥上的狮子千姿百态，个个栩栩如生。只要人们仔细看，会发现其中有一只像狮子狗。据老人们说，这只狮子还真是狗变来的。

相传在建卢沟桥之前，永定河畔住着一户姓王的人家，有个独生子叫王福。这孩子一岁就没了娘，靠父亲一人抚养。由于家境贫苦，他从小就帮父亲干活。13岁那年冬天的一天，他到河边拾柴火，回来的路上看到河堤上有团小东西，跑过去一看，是一条刚刚出世的小狗。小孩子一般都喜欢猫呀狗的，王福看到小狗冻得直哆嗦，心疼得很，就用衣服包起小狗往家跑。

到了家里，王福给小狗搭了个窝，每日细心照料。小狗不但活下来了，还长出一身金黄色的毛，是一只很讨人喜爱的狮子狗。小猫、小狗、小孩生来自带三分亲。王福给这只狗取名就叫"狮子"。"狮子"自然和王福亲热得很，白天它是王福的影子，晚上就蹲在院门口看家，没几个月工夫，"狮子"就长成一只威风的狮子狗，跑起来像一阵风似的，经常抓些野兔子什么的，给王福家换换口味。

有一天，王福和他爹正在地里干活，一只野兔子突然从前边跑过，"狮子"一见就蹿了过去，没跑几步就把兔子叼回来了。正巧这时一位猎人走过，他看见"狮子"又凶又猛跑得又快，就想花钱买下这条狗。王福当然不肯，可是他爹却说，好狗只有跟着猎人才有用处，再说家里也正缺钱花，就答应了猎人。王福是个孝敬老人的孩子，只得强忍泪水把"狮子"卖给了猎人。没过多久，父亲得病死去，丢下王福一人孤苦伶仃，他不由得经常想起"狮子"。一天夜里，王福正准备睡觉，忽听门外有响动，他开门一看，原来是"狮子"回来了。他心中大喜，可是仔细一瞧，"狮子"遍体鳞伤，鲜血淋淋。王福心里又疼又急，到处找草药给"狮子"治伤。几天过去了，虽然王福细心照料，可"狮子"的

卢
沟
桥
传
说

◎ 金丹的故事 ◎

伤势不但不见好转，反而厉害起来，眼看就不行了，王福急得日日搂着"狮子"落泪。一天夜里，王福在梦中忽然听到"狮子"跟他说起话来。

原来"狮子"是一条天狗，在天上专给雷神爷看门，因违反天规，被罚到人间受罪五年。自从跟了猎人后，每天出生冒死赶野物。一天进山，被老虎咬伤。猎人见它重伤以后没用了，就把它抛在深山。可它想念救命恩人王福，就挣扎着回来和王福见上一面。今天夜里就到了它归天的时辰。它告诉王福，自己嘴中有一粒金丹，是稀世之宝，留赠给王福，含在嘴里刀枪不入、棍打棒抽无伤，并一再告诫王福不要泄露秘密，否则会招来大祸。

王福从梦中惊醒，看到"狮子"已经死去，不由得放声大哭。一直哭到天明，他才想起梦中"狮子"告诉他的金丹的事。他半信半疑地伸手去摸，果然在"狮子"嘴里摸到一粒黄灿灿的珠子。王福含泪把"狮子"埋葬后，就把金丹含在了嘴里。这金丹果然是宝物，他顿时觉得浑身力大无穷。他又捡起一根木棍抽打自己，木棍断了，他还是一点不疼。他高兴极了，决心以后用这宝物为穷苦乡亲做好事。

本村有个财主姓郭，常常勾结官府欺压穷苦百姓。这几日，郭财主强行霸占了梁大爷家的几分好地。梁家的小儿子梁成虎气愤不过，同他们打了起来。财主家的狗腿子多，眼看梁成虎就要被他们打死，王福闻讯赶来，把郭财主痛打一顿。郭财主吃了亏，就告到官府，说梁家父子图财害命。县官当然向着有钱人，不审不问，就派人把梁家父子抓去，并要给他们各打五十大板，其实就是想要梁家父子的性命。

王福听到梁家父子被抓去官府问罪，非常气愤，真有心杀了县官为民除害。可他自幼忠厚老实，心里再生气，也不敢公然同官府作对，也怕因此反而连累了梁家父子。于是他就跑到县衙门，对县官说是他打了郭财主，他愿替梁家父子挨打受罚。县官一听觉得挺新鲜，世上有争房子争地的，还没见过争着挨打受罚的，就一口答应了。他吩咐手下的人狠狠打王福。想不到王福挨打之后，站起来拍拍尘土大摇大摆走了，气得县官无可奈何，只得眼睁睁地望着王福扬长而去。

王福接连帮助穷苦乡亲，解救危难，远近闻名，附近的财主们也都惧怕他几分。可乡亲们却把王福当成亲人，尤其梁成虎一帮年轻人，跟王福就像亲兄弟一样。不过再亲终究也不是一家人，于是不少人张罗着要给王福说亲。

一天，有一个陌生的老汉带着个年轻姑娘找到王福。老汉自称叫杨铁山，姑娘是他的女儿，因为敬佩王福的为人，愿把女儿许配给他。王福见姑娘长得漂亮又温柔，老汉又实心实意，就一口答应了这门亲事。婚后，王福一家生活倒也美满。王福从小受苦，今日有了温暖的家庭，心里很感激杨家父女，渐渐忘了"狮子"的告诫，把金丹的秘密告诉了妻子。

有一天，杨铁山买回来好些酒肉，说今日是他六十大寿，家里人要好好庆贺一番。王福平日小心谨慎，滴酒不沾，怕酒后醉了丢掉金丹。今见是老丈人大寿的喜庆日子，妻子殷勤相劝，心想又是在自己家中，喝几杯也无妨，就不由得多喝了几杯，昏昏睡去。

第二天早上，王福一觉醒来，想起昨晚贪杯之事，不觉心里一惊，可一摸金丹还在嘴里，也就放心了。

就在这时，邻村的张大娘领着个叫薛云梅的姑娘来找王福。云梅姑娘进城卖菜时，有位阔公子上前调戏她，张大娘的儿子张晓安上前拦阻，一失手把那阔公子打倒，被官府抓走。张大娘打听清楚，原来那阔公子是县太爷的侄子，她想晓安此去凶多吉少，就特意来求王福搭救。

王福一向见义勇为，一听此事就到官府去了。县官要下令责打张晓安，王福又走上前去要替张晓安挨打。县官曾经上过王福几次当，王福以为他这次不会答应了，没想到王福话音刚落，县官就满口应承。王福心里很高兴，可万万没想到这次挨打不同往常，第一板下去就觉得钻心似的疼痛。他咬紧牙关忍受着。没等打完，他就被打得皮开肉绽，昏死过去。

张晓安和薛云梅把王福抬回家中，细心侍候，好不容易才使王福苏醒过来。王福觉得金丹失灵挺奇怪，不由得想起前几天喝酒的事，急忙吐金丹一看，没有金光射出，知道金丹已被换走，就把那天喝酒之事原原本本告诉了张晓安和薛云梅，托他们找回金丹，好继续为乡亲们解救危难。

王福话刚说完，又昏死过去。张晓安和薛云梅急忙请来大夫给王福看伤，一面找来梁成虎等几个青年好友，商议如何取回金丹搭救王福。他们知道杨铁山父女狡猾奸诈，明着去讨还金丹是办不到的，就备了酒菜到王福家，以感谢王福为名请杨铁山喝酒。杨铁山当然不会轻易上当，不论张晓安等人如何相劝，他就是滴酒不沾，反倒让女儿给张晓安、梁成虎几人斟酒夹菜，闹得他们有苦难言。就在这时，在家中守护王福的薛云梅匆匆赶来，告诉他们王福已经不行了。他们一听就慌忙去看王福，可王福已经离开了人世。他们围着王福大哭一场，发誓要夺回金丹，为王福报仇，就又跑去找杨家父女算账。可他们一到王家，发现屋中空无一人，原来杨铁山父女已经趁机溜走。

张晓安等人无奈，只得强忍悲痛安葬了王福，然后四处寻找杨家父女下落。好不容易他们才打听到杨家父女逃回了老家涿州。正好薛云梅有个堂叔在涿州当太守，于是，张晓安和薛云梅连夜赶往涿州求太守帮忙。

涿州太守听了薛云梅说的情况，也很气愤，答应从中帮忙。一天，太守忙完公事，带领几个随从来到杨铁山家。杨家父女一见太守到来，心里虽然闷闷不乐，但也不敢怠慢，只得摆酒款待。太守和他的随从也毫不客气，坐下就喝，并一个劲儿地给杨铁山敬酒。杨铁山一再推托，可太守的随从一再嚷着让他喝，杨铁山怕驳了太守的面子，也没有好果子吃，只好硬着头皮喝下一杯杯敬给他的酒。没过多久，杨铁山就醉醺醺的了。太守忙让随从扶杨铁山去里屋睡觉。不一会儿，随从就捧着金丹出来了。太守一看物证俱在，当时就拉下脸来审问杨铁山的女儿。这女人哪里见过这阵势？吓得一一招出。原来杨铁山是做买卖的小商人，见多识广，自从他听了王福的事后，猜想王福身上必有宝物护身。他想自己做买卖，小本经营，整日辛辛苦苦也赚不了多少钱，要是把王福的这个宝物弄到手，自己就有了无价之宝，能发财不说，说不定还能弄个官当。于是他就定下了这条美人计，并且与仇恨王福的县官勾结，将王福活活打死。

太守惩处了杨铁山，将金丹交给张晓安。张晓安后来就像王福那样继续为乡亲们解救危难。永定河一带经常传出有人替穷苦乡亲挨打和惩处贪官财主，都说这是金丹做的好事。

不久，这金丹的故事传到了天上。天狗听到之后，它想：在人间做点好事，还有人不断传颂下去，永世流芳，我在天上给雷神看门一辈子，也没有人说我半句好话，还不如再回到人间去算了。当时，它听说王福老家永定河上正在修一座石桥，桥上需要数百狮子护桥。于是它就偷着离开天宫，变成了一只狮子蹲在桥的栏杆上。后来雷神爷派人来抓它，可一看桥上狮子太多，也分不清究竟哪一只是天狗变的，只好作罢。从此，卢沟桥上有一只狮子是天狗变的，也就在人们中传开了。

搜集整理：**冯维海**

摘选自丰台区文化馆内部资料

第八节

狮子和大象

在中华民族的传统文化里，龙往往被人们视为权势、高贵、尊荣的象征，又是幸运与成功的标志。而狮子则大多被看成镇物、宠物、吉祥物，如"狮子滚绣球"就有"吉祥如意"的意思。街口、庙门大多都有一对狮子把门，显得特别雄壮威武，给人一种庄严、喜庆的感觉。在鼠、牛、虎、兔、龙、蛇、马、羊、猴、鸡、狗、猪十二生肖中，哪一物把大门都不好看，让猪把门爱睡觉，让猴把门擅离岗位，让狗把门爱咬人，选来选去还是狮子逗人喜爱。

在卢沟桥东、西桥头各有两柱华表，华表上还雕刻着座狮。从卢沟桥东桥头的雁翅头起，两柱华表的两面都有一只大石狮头顶着望柱，而桥西头的两面头起则是大象顶着。东头两个面朝东的，名曰"迎君来"；西头两个面朝西的，名曰"望君归"。它们都力大无比，相互衬着桥的坚固性和耐久性。

为什么桥东头两边是两只狮子，而桥西头两边则是大象顶着？这就要从清光绪帝驾崩时说起。传说，光绪帝死后要葬于河北易县（现在的清西陵），出殡时必须经过卢沟桥，因桥面太窄，送殡的棺椁过不去。

◎ 卢沟桥西桥头大象 ◎

◎ 桥头华表 ◎

怎么办呢？送殡的人商量再三，只好将桥两侧栏板、石柱全部拆除，两侧加宽，搭上木板桥，铺上黄土，棺椁过后再恢复原貌。可是谁想到在恢复过程中出现了麻烦，不知什么原因，一只顶桥的石狮不见了。主管修桥的官员和施工头都抓瞎了，万分着急，因为不按时完工是要杀头的。正在大家都束手无策的时候，在旁边玩耍的一个小孩提醒大家：赶快到西庙求求救苦救难的观音菩萨吧！

大家如梦初醒，急急忙忙买上供品，跪在观音菩萨像前烧香祈祷，都说家中有妻儿，特别是年迈的父母需要侍奉，请菩萨发发慈悲。不久，桥头忽然乌云蔽日，狂风大作，风过后，大家回到桥头一看，只见两侧雁翅石柱原来摆放狮子的地方出现了两只大象，又见天空飘下来一张黄巾，上面有用朱砂写的字：两只力大忠厚的大象受了观音菩萨的委托，为善良的人们来此镇守大桥。于是，大家纷纷朝天长拜，感谢观音菩萨显灵，庇护众生。

后来，人们都说，凡是登上卢沟桥的人，就会得到狮子和大象的保护，一生平安。至此，桥西观音庙的香火更旺了。

手　　稿：**郑福来**

搜集整理：**陈　宇**

第九节

卢沟桥上的母子狮

传说永定河中原来有很多金银宝物，有一条巨龙整天在那里护宝。不过这条巨龙的心眼很好，逢灾遇难的穷苦百姓去求它，它就让他们下河去取些财宝。

下河取宝的穷苦百姓很感激巨龙，只取些自己需要的财宝就行，从没有人多拿一点。后来，有个贪心的财主知道了这件事，就想偷偷把巨龙毒死，好独吞河中的财宝。

可是万万想不到，这个财主刚要下河取宝，巨龙就变成一座山岗，把财主和财宝都埋在了山下。从此，人们就把这座山岗叫卧龙山。

从那时起，河中的财宝虽然没有了，可是山上长出了许多果树，山坡下有了大片肥沃的土地，只要来到这里的人辛勤劳动，就都能过上好日子。

有一天，卧龙山上下来了两个人，一个瞎眼婆婆和她年轻的儿子。原来，瞎眼婆婆听说卧龙山下有宝，就让儿子带她来寻找。

儿子很孝顺，把妈妈安顿好后，就到处寻找财宝，可一连好几天也没找到。别人就劝告他说，财宝是找不到的，不如开些田地种上，只要肯出力气，会过上好日子的。儿子一听也是，到处找财宝发财，还不如靠劳动过日子。

可是瞎眼婆婆总以为是儿子欺骗她，找到了宝物不让她知道，就天天责怪儿子。儿子心里很难过，可又没办法。这时有人告诉他说，西山里有个玉泉山，那泉水能治百病，如果能用泉水给他母亲洗眼睛，洗上100天就能重见光明。

儿子一听挺高兴，心想要是能把妈妈的眼睛治好，妈妈就不会再瞎埋怨自己了，于是就天天跑几十里地去打泉水为妈妈洗眼睛。因为没时间干活了，他们的日子过得更难了，瞎眼婆婆怨气更重，老说儿子欺她

◎ 母子狮 ◎

眼瞎，不给她好吃的。儿子为了治好妈妈的眼睛，默默忍受着责难。

好不容易过了100天，瞎眼婆婆的眼睛终于治好了。她能看见东西了，就开始天天到卧龙山下转来转去，后来选定了一个地方，就叫儿子拿镐挖空。儿子越不愿意挖，她就越疑心儿子知道宝物不想让她知道，天天催着儿子挖。儿子不忍看妈妈伤心，只好硬着头皮天天挖，挖呀、挖呀，突然地下一下子冒出了大股的水来，儿子连忙跳出坑来，背上妈妈逃命。妈妈从此才算死了心，再也不提挖宝的事了，也觉得以前实在对不起儿子的一片孝心，从此以后，对儿子万分疼爱。

可是儿子因为过度劳累，得了重病，没过多长时间就去世了。妈妈觉得是自己财迷心窍，害死了儿子，日夜抱着儿子痛哭，没过几天，也因伤心过度而去。安葬时，人们怎么也分不开他们母子二人。乡亲们很同情他们母子，把他们埋葬在一起。有个聪明的石匠还刻了个石狮子，大狮子张着嘴，嘴里还有个小狮子。人们都叫它为"母子狮"。

后来修建卢沟桥时，人们又把母子狮安放到卢沟桥上。现在如果去仔细寻找，就会发现卢沟桥上有对母子狮呢。

讲　　述：**刘泽玉**

搜集整理：**魏俊良　彭小真**

摘选自丰台区文化馆内部资料

第十节

石狮戏醉汉

　　清雍正年间，卢沟桥西南沙同有个叫马三的人。此人爱喝酒，有钱买着喝，没钱蹭着喝，而且酒量还不大，一喝就醉，遇上朋友多喝两盅就要闹事。有一天晚上，卢沟桥上空的月亮被云层遮住，时明时暗，马三喝多了点儿，一溜歪斜地走在桥上。走着走着，他感觉背后好像有人，扭头一看，只见有几个黑影拦住了他的归路。他嘴里骂骂咧咧地说："你们是谁呀？给爷爷让开，好狗都不挡道。"说着说着，挥起拳头照着黑影就是一拳，而黑影一动未动。马三说："嘿，你小子还够硬的。"于是，他借着酒气大打出手，直打得自己满手是血。这时他酒气发作，累得躺倒在地上。一会儿，过来了两个巡逻的官兵，看见地上躺着个人，一动不动，赶紧近前查看，只见此人满身污垢，气味难闻，还打着呼噜，才发现原来是一个醉汉。

　　不知道过了多久，马三醒过来，发现已经天亮了。他感觉双手很疼，再看看自己躺在桥上，身边护栏的狮子上沾有很多血渍，才知道自己昨晚喝醉酒，把石狮子当成人了。他懊恼地摇摇头，晃晃悠悠、踉踉

◎ 卢沟桥的狮子（八）◎

跄跄地走到自己家门前。马三媳妇一看他这副德行，气得哭喊："你说这日子怎么过呀，天天不务正业，和一些不三不四的人鬼混，还整天喝得醉醺醺的，家里老人、孩子你也不管……"

马三的媳妇是一个孝敬老人、善良贤惠的女人，家里、地里的活都料理得非常好，可就是遇上这样一个不争气的男人，叫她不顺心。这次她可真急了，她当着公婆的面训斥马三，说他酒后无德，闹得亲戚都断了。每次喝醉回来，吐得满地是酒臭气。有一次还把屎拉在了裤裆里。如果是单衣还好洗，可拉的是棉裤，真恶心死人了！如果你再不改，我回我的娘家，咱俩一刀两断。听到媳妇的哭诉，马三的母亲也忍不住哭着对儿子说："你媳妇要是离开咱这家，我和你爹也没法活了，好端端的一个家，被你糟蹋得不成样子，街坊婶子大妈都在笑话你！"这时马三跪倒在爹妈面前："我自打结婚七八年来，让孩儿他娘生了不少气，让二老着了不少急，这次我酒后误把狮子当成人，是卢沟桥石狮教训了我，我一定痛改前非，再也不喝酒闹事了。"后来，马三真的戒了酒，也勤快起来，家里的日子也过得和和睦睦的。

手　　稿：**郑福来**

搜集整理：**陈　宇**

第十一节

和珅数狮子

　　卢沟桥的石狮一柱多姿，柱柱形态万千，特别是大狮子身上的小狮子，有的伏在大狮子怀里，只露出个身子；有的躺在大狮子脚下拼命翻滚；有的爬到大狮子头顶去了，小眼睛还东张西望；有的在大狮子耳根下只露出半个嘴脸……它们一个个神出鬼没，活泼顽皮，逗人喜爱，因此人们在数狮子的时候，一不小心就会漏掉，说"卢沟桥的狮子数不清"，成了北京人形容"数不清"事物的歇后语。

　　"卢沟桥的狮子数不清"这个传闻，后来被乾隆皇帝知道了，他生气地说："我朝的人也太笨了，连桥上的狮子都数不清，还怎么执掌江山呢？"这时，在一旁的吏部天官刘墉说："万岁，微臣倒有个主意，把这事交给和大人去办。和大人办事心细，让他带200官兵去数，要逐级报数，然后由和大人再报给万岁您，这样保准万无一失。"乾隆一听，有道理啊，于是就向站在一旁的九门提督和珅和大人说："你赶快去招集人马，随朕去卢沟桥。"和珅无奈接下圣旨，心里想：好你个刘墉，真够孬的，竟会给我揽这等好差事。

◎ 卢沟桥的狮子（九）◎

皇帝怕惊动了百姓，半夜动身，五更天来到卢沟桥。乾隆和刘墉下了轿，和珅下了马。这时，宛平县令事先已命人点上灯笼、火把，在桥头列队迎候，见了乾隆跪倒磕头迎接圣驾。这时就听乾隆问县令："卢沟桥是属你管辖，你知道卢沟桥狮子有多少吗？"县令回乾隆的话说："我听属下和人们都说，'卢沟桥的狮子数不清'，要想数清狮子比审断奇案都难。下官不信也曾派人数过，数了几次前后都不一样。"一听这话，乾隆不免暴躁起来，大声斥责县令说："你身为六品县令，连狮子都数不清，你这官是怎么当的？真是笨蛋一个。"县令吓得胆战心惊，连说："微臣不才！微臣不才！"刘墉说话了："万岁，咱现在趁着月色明亮，让和大人命人快数吧。"这时，和珅早已把人员分配好，一声令下就开始数起来，数了几次报了几次，每次数的数都不一样。这时就见和珅满头大汗，心里害怕乾隆怪罪下来，不知如何是好。乾隆一看倒笑了，因他亲自到桥上仔细看了，原来是当时的老工匠有意雕刻得让人不好数。这时乾隆冲和珅说："和大人，朕还听朝里朝外人说，和大人的兵也没准数是吗？"和珅就怕提这句话，因他的兵有准数就不能克扣粮饷了。他知道这是皇上在敲打他，从此后，和珅再也不敢克扣士兵的粮饷了。

手　　稿：**郑福来**
搜集整理：**陈　宇**

自食其果　理所当然

◎　卢沟桥的狮子（十）　◎

卢沟桥上的石狮子因年代久远，风吹雨打中会有损毁，至今已经修复过多次。据说有一年，卢沟桥又要进行整修。在修复过程中，工匠们对大多数石狮更换了位置。历代石狮看见自己要换位置，都高兴地就位了，就连群狮的祖宗——金代老石狮也顺从地就位了。可唯独一个近代小石狮，野心勃勃地强行占据了北侧正中的王位。它不但在群狮中称王称霸，而且经常化成人形，到民间为非作歹，坑蒙拐骗，搜括民财，吃喝嫖赌，损人利己，好事不干，坏事做绝。它的行为被人举报给当地城隍，由城隍上报了天庭，既管天又管地的玉皇大帝听了，非常恼怒地说："一个小小石狮竟敢如此大胆，坏我声誉，立即传旨命雷公把它处治了。"于是当天下午四点十五分，卢沟桥北部上空黑云密布，雷声滚滚，一阵狂风过后，下了几点雨，就见电光一闪，咔嚓一声，桥面北侧从东往西数排列在第六十八位的石狮被雷击得粉身碎骨。晚上，在明亮的月光下，群狮沸腾了。它们乱蹦、乱跳、乱叫，高兴极了，嘴里还唱道："上苍有眼，惩恶扬善，自食其果，理所当然。"

手　　稿：**郑福来**

搜集整理：**陈　宇**

非物质文化遗产丛书

Intangible Cultural Heritage Series

卢沟桥传说

第 四 章

卢沟桥与龙蛇龟兽的传说

卢
沟
桥
传
说

第一节

大水漫不过卢沟桥

　　自古传说"大水漫不过卢沟桥"，这里面有一个有趣的由来。永定河是铜帮铁底，卢沟桥桥孔呈鸭蛋形，在桥的第十一孔北面有迎水台、斩龙剑，设计周密，流水畅通。管天管地的玉皇大帝听当地的城隍、土地爷说，这桥建得美丽壮观，是鲁班的小女儿和嫂子打赌一夜之间建起来的。他听了特别高兴，也很赞赏，说："人间竟有这么大能耐的女孩子家，真是了不起，看来大水也漫不过桥喽。"玉皇大帝的话诸神听了都点头表示赞同。可是，管海河的龙王听了却心中一震，心想：玉皇大帝的话就是圣旨，他说大水漫不过桥，但万一大水漫过了桥，那我岂不就是失职了吗？

　　龙王回到龙宫，心事重重，闷闷不乐，心想：年年雨季，四面八方的雨水都汇集在河里，大浪滔天，再遇上连阴天，大雨不停，天连水、水连天的，这谁敢担保水漫不过桥呀。桥是建得不错，如果桥两端的堤被大水冲塌，桥也就完了，这可如何是好呢？

◎ 雨中卢沟桥 ◎

龙母知道了他的忧虑，就给他出了个主意，说："人多办法多，不如把宫中主要管事的人和九子三女都招集来，群策群力，共议此事，或许能想出个好主意来。"龙王听了点头同意，于是马上传令下去，片刻工夫，大家便陆续到齐了。可是大家七嘴八舌说了半天，也没有说出什么好办法来。这时，就见聪明的三公主在龙母耳边悄悄地说着什么。龙王看见了不禁有些生气，心想：大家都在着急想办法，你们母女却在说悄悄话，真是岂有此理。龙王正要发火，龙母对三公主说："你把你的想法和你父王说说。"三公主如此这般地说出了她的办法，龙王听了心中大悦，连夸三公主的办法妙，吩咐属下赶快照办。

三公主回到后宫，马上发动宫女编织铜网、铁网，用织成的铜网把两岸的河堤保护起来，把织成的铁网铺在河底以防大水冲刷，这就是后来人们传说的铜帮铁底。厚道、孝顺的四太子、五太子，见小妹都能为父王排忧解难，自己也要为父王分忧。于是，每到汛期，他们兄弟俩就自动趴在桥孔处吸水保桥。如今，桥孔仍有两个龙头在吸水呢。

因此，永定河两岸没有大的水患，"铜帮铁底，大水漫不过桥"的说法流传至今。三公主编织的铜网、铁网护堤虽是传说，但对现代人防汛、防洪也很有启发意义：现在还有好多地方采用铅丝编成网笼，再装上石头来护堤，效果很好。

根据郑福来手稿整理

摘选自孙涛主编2002年版《卢沟桥的传说》

卢
沟
桥
传
说

第节

卢沟镇孽龙的故事

早年间，在卢沟桥一带有句童谣：

> 象顶龙脚，
> 狮压龙腰，
> 镇压孽龙，
> 宛平石桥。

宛平石桥就是指卢沟桥，那么这些龙呀、象呀、狮呀是怎么回事呢？这还要从头说起。

很早很早以前，北京这个地方叫燕北幽州，是个十年九旱的地方，当地老百姓的生活十分贫苦。话说这一年又逢大旱，土地龟裂，寸草不生，老百姓只好聚在一起焚香跪拜，祈求苍天降雨。

此时，天庭的斩龙台上正绑着一条南海孽龙，只等天雷响过即刻开刀问斩。孽龙被缚龙索捆得紧紧的，心中后悔当初不该胡作非为，以致触了天规、犯了天条，眼看天雷响过，自己就要身首异处，几百年的修行毁于一旦，心中不觉十分凄凉。孽龙看了看奉旨监斩的许天师，向他求道："许天师，恳求您，回禀玉帝，给我一次赎罪的机会，我一定改邪归正，为天下百姓做好事，将功折罪。"说完泪珠滚滚而下。许天师统管四海，乃群龙之首，听了孽龙的话也不禁动了恻隐之心，看看天时尚早，便道："如此，待我替你奏明玉帝，看你是不是还有一线生机。"说完脚踏祥云向灵霄宝殿走去，刚走到殿门便听见玉帝传旨："着值日功曹速查下界燕北幽州一带为何怨气冲天。"值日功曹连忙启动顺风耳一听，千里眼一看，即刻回禀道："启奏玉帝，燕北幽州一带，又逢干旱，大地寸草不生，百姓苦不堪言，故而怨气冲天。"

玉帝闻奏后沉思不语，许天师一看，认为正是好时机，忙伏地奏道："启奏玉帝，燕北幽州缺水少雨，十年九旱，纵使遣龙布云行雨，也只能解救一时，非治本之道。"

玉帝闻奏言道："依卿所见又该如何呢？"

许天师乘机奏道："眼下斩龙台，正缚一条南海孽龙，罪犯天条，按律当斩，但念其悔过之心甚切，愿戴罪立功，何不给它个机会，罚它下界化水救民，岂不仁义两全。"

玉帝听后便点头道："依卿所奏。"

许天师连忙谢恩，到斩龙台宣旨："南海孽龙，罪犯天条，按律当斩，念其初犯，悔心甚切，迷途思归，罚尔下界，化水救民，养生万物，戴罪立功，功德圆满，再返龙庭。钦此。"

天庭刀斧手遵旨为南海孽龙解下缚龙索，孽龙感激涕零，连连叩谢许天师的救命之德和玉帝的浩荡天恩。许天师嘱咐道："前车之鉴，足以为训，此番下界，要多灌良田，使百姓丰衣足食，五百年后即可再现龙身，重返龙庭。切记，在此前只可为水，不可为龙，否则万世不能翻身。"说罢大喝一声："此时不走，更待何时。"霎时间，雷击电闪，孽龙化作一道黄光呼啸而去，跌落在幽州土地间变成一道河流滚滚南去。

再说许天师遣龙化水，意在挽救万物生灵，但又唯恐孽龙旧习不改反为祸患，便顺手把手中拂尘抛下凡间，只见那拂尘化作一道白光，落在已化成河的西岸的一个村镇。这个镇叫长辛店，距京师三十余里，是南至涿郡、北抵京都的必经之路，由南往北的客人习惯在这里歇脚留宿，待第二天闻鸡而起，微明赶路至京都正好办事，所以长辛店素有"寒鸡卯店"之称，长辛店的谋生者也多开客店。

且说长辛店有一个悦来客店，店主姓卢，一对夫妇生来好行善事，勤勤恳恳，日子颇为丰裕，只是夫妻年过半百尚无子嗣，所以十分忧愁。

这一日妻子梦见一道白光入室，自此以后食不甘味，喜酸多呕，原来已怀有身孕，夫妻俩万分高兴，十月胎满产一男婴，呱呱坠地，啼声

◎ 美丽的卢沟桥（八）◎

响亮，只是脊背之上有两条脊骨。他们哪里知道，许天师的拂尘乃是一条双脊小龙所变。夫妻俩老来得子，哪管那么许多，自是十分珍爱，视若掌上明珠。妻子对丈夫说："你我老来得子，是我们做善事修来的，这孩子日后必有大福，你给他起个名吧。"丈夫说："这孩子背后两条脊骨中间似一条沟，倘若有祸也必缘于此，就叫卢沟吧。"从此这个家里就多了一个调皮淘气的孩子。转眼间便过了十几个春秋。

且说孽龙化水为河，头几年，却也温顺驯服，滋润良田，养生万物，百姓五谷丰登，安居乐业。百姓对上天感恩不尽，希望这条河长流于此，永驻人间，就给这条河起了个名字叫永定河，每逢大秋之后，备上三牲五谷祭祀上天。渐渐地，孽龙开始骄傲了，它认为一切都是自己的功劳，慢慢地永定河不再安定、不再温顺了，而是奔腾咆哮，时而越出河床，泛滥成灾。老百姓为了良田不被水淹，山林不被水毁，便经常备上三牲五礼给孽龙上供。这使得孽龙愈加骄横，稍不如意，便泛水成灾，河上的桥经常被冲垮，摆渡的水舟经常被推翻，一时间永定河两边的百姓苦不堪言。因为河水流向不定，所以百姓又把永定河改称为"无定河"。

再说卢沟家住永定河西岸，也常常受灾，百姓土地荒芜，行人稀少，卢沟家的悦来客店再也无人光顾，长辛店一片萧条。卢沟眼望着肆意奔腾的河水、被冲垮的桥梁的断木、被打碎的小舟的残片，河的两岸不再是万绿葱茏，而是一片泥沙和倾倒的房屋，心中万分愤怒，不禁冲着河水大声喊道："我要是能治住你，就是死了也甘心！"这条蛮横的孽龙听见这话，勃然大怒，身子一抖，一片黄水冲出河床滚滚而来。卢沟气得浑身发抖，他突然觉得自己浑身膨胀燥热，突然一道闪电划破长空，一声霹雳平地而起，卢沟已化成一条双脊龙向汹涌的河水扑去。俗话说，"龙能降水"，如果是一般的河水，卢沟现出龙身水自然退掉，但这条河的水乃是孽龙所化，它见一条小龙扑过来，便忘了许天师的诫语，就地一滚现出原身迎战小龙。霎时，大雨倾盆，雷鸣电闪，狂风骤起，两条龙厮打在一起，论身体，论道行，孽龙都在双脊小龙之上，双脊小龙凭一身正气顽强拼搏，终于把孽龙压在身下，孽龙哪肯服输，摆尾弓身要把双脊小龙从身上掀掉，双脊小龙到底身子小、道行浅，渐渐有些压不住了，想到一旦让孽龙翻身自己的性命事小，可两岸百姓必遭水患，不禁仰天长啸，声音悲切而凄凉。

这一声龙啸惊动了长辛店以西的西山林中的百兽之王狮子。这几年的水患淹没森林，百兽也深受其害。两条龙激战时，雄狮和雌狮带着两只大象登山观战，当看到双脊小龙拼力奋战终于把孽龙压在身下时心中非常高兴，突然听到双脊小龙的龙啸便不知如何是好。两只狮子带着两只大象飞跑下山来到双脊小龙身旁，雄狮道："小龙，别着急，我们特来助你。"小龙大喜道："快来我的身上，帮助我压住孽龙。"两只狮子和两只大象爬上龙身，可是压了前面后面被孽龙顶起，压了后面前面被顶起，怎么也压不住。正在着急，雌狮对雄狮说："快唤孩儿们来。"一句话提醒了雄狮，一声狮吼，震撼了三山五岳，唤来了无数只小狮子。雌狮心细，怕这么多小狮子乱上压不住，便对众小狮子说："快，都站在两条龙脊上。"小狮子顺从地跳到小龙的两条脊上，力量均匀了，孽龙感到背上的压力越来越大，它知道再翻不了身，自己就彻底完了，便鼓足浑身的劲弓起身做最后一搏，双脊小龙被顶成一个拱形，双狮眼看还不行，便对两只象说："快去压住龙尾。"它们自己跑去紧紧压住龙头，这样坚持了好一会儿，孽龙再也支持不住了，身子一软重新幻化为水，驯服地向南流去。双脊小龙和狮、象也已筋疲力尽，它们怕起来后孽龙再兴风作浪，便变成一座石桥，龙爪变成桥墩，龙鳞变成桥面的石块（过去桥面是由石块组成的，新中国成立后铺上了柏油变成柏油路面），双脊变成桥栏柱，上面的小狮子变成了石狮子，而且神态各异，两只狮子和两只象虽然也已变成石狮和石象，但仍然死死地抵住桥的两端，所以过去有"龙头存宛平，龙尾指向盘头庚（今天的张各庄）"的说法。

人们为了纪念这条为民除害的双脊小龙，便把这座桥用他的名字命名为"卢沟桥"，而这条河又改叫"永定河"。

搜集整理：**柳 辉**

摘选自丰台区文化馆内部资料

第三节

漂鱼的传说

在很久以前，卢沟桥有个关于漂鱼的传说。为什么叫漂鱼呢？就是从立春打第一个雷起，卢沟桥的河里就要过漂鱼，就是鱼在水中漂着走，头露在水面上，都不在水里游。这时候人们可以任意地捕捞，时间不长，约一个时辰。过了这个时辰就会恢复原状，水面上就看不到鱼了。

为什么卢沟桥会有漂鱼，又为什么只有一个时辰呢？

传说，老龙王在卢沟桥修好后三番五次地发大水，让卢沟桥两岸的百姓受灾。这一天，老龙王又发大水了。鲁班得知消息赶了过来，对老龙王说："你老是闹水灾，给人们带来很大的灾难，是要受到惩罚的。你应该给人们做好事，造福人民，不要再祸害百姓了！如果再闹，我就对你不客气了！"老龙王听了不以为然，认为自己的能耐大，就说："我不但要闹，我还要把你建的卢沟桥都冲垮了。"鲁班一听老龙王不听劝，还要把自己辛辛苦苦建好的桥给毁了，十分生气，也就不客气地

◎ 非遗工作人员在搜集资料（一） ◎

说："老龙王，你真不知好歹，你要不听劝，那我们就比试一下，见个高低吧！"

于是，鲁班就和老龙王打了起来，没有几个回合，鲁班就把老龙王打翻在地，举起大板斧就要砍下老龙王的头。老龙王害怕了，赶紧说好话求饶，让鲁班饶它不死。鲁班本无心杀它，只是想给它个教训，听到老龙王求饶，就说："让我饶你不死也行，但你得给百姓办一件好事，以此来减轻你以往犯下的罪过。"老龙王忙说："行行行，你说什么我都听你的。"鲁班想了想，就说："从现在开始，每年立春节气打第一声雷后，要让你的鱼族在卢沟桥的水面上漂着走，任人捕捞一个时辰，就算你向卢沟桥的人谢罪了。"老龙王一听，无可奈何地答应了。所以，每年卢沟桥南北的河里都会过一次漂鱼，留下了这样一个漂鱼的传说。

手　　稿：**郭文明**

搜集整理：**陈　宇**

碑亭上的盘龙柱

镇守卢沟桥的龙王，虽然不如镇海龙王的官大，可是也算说得过去了。龙子龙孙一大群，上下相安无事，倒也乐得个逍遥自在。只是这龙子龙孙对桥下的那十把斩龙剑不大高兴，感到不大吉利，因为有了这十把斩龙剑，谁也不敢在桥下放野撒泼地兴风作浪了，怕碰着这锋利的剑，被碎身万段。龙王倒想得通，有了这个镇河宝倒不错，真要是子孙们在桥下乱折腾，河水四溢，为害黎民百姓，上天怪罪下来，还真不好办。有了这玩意儿，既能管住龙子龙孙们，也能替自己办点事：每年到"七九"开河的时候，不用再让龟鳖虾蟹破冰了，只要一声令下，河里的大块冰凌都被斩成碎块，顺顺当当通过桥洞。从此不用再担心堵塞了，岂不是一举两得。

龙王也挺喜欢这块地方，不用"呼风唤雨"，不用担心淹了庄稼，所以这个差事也算清闲。有了空闲时间，龙王还想把卢沟桥装点得美点儿，查来访去，感到碑亭上的柱子光秃秃的，不够壮观，想来想去，决

◎ 盘龙柱 ◎

定派四个龙子镇守，也给当今天子的"御碑亭"添点儿威风。

这天夜里，龙王号令，调兵遣将，带来四个龙子，到碑亭的四根柱子上点化。快到鸡叫的时候了，三个龙子已经盘柱而上，爬到柱头，稳稳地镇守在这里。剩下最后一个，趁一缓气的工夫，把脑袋伸到桥下戏水去了。平常就不大听话的龙子，这回好不容易才得空嬉耍，一下子就把龙王的差遣忘了。公鸡一叫，它也慌神儿了，路程也忘了，拼命乱钻，到了第六桥孔的时候，"啪"的一声，斩龙剑毫不留情地把龙子的脑袋斩了下来，顺劲就贴在桥孔的上额。龙子的身子缩了回去，在盘柱镇守，脑袋就留在第六桥孔上额了。

许久许久，碑亭上的四根盘龙柱，只有一根没有龙头。

搜集整理：锦　霖
摘选自丰台区文化馆内部资料

第五节

斩龙剑的由来

卢沟桥边的宛平县里，有个开古玩店的老汉，老伴死了，守着三个女儿过日子。老汉积攒了不少钱财，等到三个女儿出嫁后，就想歇了买卖安度晚年。

听到这个信儿，三个女儿都来到老汉家，争着要老汉到自己家中去养老。大女儿说，二女儿扯，三女儿蹦着脚争。老汉心里头别提多乐和了，劝着争吵的女儿，说是轮流到各家去住，一家一个月。

自那天开始，老汉就到女儿家去住了。大女儿给老汉吃鸡鸭鱼肉，二女儿给老汉吃山珍海味，三女儿给老汉做猴头燕窝。老汉乐得合不上嘴，大把大把的金银往女儿家扔。坐吃山空，刚到两年头上，老汉的钱财花了个一干二净，三个女儿的脸色马上就变了。大女儿骂，二女儿打，三女儿根本不让进家。老汉这才明白，三个女儿只是图他的钱，根本没把他当人看。心里越想越伤心，他是个有脸面的买卖人，说什么也不能去沿街乞讨，丢人现眼呀，就来到永定河边，找了棵歪脖树，想上吊寻死。

正当他解下腰带往树上搭时，有个人拦腰抱住了他。老汉一看，原来是个年轻人，就对他说："你这个人怎么乱管闲事呀，我一个老头子要寻死，你还拦着，你想养活我吗？"

年轻人恭恭敬敬地说："老伯，我怎么能见死不救呢，老伯要是遇上了什么难事，就到我那儿去住上一阵子也好，只要您不嫌弃我家，我就是给您养老送终也算不了什么，谁还不是父母养大的？"

老汉一听，再也忍不住了，就把心中的苦处一五一十地对年轻人讲了。年轻人一听，气愤地说："真想不到世上竟有这样的女儿，老伯，您别伤心，她们不养您我养着，有我一口吃的就不能少您半口吃。"老汉又是伤心难过，又是感激，就跟着这个年轻人走了。

卢沟桥传说

　　原来这个年轻人叫陈五，家住南门外的街口，夫妻两人带着一个女孩儿，靠开茶馆度日。日子虽说不太富裕，可是非常和睦。自从老汉来了以后，陈五夫妻孝敬不说，小女孩儿也把老汉当成亲爷爷一般。每日里，陈五夫妻照顾生意，老汉照看孙女，日子过得倒也和和气气。

　　一天，老汉带着孙女到街上去，见到旧货摊上摆放着一块大铁块，锈迹斑斑的，足有八仙桌大小。老汉围着铁块转了一圈，仔细地察看后，问摆摊的老头：“你这铁块卖多少钱？”

　　那老头说：“唉！别提了，我做梦听说要买着这块铁就能发大财，可巧一出门就碰上个搬家的，说这铁块没用，要卖，我花了五两银子买下了。哪知道摆在这里几天了都没人要，还得来回搬着，您要有心要，我认赔了，四两银子就卖。”

　　老汉没说话，俯下身子敲了敲，又贴上去听听，最后还伸出舌头舔舔，说：“行，我要了，也不让你亏着，就五两吧。”

◎ 卢沟桥桥墩 ◎

那老头一听，巴不得让他快点儿买走，马上就要帮着他抬送到家中。老汉说："不用了，我去拿银子，一会儿就来。"

到了家，陈五一听要花五两银子买块铁，心里真有点舍不得。可他是个厚道人，不忍心回绝老汉，只得把家底翻出来，好不容易凑足了五两银子，跟着老汉把铁块抬回家中。

第二天，老汉找个毛驴驮着铁块，和陈五一道进了北京，来到琉璃厂一家大古玩铺。那家掌柜的一见就迎了出来，原来他不但认识老汉，还知道没有什么稀罕物，老汉不进京城。

等老汉和陈五进了屋里，那掌柜的一看那大铁块，脸色立时变了，又摸又敲，又听又舔的，围着铁块就转开了，半天才出了口大气，说："恭喜老兄了，你在哪儿寻到了它？"

老汉笑笑说："甭打听了，要不是山穷水尽，我也不登你的门，老相识了，就这个数吧。"老汉伸出一个手指晃了晃。那掌柜的一愣，低着头、背着手在屋里转起磨来，一会儿摇头，一会儿点头，嘴里还叨咕着："万两黄金，不贵不贵，不过……"

老汉一看，就起身说："你要不打算要，我就再到对面看看去。"

掌柜的这下可急了："别，别，我这不是想主意嘛！你等会儿，我去凑钱。"说着就到里屋去了。不一会儿，伙计捧出不少金银，陈五看得眼都花了，可想不到，那掌柜的还说："老兄，银两一时不凑手，您就再拣些玩物吧，无论如何，这笔买卖得照顾给我。"

老汉也不客气，雇了车来，不但把伙计捧出的金银一扫而光，连店堂中的古玩也搬走不少。那掌柜的还赔着笑脸一直送他们出了广安门。

陈五看得目瞪口呆，连一句话都没说得出。原来那块铁是个无价之宝，里面铸着一把镇龙宝剑，摸着浑身发麻，听着嗡嗡作响，舔着寒气袭人。那掌柜的是个识货的，当然要买下来。老汉要不是跟陈五过了一阵，把金钱看淡薄了，三万两黄金他还不能卖哪。

老汉有了本钱，回到宛平又做起了古玩买卖，把一辈子学的玩意儿都传给了陈五，后来陈五也成了有名的古玩商人。那三个女儿听说老汉又有了钱，马上都找上门来了，可老汉这回再也不上当了。

　　再说那掌柜的一得了稀世之宝，古玩店也不开了，把宝物献给了乾隆皇帝。乾隆叫工匠剖开铁块，果然取出了那把镇龙宝剑，那宝剑寒光闪闪、削铁如泥。乾隆大喜，赏了那掌柜的一个大官做。

　　后来赶上永定河发大水，妖龙作怪，马上就要水淹北京城了。有人请乾隆用镇龙宝剑去镇妖龙，乾隆派人将镇龙宝剑放到卢沟桥的桥墩上，果然斩了妖龙，镇住了洪水。乾隆心中大喜，赐宝剑名为"斩龙剑"。不管洪水水势多大，只要一到了卢沟桥就会缓下势来，服服帖帖地顺流而下，所以卢沟桥才这么坚固，不惧怕洪水冲击。

搜集整理：**赵子清**

摘选自丰台区文化馆内部资料

第六节

卧龙坡

传说很早以前，永定河名叫卢沟河。卢沟河西岸有个小小的柳河湾，一湾流水清清，两岸垂柳似烟。清溪岸边有三间草房，住着一位体弱多病的老妈妈和一位年轻貌美的姑娘。姑娘名叫梦萍，长得比花儿还美，甜润的声音像银铃一样清脆。母女俩靠着三分菜园、二亩耕地过日子。

梦萍17岁这年，碰上百年不遇的春旱。天空像扫过似的，终日瓦蓝瓦蓝的，没有一丝云、一滴雨。麦苗枯萎了，井里的水枯了，清清的柳河湾干了，干渴的大地张开数不清的口子，在阳光下喘息着。

为了抢救麦苗，梦萍姑娘天天担着两只桶往地里挑水。井水枯了到溪里挑，溪水干了就到卢沟河挑，常常是没等后一担水挑到，头一担水就让太阳晒干了。日子一天天过去了，梦萍姑娘的肩磨出了血，脚腕子肿得像碗口一样粗。麦苗虽然没死，却像重病在身似的直不起腰。

也不知第几次夕阳落山了，梦萍姑娘和妈妈坐在小院里吃晚饭。妈妈对着无边无际的黄昏深深叹了口气，说道："萍儿，妈活了这么大年纪，从来没见过这样的春旱，连野花野草都晒干了。趁着现在还有几粒粮食，赶紧逃荒去吧。晚了，只怕性命难保。你不用为我担心，妈已经是黄土埋到脖梗子的人了，还怕什么？"说到这里，两行热泪沿着苍老的双颊滚下来。

梦萍姑娘忍住心酸，忙安慰道："妈，我哪儿也不去，就在家里伺候您。活，咱活在一起，死，咱死在一起。"说完，她把妈妈扶到屋里休息，自己忙着收拾碗筷。

月亮升起来了。月光像流水洒满干渴的大地，也洒进梦萍姑娘家的小院。梦萍姑娘默默地坐在月色里，心里的忧愁比夜色更深更浓。她面对东方（传说北京城原来是一片烟波浩渺的苦海），一遍又一遍

声沟桥传说

地祈祷着："苦海龙王，苦海里的龙子龙孙，可怜可怜世人，下场雨救救我们母女吧！"

这几天，苦海龙王正忙着娶儿媳、嫁姑娘，在苦海大摆酒席，宴请亲朋好友。龙宫里张灯结彩、喜气洋洋、香车宝马、笑语喧哗，把兴云布雨的事早忘到九霄云外去了。

十龙子一连几日在空中巡游，亲眼看到了龟裂的土地和四处逃荒的人群，今夜又听见梦萍姑娘的祈祷，不由得动了恻隐之心。

第二天黎明，清新、潮湿的空气扑进梦萍姑娘的纸窗。梦萍姑娘从炕上一骨碌爬起来。她跑到小院里，小院里潮润润的。她跪到井台上，井里的水又清又亮。她跑到柳溪边，小溪哗哗地唱着歌。她跪到田野里，绿油油的麦苗挺直了腰。

梦萍姑娘跑着跳着，像一只快乐的小鸟。她顾不得做早饭，扛起锄头，跑到麦地里松土。她低着头，一锄一锄地松着土，快到地头的时候，耳边忽然响起洪亮的声音："姑娘，你雇短工吗？"

梦萍姑娘一惊，抬头一看，见一个身强力壮、衣着整齐的年轻小伙子扛着锄站在地头上。梦萍姑娘一时不知道怎样回答。本来她雇不起短工，可眼下刚下透雨，地里的活都积在一起，一个人也确实忙不过来。

小伙子见她半天不语，就蹲下身子干起来。他下锄深、拉锄快，干起活来像飞一样。太阳刚一露头，二亩麦地和三分菜地都锄完了。

梦萍姑娘站起来感激地说："这位大哥，叫什么名字？请到我家吃早饭吧！"

"我叫阿十。"小伙子说完就跟在梦萍姑娘身后，向柳河湾岸边的三间草房走去。

为了招待阿十，梦萍姑娘特意煮了一锅绿豆小米粥。好久没有吃这么好的饭了，开春以来，她们天天以野菜充饥。

阿十也不客气，一口气吃了四五碗。饭后，他对梦萍姑娘说："有空房子吗？我想休息一会儿。"梦萍姑娘爽快地答应了，立刻打开第三间草房，打扫干净，铺了张席，放了床被。阿十走进草房，关上门，倒在炕上睡着了。

傍晚，梦萍姑娘和妈妈正在院子里一边聊天一边吃饭。阿十开门出来了。梦萍姑娘忙给他盛好饭。

老妈妈听了女儿的述说，很感激这位年轻人，情不自禁地问道："你住在哪儿？家里有什么人？"

"我在人世没有家，靠当短工为生。如今方圆几百里闹大旱，人们四处逃荒，谁家还用短工？"原来是个孤儿，老人听了不觉有些凄然，忙安慰说："既然如此，你就留在我家吧。如今下了透雨，只要勤快，就饿不死人。"

阿十谢过老人，冲着她们娘儿俩说："今早锄地，见四周荒地很多。我打算借两升种子，开点荒，日后也好有点收成。"

梦萍姑娘一听有点窘然。她不是小气，开春以来，家里只剩下几升小米，拿什么借给他？

老妈妈听了阿十的话，立刻点了点头，让梦萍姑娘把她扶进屋里，翻箱倒柜，找出二升玉米种子。梦萍姑娘睁着一双吃惊的眼睛盯着种子不放。

老妈妈慈祥地笑着说："俗话说，'饿死爹娘，不吃种粮。'这两升玉米是我特意留下来的。"

阿十带着种子、铁锹、耙，趁着月色走了。

天亮了。梦萍姑娘跑到地里，一下子惊呆了。一夜之间，阿十开了五六亩地，地耙得平平的，土埂修得直直的，种子也播好了。过了几天，玉米苗齐刷刷地钻出土皮。阿十每天晚上出去，夜半归来。两家的地，一个人都包了，大田、菜园收拾得利利索索。母女俩暗暗称奇。

又过了几日，老妈妈实在憋不住了，趁着吃早饭的工夫问道："阿十，你为什么总是黑夜干活？地里的农活怎么干得这么快、这么好？"

"干农活是从小练出来的。再说，我有的是力气。我从娘胎里出来就怕晒。太阳一晒就暴皮。只好晚上干活，白天休息。"

母女俩听了合情合理，渐渐地也就习以为常了。三口人亲如一家，日子过得欢欢喜喜。

夏收到了。金黄的小麦、玉米散发出诱人的清香。一季丰收，三年吃不完。梦萍姑娘家大囤满、小囤流，喜得梦萍姑娘一口一个"阿十哥"，甜甜地叫个不停。

老妈妈看透了梦萍姑娘的心思，自己也着实喜欢这个勤恳能干的年轻人，就找了个机会，把阿十叫到自己的房子里，说道："阿十，你到柳河湾快半年了。老妇见你朴实、善良，打心眼里喜欢。我只有一个女儿，想招你为婿，从此结成一家，将来也好有个依靠。不知你愿意不愿意？"

阿十高兴地问："梦萍姑娘愿意吗？"

"只要你点了头，萍儿那边有我呢。"

老妈妈择了个吉日，让阿十同萍梦姑娘拜了天地。从此，梦萍姑娘在家里织布、做饭，阿十在地里耕种。第二年，他们生了个胖儿子，取名阿虬，小日子要多甜美有多甜美。

自从阿十来到柳河湾，一连几年旱情不减，但井里的水不枯，溪里的水不断，地里的庄稼年年丰收。一晃，阿虬10岁了。这一年，天旱得出奇，地干得冒了烟。卢沟河水越来越浅，渐渐地露出了河底。

阿十家的庄稼虽然长得同往年一样好，可阿十的心情却显得十分沉重，脸上总罩着一丝忧愁。梦萍姑娘以为他是为天旱着急，就百般劝慰："阿十，愁什么？就是几年不收，咱也有粮吃，别急坏了身体。"不论梦萍姑娘怎么劝，怎么撒娇，阿十还是愁眉不展，无事常常叹气。

一天傍晚，阿虬像只猴子似的从外面跑回来，手里提着两条三尺多长的大鱼，高高兴兴地喊着："妈，鱼！我要吃鱼！"

"阿虬，妈妈不让你到河边玩，怎么又忘啦？"

"妈，您总那么胆小，一天到晚怕我淹死。一连几年干旱，哪儿有那么深的水？连卢沟河都快干了，好多人都在河滩捕捉鱼虾呢。"

阿十猛然从屋里冲出来，脸色十分难看。他什么话也没有说，夺过阿虬的鱼，跑到院外，扔进溪里去了。

太阳快落山了，在朦胧的黄昏里，一个白发飘然的老人挂着龙头拐杖进了梦萍姑娘家的小院。他用拐杖敲着地，怒气冲冲地喊着："阿十！阿十！你破坏龙规，私自降雨，多次偷运卢沟河水，害得我家破人

◎ 卢沟桥相关作品和资料 ◎

亡。走，跟我找苦海龙王评理去！"说完，转眼不见了。刹那间，天昏地暗，阴云密布，远处传来隐隐的雷声。

阿虬、梦萍姑娘一齐扑进阿十的怀里，阿十搂着娇妻爱子，泪如雨下。他深深叹了口气，冲着妻子说道："实话对你说了吧，我原是苦海龙王的第十子，生在苦海，长在龙宫。我虽为龙，却希望与人共荣。我在空中巡游，见人世久旱，土地龟裂，百姓背井离乡，心中不忍，又听见你的祈求，不禁动了恻隐之心，于是私自降了一场雨，偷偷地离开龙宫与你结为夫妻。为了解救人世间的干旱，不得不偷运卢沟河水。没想到，卢沟河水这么少。如今，卢沟河河主告到龙王那里，我必死无疑。为了救护世人，我死而无憾，只是留下你和阿虬，谁来照看？"说完，泪如雨下。

这时，一阵冷风吹过，远方传来沉闷的雷声，豆大的雨点降下来。阿十推开娇妻爱子，仰起头，喝了几滴雨水，身子轻轻一摇，变成一条巨龙，飞上雷雨交加的天空。

天空中，三条龙乘着云海翻滚飞腾。

苦海龙王冲着阿十高声喝道："阿十，你可知罪？私自降雨，破坏龙规，应该斩首！"

"孩儿知罪。父王在龙宫忙着办喜事，人世久旱无雨，幽州大地，土地龟裂，百姓四散逃荒。孩儿无奈，才私自降雨。"

俗话说，海中一日世上三年。苦海龙王听了大吃一惊，没想到，自己连日忙着办喜事，忘了兴云布雨，竟给人世间造成这么大的灾难。苦海龙王自知理亏，怒气顿时减了三分。恰在这个时候，阿虬的哭声随着滚滚的雷声传到天空："爸爸，饶了阿爸吧！杀了阿爸，谁来照看阿虬？"

苦海龙王乘着闪电，看见自己的孙子跪在雷雨里苦苦哀求，心里着实不忍，握着剑柄的手不由得抖动起来，情不自禁地把抽出的剑又慢慢地推进剑鞘。

卢沟河河主见苦海龙王要变卦，立刻愤愤地说："苦海龙王，龙规面前人人平等。你爱惜自己的子孙，难道我的子孙就白白地死了不成？"

苦海龙王无言可答。他咬了咬牙，说道："阿十，莫怪父王无情，龙法不容！"说完，手起剑落，斩了阿十颈上的龙头。

阿十的尸体从空中缓缓地落下来，落在清清的柳河湾岸一边。尸体一着地，立刻变成一道连绵起伏的山。在岭头与岭身之间，有一道刀削斧凿一般的沟壑，成为从长辛店到石景山的通路。

这就是永定河卢沟桥西岸的卧龙坡。

搜集整理：**赵美琳**

摘选自丰台区文化馆内部资料

水鬼成龙

早先卢沟桥这块地儿只有一座小石桥，因为水势平缓，倒也十分牢固，是条交通要道。在离桥不远的桥北边上，住着一个12岁的小孩儿王二。他父母双亡，只靠着在河边打鱼度日。由于水中鱼虾很多，他又无牵无挂，一人吃饱了全家不饿，日子过得倒也松快。有时鱼打得多了，还能换点酒肉喝上一顿。

一天黄昏，王二见捕的鱼多，卖的价钱又好，就买了点酒肉回来，准备晚上喝上一顿。到了晚上，王二把酒肉拿到河边，猛然抬头，看到天上一轮明月又大又圆，才想起今天正是八月十五中秋佳节。俗话说，"每逢佳节倍思亲"。王二虽然年幼无知，平日无牵无挂，可今天看见这一轮明月，想起爹娘在世时对自己的疼爱，可现在只剩下独身一人，孤苦伶仃，感到凄凉万分，不由得眼泪汪汪，失声痛哭起来。王二越哭越伤心，想到别人都是全家团圆欢度佳节，自己一个人活在世上又有什么意思，真不如死了痛快。

哪知道他刚想死，就觉得好像有人在拉扯着他不由自主地向河中跑去。眼看就到河边，他突然一下子摔倒了。原来是脚下一块石头把他绊了一个跟头。王二爬了起来，正在愣神。猛然间，哗啦啦一阵水响，水面上突然伸出一只大手，手上挂着水草，上面还往下滴淌着水珠。王二吓了一跳，连哭都忘了。他大声喊起来："你是谁？怎么掉到水里去了，等我去救你！"可是想不到那只大手却在水面上摆了摆，好像是说"不用了"。王二奇怪极了，也顾不上害怕，说："你不用我救你，那你伸手干什么？是渴了，还是饿了？"那只大手一动不动地在水面上伸着，四周一点声音也没有。王二这时可真有点害怕了，带着哭声说："你怎么不说话呀？就是摆摆手也行啊。不然，我可跑回家去了。"

这时，那只手还真向王二伸了一下，又待在那里不动了。王二跑回河边，拿起酒肉又跑了回来，可那只手还待在河心，王二犯愁了。送去吧，心里害怕；不送吧，都答应人家了，也不能不讲信用啊，干脆喊他上来吧。王二就对着河面喊道："你上来吃吧。我这里酒肉都有，我不敢下水。"这时，水面下传来一个可怕的声音："我不上去了，你把吃的扔点儿下来就行了。我长得太难看，上去怕吓坏了你。"

王二听到这声音，真吓得够呛，可又觉得这怪物心眼儿还挺好，就说："你上来吧，跟我一块儿过节，我心里还高兴点儿。长得难看怕什么？"水下面的那个声音又说了："好吧，我上去。你可千万别害怕呀。"说着，从水面下钻出一个湿漉漉的怪物来，长得又高又大，披头散发，青面獠牙，身上挂满水草和泥水，顺着身子往下淌着。

王二一见，吓得连话都说不出来了。那个怪物来到王二身边坐下，高兴地说："真是太谢谢你了。我很长时间没尝过酒肉味儿了。你是个好心的孩子，将来我一定报答你。"王二见他说话挺和气，才放下心来。两人就喝着酒聊了起来。王二问："你怎么这么难看，像个鬼一样？"

怪物说："我告诉你，你可别害怕。我本来就是个鬼，就是人们常说的落水鬼。我讲给你听，你可千万别告诉别人。三年前，我进京考武举人，结果被人暗中灌醉，误了时辰，也丢了举人，心里一气，就跳河自尽了。河里的龙王见我死得屈，就让我当了水鬼，每天清理河道。虽然活儿很累，可龙王答应我，三年后替我找一个替死鬼，让我重新超生再去考武举人。今天正好是三年期满了，龙王告诉我，晚上有个孩子想跳河，让我等着超生。那个孩子原来就是你呀！你刚才往河里跑，我正等着，你一进水我就抓住你，你死了我就活了。可没想到我刚伸出手来，你就摔了个跟头。我本想拉你下水，可一听你要救我，又不忍心抓你了。你又请我喝酒吃肉，我更觉得你是个善良的孩子，不愿意让你当替死鬼。唉！"

王二听得心里直扑腾，暗中庆幸那块石头救了自己，可转念一想，又很替水鬼惋惜，受了三年苦才有了这么一个机会，转眼又没了，以后怎么办呢？就问水鬼："那你今天白等了，以后怎么办呢？你不会平时在河边等着，抓一个坏人当替死鬼吗？"水鬼说："抓到容易。可我不想那么干，要是万一抓错了好人，我超生了心里也不踏实。"王二听了，觉得水鬼真是个好心的人，也就不害怕了。两人边吃边聊，心里都觉得痛快多了。临分手时，水鬼说："王二，我看你人小可为人不错，是个值得交的朋友。咱们结拜为兄弟，要是以后有为难事，你就到河边喊声大哥，我来帮你。"王二非常高兴，说道："我一个亲人也没有了。能有你这么一个哥哥，真是太好了。"两个就此结拜为兄弟，直到天快亮时才恋恋不舍地分手告别。

从此以后，王二只要来到河边喊声"大哥"，一网下去，打的鱼就足够他卖的了。每天，他就只打一网，卖完后就买些酒肉回来，等着晚上和水鬼大哥见面。可他一直等了一个月，水鬼才从河里出来。这次水鬼可神气多了，身披着盔甲，手中还拿着一把九股飞天叉。原来水鬼干活勤快，龙王见他又会武艺，让他当了巡河头领，往后不但不用干活了，还可以天天晚上出来找王二了，弟兄俩亲亲热热地过了一个晚上。此后，王二还是每天打一网鱼，晚上哥儿俩就在一块儿喝酒。水鬼还送给他一对铜锤，教王二练习武艺。

不知不觉，又过了一年。八月十四的晚上，水鬼非常高兴，对王二说："小兄弟，以后咱们哥儿俩就能总在一起了。明天中午，有个木匠来投河，我就可以超生了。不过你可千万不能讲出去，天机不可泄露，讲出去你就会没命，我也再不能超生了。"王二听了当然高兴，以后白天也有人陪着自己，再也不会闷得慌了。

到了第二天中午，王二猛然想起了水鬼哥哥的事，就悄悄跑到河边去偷看。正到午时，只见一个中年人怒冲冲地向河边跑来。王二一看，正是村里的张木匠。他想张木匠是个勤劳善良的人，经常帮助别人，自己爹娘死时，还是他给打的棺木呢。我怎么能眼看着他去死呢？于是，王二飞跑过去，抱住张木匠的腿不松手。挣了半天，张木匠只得叹口气，坐在了河边。原来张木匠替财主干活，今天正好结账，没想到财主为了赖账，诬他偷了银子，当众羞辱他，并把他的工具抢走了。张木匠有苦无处诉，就想一头跳到河里自尽，却被王二拦住了。这时，众乡亲也赶到，把张木匠劝回去了。

夜里，水鬼来了，王二忙向他道歉。水鬼叹了口气说："唉，这也不能怪你，世上哪有见死不救的道理。这也是我命中注定不能今天超生啊。"

转眼又过了一年，到了八月十四的晚上，水鬼又兴冲冲地告诉王二，第二天又会有一个人来当替死鬼。王二也替水鬼高兴，两人又喝了半夜酒。临走时水鬼千叮咛万嘱咐，让王二不要往外说，也不要再救人了。王二一口答应了，决心一觉睡到下午再起来。

可王二是个孩子，心里装不下事，到中午说什么也忍不住了，又悄悄来到河边找个地方躺下。王二使劲闭上了眼，心想：无论如何也不管闲事了，好让水鬼哥哥早找一个替死鬼。就在这时，他又听到了孩子的哭喊声，睁眼一看，有一个年轻的媳妇往河边跑，后面有一个四五岁的孩子正哭喊着追来。王二又躺不住了，心想：这年轻的媳妇跳河，定有说不出的委屈，她要是死了，抛下孩子谁管呢？难道这么小的孩子就要像自己一样成个孤儿了吗？我哪能见死不救呀！

于是，王二就追了上去，一把拉住了小媳妇。小媳妇心中又急又怕，更拼命往河边跑。王二没办法，只得一把搂住她不放。这下可不得了啦，从来男女授受不亲，现在王二青天白日搂住女人还了得？小媳妇忘了寻死，大喊救命。不少人闻声赶来，痛打王二。可怜王二为了救人挨打，又不敢说清事情原委，直到众人打累了，才把小媳妇劝回村去。王二虽然受了天大的委屈，可看到小媳妇被救了，心里倒也觉得是个安慰。

晚上，水鬼又来了。王二一见水鬼哥哥，不由得痛哭起来，他觉得实在对不起水鬼。水鬼也很伤心，说："事不过三，看来我再也不能超生了。咱们的缘分也就这样了，只能晚上相聚，白天不得相见。不过我也不怪你，有事我就不能瞒你，见死你又不能不救。再说，我就是真找了这样的人当替死鬼，一辈子也不得安宁。好在我也在水里待惯了，就这样待下去吧。只要兄弟你不离开这河边，我也就知足了。"弟兄俩抱头痛哭一场，喝了个半醉，直至天快亮才洒泪分别。

◎ 水鬼成龙 ◎

王二回家后躺下不久，就被人叫醒了。原来水鬼怕王二的名声败坏，就向村里人托了一个梦。众人知道王二是为了救人，都来向他赔礼道歉，送了许多礼物。从此以后，村里人都对王二很亲近，他再也不像从前那样孤独了，但是王二心里难过极了，因为水鬼哥哥一直没露面。王二想起水鬼对自己的情意，整天眼泪汪汪的，连鱼都懒得打了，每十天才打一次。可也怪，每次一网鱼就足够他十天的吃用。王二知道这是水鬼哥哥的心意，心里更加难过，夜夜盼着水鬼哥哥来，一天也不离开河边。

转眼第二年夏天到了。一天夜里，水鬼又来了，王二高兴得不知如何是好，连忙拿出酒肉来。水鬼也格外高兴。原来水鬼这一年来去巡查整个永定河去了。水鬼这几年勤勤恳恳，忠于职守，永定河从来没有发过水。龙王也被玉皇大帝封为天龙，高升到天界去了。水鬼被举荐当了永定河的龙王，竟被封成神了。明天一早他就要上任了，所以特地来向王二报喜。王二别提多高兴了，水鬼当了永定河的龙王，自己能过上好日子不说，河两岸的百姓也都不用发愁了。哥儿俩越聊越高兴，越喝越痛快，真是"酒逢知己千杯少"啊，一直把王二存了一年的酒都喝完了，还觉得没喝够。不知不觉东方已经发白，窗外突然传来了"喔喔喔"的金鸡报晓声。水鬼一下子跳了起来，脸色变得像纸一样白，连声叫着："糟了！糟了！我光顾着高兴，把大事都忘了。这下子不光当不上龙王，连水鬼都甭想做了。天都亮了，我还没神归本位呢！"说着水鬼撒腿向外跑去。王二吓了一跳，也跟着跑了出去。只见水鬼飞快地向永定河跑去，边跑边呼唤着，随即天上出现了两只金光灿灿的鸽子，飞翔而来，还发出悦耳的鸣叫声。金鸽的头上还罩着一大片五彩祥云。王二被这奇异的景象惊呆了。飞在前面的金鸽来到水鬼头上，一张嘴，一颗明灿灿的大珍珠落到水鬼手上。水鬼一口吞下，又向另一只金鸽奔去，刚刚要和第二只金鸽会合时，只听得远处又传来了金鸡报晓的声音。片刻间，远近的鸡都叫了起来，天色大亮了。王二看见水鬼愣住了，一下子僵在那里，猛地倒在了河边。王二飞跑过去，可水鬼已经僵死了。王二痛哭起来，只哭得天昏地暗，飞沙走石，风雨交加。那两只金鸽也失去了神采，在水鬼头上哀鸣着、盘旋着，渐渐向远处飞去。王二不知哭了多长时间才清醒过来，一看手中的水鬼已经变成了一条龙形，但没有鳞甲，只是一条死去的黑龙。

王二越想越伤心：自己几次耽误了水鬼超生，这次水鬼马上要当龙王了，又被自己耽误，可水鬼却一直像亲哥哥一样对待自己，自己实在太对不起水鬼哥哥了。其实他不知道，更大的祸事还在后面呢。

搜集整理：**郭　刚**

摘选自丰台区文化馆内部资料

第八节

金鸽与镇水牛

提起更大的祸事，还是要从那对金鸽说起。原来，在卢沟桥的北边石景山附近，有个庞庄。永定河流经那里拐了个弯，河面格外宽阔。河堤上有十八磴台阶，台阶上有个青铜镇水牛，牛对着河面，牛屁股上有个裂纹，这个裂纹其实是一道门，门里面就是那对金鸽的家。

那对金鸽是怎么回事呢？原来它们也不是普通的金鸽子，乃天上的神鸽，住在镇水牛肚子里。为的是传送玉皇大帝的旨意，接送永定河的龙王上天庭。每年夏末秋初，龙王都要到天上去朝拜玉皇大帝和王母娘娘。两只金鸽一只驾起五彩祥云在前面开路，告知天庭各界龙王前来朝拜；一只携带龙王准备的贡品在龙王身后保护。待朝拜完毕，金鸽再陪龙王回来，等第二年再上天庭。

在龙王上天时，河里没龙王，鱼虾就要兴风作浪，藏在西山里的一条九头虐龙也会趁机发下山洪到永定河来作怪，永定河的河水就要暴涨。这时，防止永定河泛滥成灾的重任就落到了镇水牛的身上。当金鸽飞走时，镇水牛就会发出吼叫。周围人一听到牛叫，就知道要发大水，马上准备好各种供物来给镇水牛。镇水牛等河水涨上十八磴石阶，平了堤岸时，就低头饮水。不把十八磴石阶露出，镇水牛就不抬头。等镇水牛抬起头时，肚子里也就装满了河水，这时金鸽也就该回来了。金鸽一回来，镇水牛就放心了，肚子里的水就会慢慢吐出来。一天吐的水正好淹一磴石阶，十八天吐完。不过，这时再有多大水也不怕了，因为永定河的龙王已经回来了。有龙王在，再大的水也不会成灾。

可是如果龙王不能按时回来，金鸽也不能归窝，镇水牛肚子里装满了水不敢往外吐，只得硬憋着。等十八天就憋不住了，只得往外吐，而且因为憋得难受，会一下子吐出来，河水就会立刻暴涨，冲垮堤岸，泛滥成灾，淹没整个北京城。据说早年就有过一次，大水一直冲到五里

卢沟桥传说

◎ 金鸽与镇水牛 ◎

店、大井一带，只要冲到小井，整个北京就会被淹，幸好龙王及时赶回来，收住了大水。

话说这次永定河的龙王上天庭受封，金鸽把龙王送上天后，领了玉皇大帝的圣旨，带着玉皇大帝赐给的镇水龙珠和龙袍回到永定河寻找水鬼，好封它做永定河的龙王。约定三更时分，在永定河受封。可是金鸽寻来找去不见水鬼的踪影，焦急万分，在河面上盘旋寻找，根本没想到水鬼还在王二家喝酒呢。再说水鬼因过分高兴，忘了时间，听到外面金鸡报晓，才知道自己误了大事，慌忙往外跑。因为还没正式受封，只能算是个水鬼，而鬼只要听到鸡叫，天一大亮就会失去灵性，不及时赶回河中就会化为泥胎。当水鬼向河边跑时，金鸽闻声赶来，因为金鸽也正愁没法交差，在寻找水鬼呢。见到水鬼，金鸽高兴万分，把镇水龙珠交给了它，只要水鬼再穿上第二只金鸽的龙袍，就会正式成为龙神，也就不怕金鸡报晓了。哪里想到就在这时，报晓的鸡啼叫了第三遍，水鬼当时就倒地死去了。金鸽悲伤万分，没有使水鬼受封，也就没完成玉皇大帝的旨意，它们就不能再回窝。更使它们伤心的是，它们没办成这件事，永定河的龙王没有了。没了龙王，镇水牛就不能制服西山的九头虐龙，永定河就会泛滥成灾。金鸽围着水鬼哀鸣盘旋，见到水鬼不能复生，只得边哭边飞，飞到香山卧佛寺附近的山上了。后来，人们就把它们哭住的地方叫金鸽台。

再说王二见水鬼死后痛哭不已，众乡亲闻讯赶来，把水鬼抬到王二家中。王二日夜守着水鬼化成的黑龙尸体，形影不离。那永定河边也日夜笼罩着一片愁云，整个天地变得昏暗。永定河水也变得浑浊不清，无风也起三尺浪。沿河的居民开始日夜不安，因为他们听到镇水牛吼叫后，就去上供，可时至如今，镇水牛已经抬起了头，但河水还不见下降，反而更加汹涌、浑浊，就知道大事不好。身强力壮的居民日夜守在河中的桥上和河东岸边，老弱妇女则纷纷投亲靠友四处逃难去了。

在水鬼死后的第十七天夜里，王二梦见水鬼来了，叫王二告诉众乡亲，第二天就要发大水了。因为西山的九头虐龙知道龙王没了，要吞没整个北京城，明天就要发大水把石桥和东堤冲垮。镇水牛已经无能为力，明天也要把水吐出来。整个北京城将成为一片苦海。

王二一听，心里既惊慌又难过，觉得由于自己才造成这么大灾难，忙问水鬼有什么办法没有。水鬼说办法倒是有，只是需大家齐心合力，连夜修筑东大堤并建一座大的石桥，来挡住洪水和九头虐龙。不论水势多么凶险，也不能退缩。只要有一人跑，九头虐龙就会得势，谁也不能活命。如果大家不愿干，就得在半夜前逃难，否则就来不及了。

王二一听，就连忙把众乡亲叫来商议。众人一听都大惊失色，可是要舍弃生活多年的家园，远去他乡逃难，让北京成为一片苦海，大家都觉得上对不起祖宗，下愧见后代儿孙。思来想去，众乡亲都决心誓死守卫家园，和九头虐龙见个高低。众乡亲决心已定，都来到王二家拜谢水鬼的黑龙泥胎，感谢它的好心，说待水退后，一定给它修建庙宇，重塑金身，嘱咐王二在家守护水鬼。

不说众乡亲去招集四乡强壮男子连夜修堤建桥，却说王二守着水鬼哥哥，心中十分不安，恨不得用自己的生命去换取大家平安。就在这时，水鬼忽然又说话了。原来，乡亲们的决心感动了水鬼，水鬼决定去替大伙儿抵挡九头虐龙，好让乡亲们修堤建桥。不过因为水鬼虽然吞下了龙珠，可没成龙，所以不能战胜九头虐龙，只能阻挡一阵。王二一听，内心十分感动，决心也跟着水鬼哥哥一齐去斗九头虐龙，即使死了也心甘情愿。水鬼一听，非常高兴自己有这么个好兄弟。它告诉王二，明天午时，一听到镇水牛吼叫，就马上带着兵器到河中斗虐龙。他还告诉王二，兄弟两人去斗九头虐龙，也许会取胜，不过王二再也不能活着回来，水鬼自己也就连泥胎都剩不下了。因为九头虐龙是千年修炼而成的，魔法厉害，这次一斗，只能同归于尽，绝无生还的可能。如果王二想要走，这时走还来得及，必要时还可以把水鬼肚中的龙珠取走，可以保证没有风险。王二听了又是感动，又是高兴，感动的是水鬼哥哥时刻关心自己，高兴的是自己终于有了补过的机会，决心用生命去保护众乡亲和北京城。

王二决心已定，心里反而踏实下来，躺下睡着了。在梦中，他听见了金鸽的鸣叫声，并且给他扔下了个金光灿烂的包袱。他睁眼一看，果然有个包袱，里面装的是一件金光闪闪的龙袍。原来，金鸽在金鸽台安了家，可心里一直十分愧疚没完成玉皇大帝的旨意。当它们知道这弟兄俩要拼死斗九头虐龙时，想要助他们一臂之力，就把龙袍给了王二，好让王二能防住九头虐龙的水势。王二也知道龙袍是件宝贝，想让水鬼穿上好保住他的泥胎，但水鬼一定让王二穿上。这不光是因为王二是凡人，抵挡不了九头虐龙，更因为王二是真童男子，而一般妖孽怕的正是童贞男女的元气，所以王二有了龙袍，战胜九头虐龙的把握就又大了几分。这时，外面金鸡报晓，天已发亮，水鬼又一声不响了。王二赶忙穿上龙袍，准备好自己的铜锤和水鬼的九股飞天叉，坐在水鬼旁边闭目养神，静待午时镇水牛吼叫。

这时，外边的众乡亲正在紧张忙碌地拉运石料，修河堤建大桥。天上黑云滚滚，河水翻腾咆哮，乡亲们不免心中发慌，可抬头一望，王二的房顶上一阵阵金光四射，知道是水鬼显圣要帮忙斗九头虐龙了，不由得万众欢呼，勇气倍增。

待到午时，只听到一阵沉雷滚动，河上一股巨流扑来，九头虐龙下山了，随即又传来一声声镇水牛的吼叫声，河水陡然长了几尺，九头虐龙张牙舞爪，咆哮而来。原来，九头虐龙也知道镇水牛憋不住水了，就趁机发起大水冲下山来，两股水合为一处，水势更加汹涌。镇水牛见势危险，发出吼叫报警。

王二正在屋中等待，听得镇水牛吼叫，马上拿起兵器骑到了水鬼身上。只听得震天动地一个霹雳，水鬼化为一条乌黑发亮的巨龙腾空而起，上面坐着金光灿灿的王二。此时，河水已经把原来的小石桥冲垮，正向修建新桥的乡亲们扑来。新桥才刚建了半截，眼看就要被冲垮了，形势十分险恶。黑龙驮着王二飞到永定河上空，金光一闪，众乡亲见来了救星，欢呼跳跃起来。九头虐龙见此心中一惊，水头顿时打住，黑龙和王二就势跃入河中，挥舞兵器和九头虐龙斗了起来。顿时，天上电闪雷鸣，河中波涛翻涌，连整个河床都颤抖起来。那九头虐龙虽然凶狠，又一路浩荡，并无阻挡，骤然碰上黑龙也不免大吃一惊，被黑龙和王二逼着倒退数里。岸上，乡亲们齐声呐喊助威，更加努力修桥。

河中，九头虐龙败退一阵之后，稳住了阵脚又反扑过来。黑龙和王二奋勇冲杀。九头虐龙虽然凶狠，但因对手一个是有正气在身的真童男子，一个是未受封的龙王，所以它也未免心颤，以致双方势均力敌，互有进退。

这场恶斗直斗得天昏地暗、日月无光，一连斗了九天九夜还没见分晓。岸上，乡亲们抓紧时间修好东大堤，建起一座大石桥，就是现在的卢沟桥。再说黑龙和王二在水中和九头虐龙搏斗，每当饿了时，他们就上到水面，众乡亲就向水中扔馒头、熟肉，帮助弟兄二人。可九头虐龙神通广大，九个龙头轮番捕捉鱼虾，所以弟兄俩虽然齐心协力，拼命厮杀，也只能阻止九头虐龙前进，无法杀死九头虐龙。而且九头虐龙不怕打，打碎一个龙头，一会儿又长出一个。黑龙和王二想尽办法，也不能同时把九个龙头都击碎。正在紧张搏斗时，黑龙和王二听到岸上乡亲们齐声欢呼，原来堤岸和桥都修好了。弟兄两个拼斗了九天九夜，累得筋疲力尽，这时才松了口气。

这一松气可了不得了，弟兄两个当时就败下阵来。因为九头虐龙一见堤、桥修好，急红了眼，拼着老命扑了过来。黑龙和王二再也抵挡不住，一直败到了卢沟桥下。九头虐龙又掀起一阵恶浪，王二被冲到了东大堤的脚下，黑龙被冲到卢沟桥下，两人谁也顾不上谁。王二虽然身穿龙袍，不怕恶水，可他到底是个孩子。他累得筋疲力尽，口吐鲜血。黑龙倒是久经战阵，可惜只是个泥胎，没有龙袍护身，九天九夜已经把它的身子泡酥了，一块块脱落下来。它虽然心里焦急万分，可再也没力量去护着王二，心疼得双眼流出血来，只得尽力护着卢沟桥。

东大堤和卢沟桥虽已修好，但都还没稳住。九头虐龙一冲过来，东大堤刚砌上的石块就开始脱落，卢沟桥下的桥墩也开始摆动起来。九头虐龙一见黑龙和王二鲜血淋淋，知道他们已经支撑不住了，心中大喜。它向后退了几十米，又狂吼乱叫地向卢沟桥冲来，使出了全身的力气将九个龙头对准了卢沟桥的几个大墩子，想将桥墩一下冲跑，把卢沟桥冲垮。它的大龙尾巴也攒足了力气，准备在撞桥的同时用龙尾把王二和东大堤砸塌。

众乡亲看到王二和黑龙累得不行了，又见九头虐龙掀起了小山似的浪头冲过来，虽然惊恐万分，但没有一个人逃走，齐声擂鼓助威，摇旗呐喊。黑龙和王二听到乡亲们的助威声，又觉得有了勇气，鼓足最后一股劲儿，要拼命顶住九头虐龙的冲击。

说时迟，那时快，只见九头虐龙掀起滔天大波，恶狠狠地向卢沟桥撞来。轰隆隆一阵地动山摇，漫天的河水中传来了吼叫声、撞击声，随着一股股翻滚的浊浪，一片片血水浮上水面，岸上的乡亲们个个惊得目瞪口呆，默无一声。过了很久，乡亲们才又突然发出惊天动地的欢呼声。原来，河水逐渐平静又慢慢退下去后，河面上漂浮起九头虐龙的尸体，但九个龙头都已经没了，尾巴也短了半截。

"赢啦！九头虐龙被打死啦！"人们欢呼庆贺着，可是黑龙和王二却再也没露出水面。乡亲们纷纷呼唤着、寻找着，后来才发现，黑龙的头贴在桥上化成了石龙头，身体已经被九头虐龙撞得粉碎，让水冲走了。黑龙的九股飞天叉化成九把利剑，下插在桥墩的迎水处，每柄宝剑上都沾着淋淋黑血。原来，就是这九柄利剑同时斩掉了九头虐龙的九个头，才杀死了九头虐龙。乡亲们想把宝剑取出供起来，却发现宝剑已经同桥墩化为一体，只得含泪舍弃，让它们永远保护桥墩，并把这些宝剑称为"斩龙剑"。时至如今，斩龙剑还紧贴在桥墩上。据说卢沟桥之所以坚固异常，就是有这斩龙剑保护的缘故。现在，这些斩龙剑上还有着斑斑锈迹，听说那就是九头虐龙的血。

再说王二，人们找来找去也没有发现他的踪迹。只是东大堤的堤墙上贴上了一层龙甲般的石墙,金光闪耀。原来,王二守护在东堤脚下,见虐龙的尾巴恶狠狠扫过来,就奋力举铜锤猛砸过去,把虐龙的尾巴砸得稀烂,可他也被九头虐龙的尾巴扫得粉碎。他身上的龙袍变成了无数块坚硬的石头紧贴在东堤上。手中的铜锤和身上的血肉化成铜汁,把那些石头粘在了一起,成了一座万分牢固的铜帮。

王二和水鬼都死了,他们用自己的生命给乡亲们造福。为了让后代儿女永远记住他们,也为了表达乡亲们盼望弟兄俩回来的心愿,人们在王二的住处修建了一座宏伟的回龙庙,就位于卢沟桥不远的东岸上。

自从黑龙和王二死后,大水虽然退了,可永定河从此没了龙王,终年是一河浑水,并且常常涨水,再也不像以前那样清澈平缓了。不过不管水有多大、多凶,但河水从来没有漫过东堤和卢沟桥。人们都说这是乾隆皇帝来到卢沟桥后,亲口封了"大水漫不过卢沟桥"的缘故,并说桥下的"斩龙剑",也是乾隆御笔亲封的。

其实,当初修建卢沟桥和大堤的时候,根本还没有乾隆呢。这都是水鬼和王二的功劳。每逢发水时,九头虐龙的子孙见到回龙庙就不敢上前了,只是用大水冲些大树下来,想撞坏大堤和卢沟桥。可一到大堤脚下,大堤就闪出铜光把大树推向卢沟桥。等大树到了卢沟桥下,斩龙剑就把它们砍成碎块,让人们当柴火烧了。如果水太大了,涨到了桥身,桥拱上的石龙头就会红了眼,一口将洪水吸下。所以,大水才一直不能漫过卢沟桥,桥身和大堤也千百年来坚如磐石,保护着北京城的安全和交通。

搜集整理:**郭　　刚**

摘选自丰台区文化馆内部资料

第九节

聚宝盆

据说，卢沟桥桥西有座镇岗塔。塔附近的山坡上住过一对亲兄弟，哥哥王容，弟弟王生。爹娘死后，王容只分给弟弟一块场院、两间看场的草屋。王容过着老婆孩子热炕头的日子，王生却终年在外打长工。

一年秋后，天渐渐冷了。王生领了一年的工钱，准备回家修修房子。他走到卢沟桥，看见桥头黑压压地围了一群人，挤进去一看，原来是一个老渔翁坐在一只大木盆前卖活鱼。木盆里有不少条鱼儿游来游去。

王生刚在盆旁边蹲下来，一条红鲤鱼好像看见救星似的，游上水面一个劲儿地冲他摇尾巴，珍珠一样的眼泪扑簌簌地流下来，嘴一张一合的像是在求救。王生觉得很可怜，就用修房子的钱买了红鲤鱼，把它放进了永定河里。

王生走到镇岗塔，天已经黑了，哥嫂家早已插门闭户。他走到场院，打开破草屋，躺在炕上睡了。睡梦中依稀听见有人敲门，王生披好衣服拉开门，只见一位白发老翁站在门口。老翁笑眯眯地冲着王生说："我是苦海总管，今天，你在卢沟桥畔救了我家公主，龙王请你到龙宫赴宴，跟我走吧！"

王生跟着老人，转眼来到苦海岸边。夜深人静，老翁冲着王生笑笑说："不用害怕，快伏到老夫背上。"王生刚伏到老人背上，老翁立刻变成一只碾盘一样大的乌龟，驮着王生爬下海岸，分开海水，一眨眼就到了金碧辉煌的龙宫。龙王从白玉石阶上走下来，迎接王生。龙王身旁站着一位袅袅婷婷的姑娘。那姑娘见到王生，忙施礼："多谢救命之恩。"

"多亏遇见你，救了小女的命，孤在御花园准备了酒宴，表示感谢之意。"说完，同王生携手进了御花园，只见满席美酒佳肴。小龙女亲自给王生斟酒，趁着斟酒，小龙女低声说："恩公，一会儿苦海总管陪你游苦海珍宝园，别忘了要珍珠泉畔的那只旧木盆。"

酒后，龙王满脸带笑地说："恩公，我知你家中贫寒，让总管领你到珍宝园转转，喜欢什么只管拿就是了。"

王生与龙王告辞，跟着总管进了珍宝园，穿过一片玉林，看见一座光芒四射的金山。总管领着他登上通往峰顶的小路，路旁长满了密密的金树林，金枝、金叶、金花、金果，连林中的野草杂花、枝头小鸟都是金色的。

王生跟着总管一路张望，都不开口。总管忍不住说："王生，龙王有话在前，这里遍地都是黄金，何不取几片金叶，摘几颗金果？"

王生摇摇头，很恭敬地说："请先生再领我到别处看看。"

总管带着王生下了金山，来到翡翠湖边。满湖亭亭玉立的绿荷，都是晶莹透明的翡翠。

"王生，摘几片荷叶吧！这是人世罕见的翡翠盘。"

王生摇摇头，恭恭敬敬地说："请老先生再带我到别处看看。"

离开翡翠湖，他们登上一座光芒四射的银山。山上长满了密密的银树林，银枝、银叶、银花、银果，连花丛中飞舞的蝴蝶都是银色的。

总管一边走，一边笑眯眯地说："王生，这里遍地都是白银，何不采几片银叶，摘几颗银果？"

王生摇摇头，恭恭敬敬地说："请老先生再带我到别处看看。"

总管领着王生登上峰顶，珍宝园历历在目。满园亭台楼阁，都隐现在密密的玉树林中。高耸的金、银山，遥遥相对，犹如红日、明月，映得满园生辉。

从银山上下来，总管领着王生来到珊瑚海。满海的珊瑚丛里，闪闪烁烁，光怪陆离。

总管笑眯眯地说："王生，采几株珊瑚吧！带回人间，吃穿无忧了。"

王生又摇摇头。总管惋惜地叹了口气，领着他来到珍珠泉。在一座不高的玉山峰顶，有一股细细的珍珠泉。数不清的珍珠从泉眼里喷出

◎ 聚宝盆 ◎

来，叮叮咚咚地流进玉山山谷。山谷里，有几个虾兵正用一只旧木盆把收拢的珍珠装进口袋里，准备把珍珠运进龙宫里的珍珠库。

王生站在那里，看虾兵忙碌。看了一会儿，他冲着身边的总管笑着说："请您把虾兵装珍珠的这只旧木盆送给我吧！"总管不由得一惊，沉吟了半天，才说："你要什么我都可以做主，唯独这只旧木盆须龙王点头才成。"

来到龙王宝殿，龙王从宝座上站起来，满面春风地问："珍宝园内的风光如何？你看中了些什么东西？"总管向龙王施了个礼："龙王，王生在园内游看了半天，什么也没选。他只提出要装珍珠的那只旧木盆。"

龙王一听，笑容顿时消失了，原来那只旧木盆是珍宝中的珍宝，无论什么东西，只要放进去就取之不尽、用之不竭。这就是世人梦寐以求的聚宝盆。

小龙女一眼就看透了龙王的心，忙说："父王，小女的性命难道还比不上一只旧木盆吗？何况，父王有话在先，让总管领着王生到珍宝园任意挑选。难道……"

龙王暗暗咬了咬牙，脸上强堆笑容。他不等小龙女说完，忙说："既然如此，就请总管派人拿来宝盆，送给恩公吧！"

王生带着宝盆，坐在总管的背上出了海。白发飘然的总管站在岸边与王生拱拱手，跳入苦海不见了。

明月、繁星不见了，黎明正从东方升起，一阵晨风扑到王生身上，凉飕飕的。王生正要抱着木盆往家走，忽然摔了一跤。

王生睁开眼，从炕上爬起来，刚才的梦境历历在目。奇怪的是，身边果然放着一只旧木盆，和梦中那只一模一样。王生心里一阵高兴。

他推开房门，清凉的晨风迎面扑来，镇岗塔笼罩在一片淡淡的霞光里。他顾不得吃早饭，挑起一对筐，往集镇走去。他在集镇上东看看、西看看，大米、棉布、油盐……各种东西都买了点儿。他准备挑回家放进聚宝盆里，让村里的穷乡亲们再也不用为温饱发愁了。王生挑着选好的东西，一路小跑地往回赶。

到了场院，他一下子惊呆了，哥嫂的一双儿女趁他不在把聚宝盆搬到场院上玩，里面放满了石头、沙子、野草。

王生立刻动手捡石头、拔野草，无论怎么捡也捡不完，无论怎么拔也拔不净。他又急又恨，一阵火起，冲着木盆踢了一脚。木盆踢飞了，摔了个粉碎，石头、沙子、野草撒了一地。

如今，在镇岗塔附近那连绵起伏的山岗上，到处都是石头、沙子、野草。无论人们怎样挖、怎样割，总也没有尽头。大家都说这就是那个聚宝盆里长出来的。

搜集整理：**赵美琳**

摘选自丰台区文化馆内部资料

第十节

回龙庙的来历

一

　　据说，永定河的源头在山西马邑县的山里。过去，由于这条河水势浩大，两岸河堤又不是很坚固，所以几乎年年发洪水的时候都决口子，每次都要淹没许多村庄。这样，河道也常常随着改变，因此过去它也叫无定河。关于无定河，河两岸流传着一个这样的传说。

　　那时，在无定河源头的大深湖里，住着条大青龙。它的两只眼睛亮亮的，身上的鳞闪着青光。

　　自打大青龙到这湖里来住，它先是修建龙宫，然后就在宫里享起清福来。可是，过一段时间以后，它觉得有些闷得慌了，于是就在一年夏天顺着河槽游出宫来。一路上，它看到绿油油的庄稼、热闹的村子，心里想："这儿可比我待的龙宫热闹多了，又是花又是草的，多好！我呀，也先不回去了，在这儿待上两天再说。"于是，它就停住了已经涨满河槽的水，慢慢地边走边看起来，后来，走累了，也看累了，就打起盹儿来。

　　也不知道这一个盹儿是过了几天，它忽然被一阵阵的唢呐声和炮仗声震醒了。大青龙在水里抬起头，眨了眨迷迷糊糊的眼睛，顺着响声往东边一瞧："哟，原来是结婚的！我得凑凑热闹去！"想罢，它腾身跳到了河岸上，摇身一变，变成了一个漂亮的小书生，青衣青帽，手摇一把折扇，摇摇晃晃地就朝村子里走去。

　　到了村里，只见一户人家，青砖门楼，朱漆大门，上面张灯结彩。门里门外满是嬉笑的人群，鞠躬打礼，说说笑笑，好不热闹！

　　这大青龙变的书生就挤进人群，拥到北屋正堂前，忽听人群一阵高声哄叫，急忙抬头一看，正看见身披红花的新郎揭开满身红绸绿锦的新娘的盖头！一下子把他惊得目瞪口呆。怎么回事？原来是那新娘子的美貌使他大吃一惊。只见那新娘子白皙的鸭蛋脸上，一双凤目，配着黛青蛾眉，小巧的樱桃口，又是特别的红润可爱。

他眨着一双色眼，心里想：我也见过天上的仙女儿，可就没一个像这个新娘子这么惹人喜爱的。他望着新娘子轻轻地叹了口气："我要是把她弄到龙宫去，让她整天在我身边侍候着，那该多好！"可他转念一想：怎么才能把她弄过来呢？硬抢？恐怕不行。他想着，转身挤出了人群，找到一棵没人的大树下，坐了下来。过了一会儿，一拍龙头，"对，晚上涨水！借着大水把新娘子卷走！"

大青龙回到河里后，好不容易挨到天黑下来，又耐着性子等村里的灯都灭了，这才翻身摆尾地掀起水浪，朝村子扑来。它一边往前游，一边高兴地想：这回，我神不知鬼不觉地把全村人都淹死，就剩下那个新娘子，让她乖乖跟我走。它越想越高兴，在快到村边的时候，竟禁不住高声地大笑起来。

大青龙这一笑可不要紧，声音太大，把全村人都从梦里吵醒了。大伙儿出门一看：我的妈呀，大水来了！赶紧的，也顾不得收拾东西了，一起往东跑去了。可往哪儿跑呀？东，是平整整的土地，一个高坡都没有，到哪儿躲这水呀？

跑在头里的人渐渐跑不动了，索性坐在地上等死。有一个刚出满月的婴儿"哇哇"地哭个不停，一声比一声高，一声比一声哭得厉害。没想到，这哭声压过了水声，一直传到了天上的瑶池，吵醒了正在睡觉的王母娘娘。王母娘娘一听是孩子的哭声，就叫过来众仙女："扶我出去，看看谁家的孩子哭得这么惨。"

王母娘娘由众仙女扶着出来一看，原来是一群人眼看就要被那恶水吞没了，赶紧从头上摘下玉簪，朝那水中最高的浪头一划，只见一道白光向那恶浪射了过去。再看那恶浪，一下就弱了下来，接着就往回退去。

原来，那正是大青龙。它被王母娘娘的玉簪的神光一照，立刻就浑身无力了，又感到特别的刺痛，只好扭头逃走，水也跟着退了下去。大

卢沟桥传说

青龙就回了马邑县的山里。

大青龙回去以后，越想越生气。想报复，可又怕出了河槽王母娘娘再惩治它；算了吧，又咽不下这口气。它想：永定河上不是有座卢沟桥吗？我就冲塌你们的桥，让你们也过不舒坦！

那大青龙发水冲卢沟桥，老百姓正在卢沟桥边上着急呢！他们想着修这桥多不易，大水又这么猛，真要把桥冲坏，往后过河可就麻烦了。大家伙儿就站在这桥边上想啊想，可想了半天就是想不出个法子来。

这时，从人群中走出来个年轻人。他走上前来，对大家说道："我看这发大水，肯定是水里有龙。如果不制服了龙，这桥就保不住，大伙儿也别想安生！"一听这话，不知谁说了句："得罪了龙王爷还了得？我看还是和龙王爷讲个和吧！"

又有几位老人说："那不行，你越怕它，它就越欺负你。小伙子，你说怎么办吧！"

那年轻人看了看大伙儿，说："咱们在桥上安上'斩龙剑'，那龙要是再敢撞桥就砍它，让它再也不敢碰桥一下！"

"对，对！好，好！"大家伙儿一致赞同。

于是，大家就趁大青龙闹累了回马邑县山里歇着的工夫，跟着那年轻人在卢沟桥每个桥墩上都安了一把宝剑。这宝剑不是铁打的，是一个大三角形的石礅，上面包着铁角，那剑尖朝着北边。

卢沟桥安了宝剑，大青龙可不知道，等它歇足了，又翻水推浪地朝卢沟桥来了。当快到卢沟桥的时候，它就更使劲地往前一冲，想一下子就把桥撞塌。就在大青龙一使劲儿撞到桥以后，不由得大叫一声，就觉得浑身钻心地疼。低头一看，浑身上下都是血。再一看那卢沟桥，不知什么时候每个桥墩上都多了把宝剑。这就更气得它乱蹦乱跳了，可跳了半天也没法儿，最后也只好带着满身的伤回山里去了。

大青龙一逃走，可乐坏了老百姓。这不光是因为卢沟桥保住了，还因为龙王爷都输给了自己。可再找领着大伙儿安"斩龙剑"的年轻人，却哪儿也找不着了。就连他姓什么、叫什么，大伙儿也不知道。后来，有人说，那年轻人就是鲁班爷。

大青龙回到马邑县山里，一下子就趴下了，连气带伤呀！它躺在床上直哼哼，不吃不喝。就这样，它足足躺了七七四十九天才缓过来。它这一缓过来，可就开始琢磨怎么报复了。它又想了好长时间，最后才下定决心：用水冲！冲不坏桥，我就冲你的堤！

就这样，大青龙就更起劲儿地闹水了。大水没完没了地发，有时水大得水面和桥面都一样高了，可怎么着，桥和大堤就是没塌。为什么？那卢沟桥以北的大堤是"铜帮铁底"，所以冲不塌。那桥以南，有桥挡着，流过来的水就小多了。

这些，老百姓心里有底，也不着急，倒是把宛平城里的县官急坏了。他想：那河水是先朝这宛平县城冲，然后才拐弯往南流的，要是大堤一开口子，先淹的是县城啊！这不行，我得想个法子才好。

于是，县官就叫来他的心腹赖三，把心事跟他说了。赖三听完，拈着他那几根老鼠须子盘算开了。一会儿，他晃着脑袋对县官说："老爷，您看这么办怎么样。这龙王爷咱哪惹得了！我想，咱们跟它讲个和，咱们给它修个庙，每年四月二十六这天给它上些供品，求得它别再伤害咱们就行了。要不然，这大堤一决口，水淹了北京城，皇上一样会怪罪下来的。"

"唉，也只好如此了。这事就由你操办吧。"县官也无可奈何了。

后来，赖三就抓工催钱地，在离卢沟桥北边三里来地的地方修了一座庙，里边供上了龙王爷。因为是让大青龙走到这儿就往回走的意思，所以就给这座庙起了个名——回龙庙。

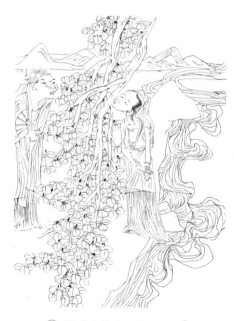

◎ 回龙庙的来历（一）◎

之后，赖三又派人与大青龙讲和。大青龙听了赖三的主意，觉得还可以，因为这样一来，自己不但有了台阶下，还有了吃喝，所以也就答应了。打这以后，每逢阴历四月二十六，大青龙就从马邑县来到回龙庙，取了人们给它的供品，就掉头回去了。

就这样，永定河不再像以前那么发大水了，不但水小了，到后来竟慢慢地没水了。有的人说，是大青龙觉得没意思，搬到别的地方住去了。也有的人说，大青龙是最后一次发大水，到东海大龙宫去了。"无定河"也随着这说法，改名叫了"永定河"。

搜集整理：**杨春槐**
摘选自丰台区文化馆内部资料

二

回龙庙位于卢沟桥铁道北河堤的东边。为什么在那儿会建有一座回龙庙呢？这事还得从卢沟桥建成后说起。

卢沟桥建成后，交通的便捷带来了两岸经济的繁荣，两岸的人往来越来越多。后来又修建了卢沟桥城池，这城池只有东门、西门，城墙北边没有门，南边只有一个小洞，叫小门关。东门、西门的城墙上边都有城楼，晚上关城门，早晨再打开（过去城门都有官兵把守，1958年东门、西门全给拆了）。

卢沟桥建成后，几乎每年都要发大水。有一年，又发大水了，水越来越大，眼看大水就要从桥上漫过去了，桥两边的桥身都挂上了水草，汹涌的河水恨不得把大石桥冲垮，把北边走火车的大铁桥都给淹了。水在大铁桥上翻卷着浪头，看着大水那凶猛的样子，胆小的人都害怕极了！人们急得什么似的，都说："这可怎么办啊？"这时有个人站出来大喊："龙王，龙王，你听着，你要是把大水退下卢沟桥，我们就给你盖龙王庙，唱三天戏。"周围的人们一听，都纷纷对着河跪拜说："给

◎ 回龙庙的来历（二）◎

你盖龙王庙，再唱三天戏，请龙王快退水！"

大家拜完后没多久，大水还真的慢慢退下去了。后来人们为了还愿，就在北边的河堤东面盖了一座庙，起名"回龙庙"，并请人唱了三天的戏。后来，卢沟桥地区有很多百姓，为了祈求平安，都会到回龙庙里拜上一拜。

手　　稿：**郭文明**

搜集整理：**陈　宇**

第十一节

神笛的故事

一

卢沟桥桥西有一片连绵起伏的山岗，据说是用一支神笛吹起来的。

很久以前，北京城原是一片汪洋，号称"苦海幽州"。那时候的永定河名叫"卢沟"，河西岸是一片地荒人稀的平原。

有一年春天，河西岸来了两个逃荒的，一个白发苍苍的老妈妈和他的儿子王良。到了河边，老妈妈一下子坐在了草地上，又累又饿，再也走不动了。

王良看着滔滔南去的卢沟水，心里一亮。他顾不得春初水寒，纵身跳进水里，可当他抱着一条草鱼爬上岸时，母亲已经断了气。

王良哭着掩埋了母亲，用树枝在坟边搭了两间房，从此，就在这里捕鱼、开荒，住了下来。

一个大雪封门的冬夜，王良正要睡觉，忽然听见敲门声。

王良打开门，一个白发苍苍的老人裹着一团风雪栽进屋内。老人直挺挺地躺在地上，嘴唇冻得发紫，手脚又红又肿，溃烂的伤口往外流着脓血。

王良赶紧把老人抱到炕上，拉开破棉被，轻轻搭在老人的身上。自己往炕洞里添些干柴替老人烧炕暖身。

东方渐渐发白，老人慢慢地翻了个身，模模糊糊地喊着："饿，饿，饿死了……"

王良把煮好的粥给老人盛了一碗，老人便狼吞虎咽地吃了起来，一连吃了三大碗才放下碗，叹了口气，说："多亏你呀，年轻人！要不我这把老骨头早就埋进冰雪里了。"说完就从炕上下来往外走。

王良一把拉住老人："大爷，您是回家，还是投亲？离这儿远不远？"

老人慢慢地摇摇头："我无亲无友，是个吃百家饭的。"

王良一听，忙说："大爷那您就别走了。我会像亲儿子一样照看您。"

老人见他说得诚恳，就在草房里住了下来。从此，王良白天砍柴，晚上替老人擦洗伤口。经过一冬的精心照料，老人的伤好了，人也精神了。

转眼又到了春天，老人执意要走，王良只好送出门来。老人对王良说："孩子你的心比金子还珍贵，我有一支随身携带的竹笛，送给你做个纪念吧，只要吹响竹笛，就会称心如意，逢凶化吉。"

王良接过竹笛，老人转眼不见了。

王良把竹笛揣进怀里，下地干活去了。傍晚，王良坐在地头，迎着夕阳吹起竹笛。好美的笛声啊！吹得鸟停止了歌，水停止了流，风停止了吹，云停止了飞。夕阳迟迟不肯下山，月儿却匆匆地升上了天空。

卢沟河河主的三女儿素玉公主听见了这美妙的笛声，同侍女香云悄悄地升上了水面。她们躲在一棵老垂柳的后面，侧耳倾听着。素玉公主迷恋这日月同辉的黄昏，迷恋这萦绕在黄昏的笛声，更迷恋那吹笛子的青年，一时魂荡神摇动了凡心。

王良坐在地头吹呀，吹呀，直到肚子饿得咕咕叫，才收起笛子走了。

笛声渐渐地消失了，万物从沉醉中苏醒，夕阳骤然下山，夜已经很深了。

香云几次催促公主回宫，公主却恋恋不肯离去。香云看透了公主的心思，轻轻叹了口气："公主，人间虽然好，可春花秋月有了时，水宫虽然寂寞，却可以长生不老。再说，河主已经把公主许给孽龙王的第三子，三龙子的脾气公主是知道的，你同凡人结成眷属，他岂肯善罢甘休？"

公主流着泪说："只要能日日听到这美妙的笛声，我宁愿死在人间，也绝不嫁给三龙子。"说完，从口内吐出避水珠，交给了香云。

香云见公主断了回归水宫的路，知道再劝无用，和公主洒泪分别，

◎ 神笛的故事（一） ◎

走入水中不见了。素玉默默地离开了波光点点的卢沟河水，踏着月色，走近王良的破草房，轻轻地叩了几下门环。

王良打开柴门，看见面前站着一位如花似玉的姑娘，一下子惊呆了。素玉见王良傻呆呆地站着不动，自己就垂着头进了草房，坐在炕沿儿上。王良像做梦似的走进屋，偷眼看素玉一下，正碰上素玉那双含情脉脉的眼睛。王良觉着浑身热血翻涌，心怦怦地乱跳起来。

素玉嫣然一笑："王良，我本是卢沟河河主的三女儿，见你勤劳善良，早有爱慕之心，今夜听了你的笛声，更不舍离去。你我何不学那牛郎织女共建家园？"王良喜得心花怒放，他挽住素玉的手走出草房。他们以竹笛、明月为媒，拜了天地。素玉从头上取下金钗，在草房上敲了四下，两间破草房变成了四间敞亮的新砖房。从此，王良在地里耕地，素玉在家里养蚕织布。一晃三年过去了，他们生了一对儿女，日子越过越美。

再说香云回到水宫，把素玉的避水珠交给河母。河母一见泪如雨下，她平日最喜爱素玉，如今世上水中相见亦难，这件事万一传出去，女儿将死无葬身之地，她强忍悲痛传下命令，不许走漏半点儿风声。

一天，河主吃完早饭，到花园赏花，三龙子怒气冲冲地闯进来说："河主，你既然把三女儿许配给我，为何又送她到人间同凡人成亲？你难道存心欺我苦海父子？"

河主大吃一惊："三龙子息怒。小女一向在后宫伺候河母，怎么会到人间同凡人成亲？三龙子请坐，容本主命人请河母当面查问。"

三龙子暴跳如雷："河主，你用不着装糊涂。如今，孩子都生了两个。她既然无情，就别怪我不义！"说完，立刻回苦海点兵，向王良家杀来。

素玉正在家中织布，听见雷声震耳，觉着与往日不同，推开房门一看，知道是三龙子兴兵算账来了。一对儿女吓得哭喊着从外面跑回来，一头扎进妈妈的怀里。王良在地里干活，忽见雷声撼地，大雨倾盆，远处的卢沟河河水呼啸着涌上岸来。他惦记着妻子儿女，撒腿就往回跑。

翻滚的波涛夹着泥沙、石块，像一排排壁立的小山般砸下来。王良的家马上就要被洪水淹没了。就在这千钧一发之际，王良猛然想起竹笛。他抽出竹笛，迎着风拼命地吹起来。随着回荡的笛声，只见王良脚下的土地载着这处房屋慢慢地升起来，越升越高，离开了洪水的包围。

翻涌的洪水也不示弱，一个个浪峰像发了疯的野兽，但任凭浪凶水猛，始终淹不着王良的家。渐渐地，水退了下去，一道彩虹挂在蓝蓝的天上。素玉领着一双儿女走出家门，迎接手捧竹笛的丈夫。全家得救了，可是往日林茂草盛的平地却变成了连绵起伏的山岗，遥遥望去，像一排排凝固的海浪。山下的卢沟河像一条细细的带子，流向远方。

搜集整理：**赵美琳**

摘选自丰台区文化馆内部资料

卢沟桥与龙蛇龟兽的传说

卢
沟
桥
传
说

王良战胜了三龙子，高高兴兴地回了家。从此，他和素玉公主幸福地生活在这片随着笛声飞腾起来的土地上。

三龙子呢？败回龙宫，一头栽在水晶床上。他越想越气，只觉得一股怒火攻心，就大口大口地吐起血来。三龙子病重，急坏了老龙王。他命令最好的御医为龙子看病。药能医病，但不能医心。十几服药吃下去，血渐渐地不吐了，可三龙子还是起不来床。医生束手无策，龙王唉声叹气，龙宫被一片愁云笼罩着。

一日，四龙子忽然心生一计。他兴冲冲地来到三龙子床头："三哥，不用生气。只因王良手中有支神笛，我们有天大的本领也无用。常言道，'明枪易躲暗箭难防'。如果想办法拿到神笛，让苦海随着笛声飞升，准能淹没王良的房屋。要想拿到神笛须如此。"四龙子附在三龙子的耳边，轻轻嘀咕了几句。

三龙子精神大振。他立刻从水晶床上跳起来，摇身变成一位书生，登上卢沟河西岸的山岗，沿着田间小路向夕阳笼罩着的村庄走去。绕过一片绿林，他忽然看见一座高高的门楼。门楼上写着"听笛园"。

"笛"字使他的心一动，不由得轻轻叩了几下门环。一群娃娃蹦蹦跳跳地跑来开门。他们一看是一位陌生人，就一窝蜂跑到外面玩去了。

这是一座果园，累累果实压弯了树枝。一条曲径在园内绕来绕去，直通到一株老垂柳下。柳下有一间草亭，亭内坐着一位笑眯眯地摇着芭蕉扇的老翁。三龙子一看，正是王良。水中一日，世上三年。三龙子在龙宫病了半个多月，世上已经过了四十多个春秋了。王良怎能不老？

三龙子装出极恭敬的样子，走到王良跟前，深施一礼："老人家，我是赶考的书生。天快黑了，请您行个方便，留学生住一宿吧。"

"行，行！"王良满口答应，请他坐下。

"老人家，刚才我看见门楼上写着'听笛园'三个字，莫非园内常常有人吹笛吗？"

"老汉我有一支竹笛，无事常坐在亭内吹吹。不过这是为了纪念老汉我年轻时与卢沟河河主的三女儿素玉公主的一段奇缘。当年，我在地头吹笛，公主在这株柳后听笛，笛声使她动了凡心，使我们结成眷属……"

王良把他如何同卢沟河河主的女儿成亲津津有味地讲了一遍。三龙子每听一句都像钢针扎心，他的脸一会儿白一会儿青。幸亏已是暮色朦胧，王良并没有发现。

三龙子为了得到神笛，强压住心中怒火，装出十分好奇的样子说："想不到老人家有支神笛。学生从小十分喜爱吹笛子，吹过金笛、玉笛，从来没有吹过神笛，请老人家借我吹一支曲子。"

王良高兴地点点头，伸手就要从怀里往外掏，恰巧素玉过来叫他回家吃晚饭。素玉说："王良，神笛是你我联姻之媒，岂能随便借给别人？"王良一听，立刻犹豫起来。

三龙子抬头看见素玉。她依旧十分年轻美丽。这更增添了三龙子的仇恨。他见王良有点犹豫，忙改口说："既然如此，学生就不吹了，请老人家拿出笛子，让学生见识见识吧！"

王良觉着不好回绝，就把笛子从怀里抽出来了。三龙子眼疾手快，立刻从王良手中抢过笛子，化成一股黑烟跑回了龙宫。

三龙子得宝的消息像长了翅膀一样，不到半日，整个苦海都知道了。大家奔走相告，像过年一样热闹。

老龙王决定在珊瑚园宴请群臣，庆贺三龙子得宝。席间，请群臣聆听神笛，坐观苦海飞升。

珊瑚园里张灯结彩，笑语喧哗，一片花团锦簇。

三龙子在一片羡慕的目光里坐到水晶椅上，得意扬扬地把神笛捧起来，轻轻地放到唇边。整个珊瑚园立刻变得鸦雀无声。

三龙子吹了几下，没声。莫非用的劲儿太小？三龙子运足气力，使劲儿一吹，笛子里发出一阵吱吱啦啦的怪叫，震得大家头昏脑涨，不由自主地用手捂耳朵。

三龙子气紫了脸。他把笛子扔到地上，啪啪几声，笛子摔了个粉碎。

◎ 神笛的故事（二）◎

四龙子气得龙须倒竖，一计不成又生一计，并且要亲自出马。

他和三龙子立刻调了百万虾兵蟹将，昼夜不停地挖起隧道。他们要把苦海与王良居住的山岗沟通，把岗内掏空，让岗内变成一片地下海。

隧道眨眼挖好了，岗内也很快掏空了，苦海水一涌而入。山岗在水的浸泡下，一块块地塌陷。海水又从塌陷的地方涌出地面，形成数不清的喷泉。数不清的喷泉又汇成数不清的河流，拼命地冲刷着山上的泥土。

三龙子、四龙子为了让整座山岗早日毁灭，他们白天在地下海休息，晚上夜深人静时，他们就领着水兵到岗上兴风作浪。雨大、风急、浪高，一排排大浪夹杂着石头、泥沙冲毁田地，冲倒房屋，冲走牛羊……

一天深夜，王良睡得正香，洪水突然进了村。大人、孩子的哭喊声，牛羊的惊叫声交织在一起，响成一片。王良从梦中惊醒，水已经进了屋。王良立刻翻倒一张八仙桌，拉着素玉跳上去。他们坐在桌上，随着洪水漂流。

三龙子、四龙子在空中看见王良、素玉如此狼狈，立刻放声大笑起来。一时间，电闪雷鸣，风狂雨骤。王良和素玉坐的那张木桌像一片树叶在水上漂来漂去，眼看就要翻了。

突然，天上传来严厉的喝声："孽龙，还我的神笛！偿还百姓的性命！"随着喝声，一道寒光从云空飞下来，化成一把利剑，唰地刺进两条孽龙的脊中。血随着雨落下来，染红了四周的土地。

两条孽龙在空中挣扎着，慢慢地摔到了地上，刚一着地，就立刻化成两道连绵起伏的山岗。背上的利剑化成了一座宝塔。地上的洪水立刻退了。

王良、素玉惊呆了，忽然听见一个熟悉、亲切的声音："王良，孽龙已经镇在塔下。有宝塔镇岗，百姓可以代代安居乐业了。"

王良抬头一看，只见一位白发飘然的老人站在面前，老人满脸微笑。王良仔细一看，正是自己年轻时救护过的那位老人。王良不由自主地摸了摸自己的满头白发，正要开口，老人忽然不见了。

从此，宝塔镇孽龙的故事一代一代地传了下来，一直到今天。据说，风狂雨骤的深夜，走到塔下，还能听见孽龙的呻吟呢。

口　　述：**何　文**

整　　理：**赵美琳**

摘选自丰台区文化馆内部资料

卢沟桥传说

第十二节

大青二青三青

　　卢沟桥附近流传着一首民谣："大青不动二青摇，三青游到卢沟桥。"大青、二青、三青是什么？为什么说大青不动二青摇？为什么又说三青游到卢沟桥？这里头有这样一段民间传说。

　　离卢沟桥东边三里，有个五里店村，分东、西五里店，据说在清代这里是惜薪司的贮炭厂。

　　东五里店东头村北，有三座石碑，大小不同，都由上好的青白石刻成。建碑的年代已经久远了，碑刻的内容也模糊不清了，年深日久，慢慢地，附近的村里人给这三座碑分了大小，分别叫作大青、二青、三青。起早遛弯儿的人叫，下地干活的人也叫，叫来叫去，大青、二青、三青通了灵性，对人们给起的这个名字倒也满意。可是不知从什么时候起，这名字上边加了些不体面的说法，管大青叫"大傻青"！这个说法还没什么。管二青叫"二拨愣子"！管三青叫"三青子"！这"二拨愣子"和"三青子"可不是什么好话，这二青和三青就有点沉不住气了。更为可恼的是，竟有人管它们叫"王

◎ 卢沟桥西桥头石碑 ◎

八驮石碑"！"王八"是很难听的字眼儿，还有人认真解释说："孝悌忠信、礼义廉耻，无耻的人才叫王八。"这一来大青、二青、三青实在不能忍受了，心想：我们本来是龙王的儿子，是九个弟兄中最小的，父王也给起了响亮的名字，名叫"赑屃"，因为生得威武雄壮，又能负重，委派我们专司驮碑之事，也没什么怨言，可不该如此辱骂挖苦我们，因此，心中很是愤愤不平。

这一年山洪暴发，永定河决口，平地水深过丈，躲在墙上的人伸脚便能碰到洪水，龙王也无法控制。三青看到有机可乘，就鼓动大青和二青说："咱们干脆趁机会挪动挪动，省得在这儿挨骂。"大青毫不动心，说："咱们不能趁乱劲儿胡思乱想，再说父王让咱们驮碑，是要让好人流芳千古。"二青没说什么，可心里有活动气儿了，感觉在这里是受窝囊气。三青看出二青的心思，就说："大青不走，咱们躲开这个鬼地方，趁着夜深人静，趁着水大。"二青也同意了，就在这时三青一摇晃身子，碑掉了，倒了下去，三青游动起来，顺水游去。二青要摇晃，大青看到了，猛地喝道："二青，不能乱动。"二青虽然不动，可刚才的稍微一动，碑石倾斜了。

三青不听喊叫，顺着水往西游啊游啊，一直游到卢沟桥城南，还没找到一个可心的地方，可这时候公鸡叫了。三青怕触犯天规，就窝在城西南角了，丧荡游魂似的，孤零零地待在那里。

此后很长一段时间，卢沟桥城南角趴着一只石龟，却没有碑石。而五里店村东头的田地里，有一块倒地的碑石，却没有碑座；一座碑稍有倾斜；另一座碑安然无恙。

由此，卢沟桥附近流传开这首民谣。

搜集整理：锦　霖

摘选自丰台区文化馆内部资料

第十三节

三青落在卢沟桥

一

卢沟桥这边流传着一句老话，叫"大青不动二青摇，三青落在卢沟桥"。这是什么意思呢？原来啊，大青、二青、三青是弟兄三个，都是千年蛇仙。哥儿仨神通广大，而且心地善良，立志为百姓排忧解难。他们原来都在一起，后来大青在潭柘寺未动，二青落户在房山石窝，三青落在卢沟桥。这里我们暂且不讲大青、二青，单讲一下三青为什么落在卢沟桥。

卢沟桥下是滔滔的永定河，不知道什么时候起，河里来了一条恶龙。恶龙平时就在河里兴风作浪，淹没两岸的村庄和庄稼，闹得百姓不得安生。有的时候，恶龙还会化作人形，上岸抢男霸女，胡作非为。周围百姓为了生活安宁，只好忍气吞声，年年向河里投放整猪整羊，作为供品供其享用。

这样过了几年，附近几个村里的猪羊越来越少，大家担心一旦没了供品，恶龙又该出来为非作歹了，于是成群结队去潭柘寺进香，祈求神灵保佑。当时三青还和大青、二青一块儿住在潭柘寺，它听了百姓的哭诉，非常气愤，决心为民除害。三青到了卢沟桥，先去走访当地的城隍土地，要它们协助制服这条恶龙，然后托梦给河路厅地方官，让他们今年停止给恶龙投放供品，引它兴风作浪，以便将其除掉。地方官依计行事，三青和城隍土地伺机而动，准备制服恶龙。

终于有一天夜里，天空中乌云密布，电闪雷鸣，恶龙又开始兴风作浪了！周围的百姓在睡梦中被惊醒，纷纷披上衣服出来观看。只见昏暗的天空中，一龙一蛇搏斗正酣。龙，自然就是那条恶龙；蛇，乃是三青化身。恶龙一开始就呼风唤雨，咄咄逼人；三青避其锋芒，巧妙周旋。这一仗，从天上打到地下，从地下打到水里，又从水里打回天上，直打得天昏地暗、日月无光。打了许久，双方都又饿又累。附近的百姓早就恨透了恶龙，于是纷纷端出好吃好喝的慰劳三青。三青吃饱喝足，抖擞精神，回头再战恶龙。恶龙没吃没喝，早已无心恋战，虚晃几招，便想逃走。好一个三青，只见它大显神通，一下子把恶龙紧紧缠住，然后全身收缩，恶龙顿时浑身无力，瘫软在地，被恭候多时的城隍土地捆了个结实。

恶龙见了三青，连连求饶。三青说："饶你可以，但是，第一，以后不许为害百姓；第二，在河边勘察水位，一有汛情，立刻报警。"恶龙满口答应。为了让它有个安身之处，地方上给它在桥北东岸修了一座小庙，名为"回龙庙"。为了报答三青除恶龙的恩情，周围百姓请求官府拨银在桥西建了一座大庙，名为"大王庙"，大殿正中神位供的就是三青。庙里搭有戏台，每年汛期过后都要唱戏。到时候，百姓用八抬大轿抬着一条长有红冠的小蛇，吹吹打打，穿街过巷来看戏。那条小蛇呢，就是三青，趴在铺有红绸的托盘上用头在戏折子上点戏，点到哪出

◎ 暮色卢沟桥 ◎

就唱哪出。

从那以后，三青就再也没回潭柘寺，落在卢沟桥了。

根据郑福来手稿整理

摘选自孙涛主编2002年版《卢沟桥的传说》

二

卢沟桥宛平县城外，南城根底下躺着一只大石龟，浑身都是青的，就是肚上有点白，它的名字叫三青。三青身长八尺，长得壮壮实实。它还有两个哥哥，一个叫大青，一个叫二青。大青身长有三丈多，高有一丈五六。二青身长两丈，高也有七八尺。它们哥儿仨的老家都在房山县白玉堂，可后来各自到了一个地方：大青在房山，二青在石楼，三青在卢沟桥。它们怎么会在三个地方呢？这里有个"大青不动二青摇，三青落在卢沟桥"的故事。

原来大青、二青、三青都在房山县白玉堂石窝里住。早先它们是一整块受了日月精华的大青石，经过风吹雨淋崩成了三块，后来又由三块青石变成三只石龟。每到晚上就到处走、到处看，一到白天就蹲在窝里不动了。也不知经过了多少年，它们都学到了一点儿本事。

这天哥儿仨要比比武，大青说："咱们今天要爬爬香山鬼见愁，寅时出动，卯时回来，一个时辰打个来回，看谁先回家。"

二青和三青说："好。"

到了寅时，它们就出动了。大青身子重，走得慢，二青和三青都在它的前边了。可是到了鬼见愁，往回走时，二青和三青就不行了，大青倒先到了家。二青、三青好不容易才到了家。大青说："你们太浮躁，没有耐性，也没有长进，还得好好修炼啊。"

从此，哥儿仨又练起功来。二青听了大青的话，又练出一些功夫。可是三青贪玩，一直也没有长进。

到了明代，永乐皇帝要给自己修坟，坟地上要三只石龟当镇物。他找军师刘伯温来商量，到哪儿找三只石龟呢？刘伯温盘算了好几天，也没想出个路来。有一天，他做了一个梦，梦见房山县白玉堂有三只大石龟。他醒来一算，这三只石龟经过了多年的修炼，能镇住妖魔、降龙伏虎。而且房山正交午线，必是祥瑞之地。他想，这回可有镇物了，就和永乐皇帝说了。

永乐皇帝一听说房山有三只神龟，乐得嘴都闭不上了。他心想：这回有了神龟，我的坟地可以万年永存了，我的皇运也不怕妖孽来作乱了。于是就派刘伯温去请。

刘伯温装扮成一个老道，来到了房山县白玉堂的石窝。

大青、二青、三青见来了个老道，就知道是刘伯温。它们装作不知道的样子，问刘伯温："长老是哪洞神仙，何事到咱这石窝来？"

刘伯温说："我乃是长眉大仙，特向你们道喜来了。"

大青说："喜从何来？"

刘伯温说："如今燕王扫北，平定天下，安邦立国，要请你们去伴驾。"

三青问："伴什么驾？是让我们当文臣还是武将？"

刘伯温说："比文臣武将还要显贵。"

二青说："怎么个显贵法？"

刘伯温从道袍里掏出一张纸来，说："你们看。"

哥儿仨一看，是张坟图。前边是五间六柱十一楼的大牌坊，还有三洞红墙黄瓦的大宫门，周围还有偏殿，好不威风。

大青说："这不是一张坟图吗？和我们有什么关系？"

刘伯温说："皇上的旨意，正是要你们哥儿仨在这里镇守皇陵，永世伴在君王身边。"

哥儿仨一听，可就火了。它们想：原来是叫我们趴在那当镇物去，这没门儿。

大青说："谢谢长老，请告诉皇上，我们是山林野物，没有那个福气。"

◎ 美丽的卢沟桥（九）◎

刘伯温明白，这是不愿意去呀！他心思一转，又从道袍里拿出一个纸卷，说："大青、二青、三青听旨。"

大青哥儿仨一看，圣旨也出来了，那就听着吧。

刘伯温念道："朕要修皇陵，宣大青、二青、三青立即下山进京，不得有误。"

三青听了有点没主意了，二青想看看大青怎么想。大青说："我们是得道神龟，圣旨管不着我们。"

刘伯温没法儿，一气之下就回了北京，到了皇帝面前，狠狠告了一状。永乐皇帝更是气得发昏。他想：这些石龟好大的胆子，连我的圣旨都敢不听了，这还了得！于是立刻传旨，捉拿归案。

刘伯温带着上千兵将、几百匹高头大骡子，浩浩荡荡直奔房山来了。

再说大青、二青、三青把刘伯温气走之后，心里十分痛快，可是它们也料到刘伯温不会善罢甘休，就商量起办法来。二青、三青没有主意，专听大青的。

大青说："刘伯温这回可能要动硬的，咱们给他来一个按兵不动。不管他使什么法儿，咱们就是不走。"二青、三青说："好！挺着，看他怎么着。"说完它们就在石窝里卧了下来。

刘伯温带领人马来到了石窝，看看没有动静，就高叫一声："大青、二青、三青，你们违抗圣旨，都给我滚出来！"

等了一会儿，一点动静没有。刘伯温下令说："拉！"先用十股碗口粗的大绳，把大青捆起来，套上骡子就拉，一拉，不动，再拉还是不动。刘伯温就使了法术，往骡子屁股上吹气，这几百头骡子猛地一蹦，十股大绳一下全断了，可大青呢，一动也没动。

刘伯温没法儿，又用十股大绳把二青捆起来，套上骡子猛拉，拉了几次都没动窝。刘伯温又使法术向骡子屁股吹气，这些骡子又是猛地一蹦。二青一下没撑住，摇动了起来。这一摇不打紧，却让骡子顺势蹿了出去。这一蹿，足足蹿出了50里地。到了石楼，就在骡子一喘气的工夫，二青再也不动了。

刘伯温心想，大青不动，二青总算动了一下，这两个拉不去，就是拉个三青也好，于是就去拉三青。刘伯温用了16辆链子车，又加了100头骡子，三青功夫浅，三拉两拉就给拉走了。

说也奇怪，链子车、骡子队起初拉得还挺顺利，后来就越来越沉，越拉越吃力，一过卢沟桥就说什么也拉不动了。刘伯温又用法术吹，可吹也不行，牲口蹦不起来了，后来看看实在不行，就把三青扔下车去。刘伯温想：你不跟我走，我也不让你爬。乌龟怕翻个儿，刘伯温就给三青翻了个儿仰八脚儿放在那里，再也动不了啦。

从此以后，大青在石窝，二青在石楼，三青就落在了卢沟桥。

搜　　集：**北京传说故事采风队**
整　　理：**晨　子**
摘选自丰台区文化馆内部资料

第十四节

受皇封的龟

卢沟桥有只驮着石碑的大石龟，可别小看这只石龟，它的来历可大不一般，据说它还受过皇封，为治理永定河立过大功。

那是早年间的事了。当时永定河常闹大水，连北京城里的皇帝都知道了，多次派人去修河治水，可是派去的人都灰溜溜地回来了，说河中流沙太多，没法儿治理。皇帝很不高兴，到了晚上，他做了一个梦，梦见一个仙人对他说，卢沟桥有管理河水的能人。

皇帝这下可高兴了，马上招集大臣来商议，让他们到卢沟桥去寻访能人。很多天过去了，能人也没找到，皇帝大怒，派出十个大臣亲自去找，限期十天，如找不到就一律斩首。

这些大臣到处寻找，过了七天还是没找到，就纷纷逃跑了，只剩下一位年老的大臣没跑，在家守着病重的老母亲长吁短叹。老母亲知道了他的愁事，就对他说，卢沟桥附近有一个石匠，世代居住在那里，可以找石匠打听一下。

大臣听了很高兴，就赶到石匠家去打听，那石匠也不知道，就带大臣去找自己的老祖父。老祖父已经很老很老了，听了大臣的话，想了老半天才说："要说能，就得数那只石龟了，它能定桥也能定沙，听说它

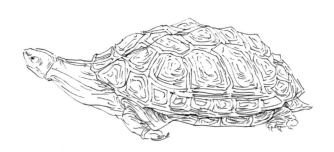

◎ 受皇封的龟 ◎

本是龙太子呢。"

　　大臣听了，连忙到皇宫去见皇帝。皇帝见只回来他一个人，本来很生气，可听说石龟能定流沙，心中很好奇，就赏了大臣，自己亲自到卢沟桥来观看石龟。

　　他站在石龟前面仔细打量着，忽然看见石龟张开了嘴说："皇上，你要治理河水不难，不过光堵缺口不行，得先修河道，修好河道流沙就会顺流而下，河水就不会泛滥了。"

　　皇帝一听觉得有道理，就高兴地点点头，可是见到随从的大臣都傻呆呆地站在那里，一问才知道，原来他们什么也没听着。皇帝心中更是得意，知道这石龟确实大有来历，就连忙派人征集民工修整河道。

　　由于这次是皇帝亲自下的圣旨，所以卢沟桥上游的河道修得十分牢固。可是督管的官员贪污了不少钱财，修到卢沟桥后就没有钱了，所以下游仍是很不牢固。可是水一过卢沟桥就淹不了北京城了，皇上也没有过问。从此，人们都把卢沟桥上游称为"铜帮铁底"，下游称为"糟帮泥底"。

　　皇帝听说河道修好了，就亲自来察看，见到河水果然浩浩荡荡地向南流去，没有一点阻挡，河中的流沙也分成几路顺流而下，没有一点堆积，心中非常高兴，就封了石龟为护河龟。

　　从此，那只石龟就日夜守护在卢沟桥桥头，两只眼睛总盯着河水，还真像个尽职的朝廷命官的样子呢。

　　　　讲　　述：**刘泽玉等**

　　搜集整理：**魏俊良　彭小真**

　　摘选自丰台区文化馆内部资料

第十五节

定桥龟

卢沟桥桥头有一只大石龟，它伸着脖子、抬着头，眼睛凝视着前方，背上还驮着一块巨大的石碑，据老人讲，这就是卢沟桥的定桥龟。

说起这只龟来，那还是老早的事了。永定河有一个龙王，生了九个儿子，唯独其中的七太子又黑又丑，不得龙王喜爱，于是龙王就老打发他到一边去玩。七太子见父王不喜欢他，也知道自己长得难看，就干脆谁也不理，每天躲在龙宫的后花园里舞枪弄棒，不知不觉地练得力大无穷、武艺高强。

有一次，龙王和山神发生了口角，山神一生气就把一座小山搬到了河中，正好堵住了出水的泉眼。龙王大怒，带着几个儿子去搬山，可是八个儿子一齐使劲也弄不动；想发水把山冲垮，可泉眼被堵住了，水越来越少，气得龙王和八个儿子大骂山神。

七太子正在后花园练武，听到吵闹就出来了。看见了山，他没说话，伸手到山脚下一掀，山一下子被掀倒了，河水猛地涌出，眼看就把山淹没了。山神看了挺不服气，就想再把山翻过来，可使出吃奶的劲儿来也搬不动。他又叫来了两个力气最大的兄弟一起搬，那山仍是一点不动。山神到山上一看原来是七太子躺在山上睡大觉，把山给压住了，山神这才知道七太子太厉害了，于是乖乖地溜走了。

这座山就是现在永定河上游的卧龙山，据说还有人见到七太子卧过的痕迹呢。再说七太子为龙王立了大功，满心以为能得到父王喜爱，可想不到龙王还是不喜欢他。七太子心中烦恼，没事就躺在一旁睡大觉，渐渐地，背也驼了，肚子也大了，变得像只乌龟一样，八个兄弟一见他就叫他黑龟。七太子虽然力大无穷，可心肠厚道，不愿和兄弟们争吵，可心里有气没处撒，就使劲到处乱拱乱钻。他本来力气就大，河底让他拱得坑坑洼洼的，背上的茧子也越磨越厚，比真的龟甲还坚硬，真成了

◎ 定桥龟 ◎

一只乌龟。

　　有一天，永定河里来了一条恶龙，老龙王和八个儿子都被恶龙打败了。恶龙万分得意，就到处兴风作浪，大水冲垮了堤岸、淹没了村庄，到处一片汪洋。老龙王这才又想起了七太子，连忙去找他。七太子正钻在河底睡大觉，根本不知道外边的事，现在见到父王亲自请他出去御敌，心里十分高兴，就去找恶龙算账。那恶龙哪里是七太子的对手，连逃命都没来得及就被七太子杀死了，不过七太子也受了伤，背上被恶龙抓得横一道、竖一道地流着鲜血。

　　老龙王一见恶龙死了，高兴地回到龙宫大摆酒宴庆贺，又把七太子忘到一边去了。七太子呢，虽然杀死了恶龙，自己又受了伤，可看到河水四处泛滥，父王只顾回宫饮酒，又急又气，只得一人四处巡视，好不容易把四处泛滥的河水收回来，但是河东的大堤已被冲垮，仍在一块块地往下掉土，就急忙找大石头来堵。他从山里驮来一块块巨石，从河底码起，一直码到堵住河水时，也不知道到底跑了多少趟，才把东堤重新筑好。至今，永定河东堤仍然坚固异常，说起来还是七太子的功劳呢。

　　七太子筑好了东堤，又来到山下，想再多弄些石头放在河边备用。可到了山脚下，他实在又乏又累，趴在那边就睡着了，正巧山神路过，见到七太子睡在那里，就起了坏心，把一块巨石推了下去，一下子砸在了七太子身上。七太子被砸得不轻，哇地一下吐出了鲜血，他抬起头来想赶紧爬出去。就在这时，卢沟桥也快被水淹了，大水冲得桥身直晃。

原来，七太子睡着了，龙王又正在喝酒，河水被堵住决口后没人镇住水势，就一个劲儿地向卢沟桥冲去。七太子大吃一惊，心中责怪自己不该偷懒睡觉，差点儿误了大事。他就又驮着背上的大石向卢沟桥爬去，想用背上的大石定住桥身。爬呀，爬呀，七太子觉得背上的大石越来越沉，自己的身子也逐渐变得僵硬，越爬越慢，等到了卢沟桥桥头，他就更没劲儿了，伸长脖子挣扎了几步，就再也动不了了，变成了一只大石龟，驮着一块大石碑。

河水一见七太子上了桥头，吓得连忙退了回去。水势退了，卢沟桥保住了，可七太子再也不能回到龙宫去了。

据说，老龙王见到七太子变成了石龟，才想起七太子的种种好处，非常伤心，就连夜带着几个儿子飞上天空，翻腾起舞，长啸作歌，祭奠七太子。七太子听到了很是高兴，伸着脖子、抬着头，睁大眼睛看着。

现在，定桥龟还保持着那个姿势，传说是七太子还在盼着能见到自己的父王和兄弟们呢。

搜集整理：**魏俊良　彭小真**
摘选自丰台区文化馆内部资料

第十六节

镇水犀牛的来历

在很久以前，卢沟桥边有一只镇水犀牛。据说这只石头镇水犀牛的来历，比卢沟桥还要早不少年呢。

那时候，永定河水还很清，流势也缓。水中鱼虾成群，岸边土肥草美，是个物产丰富、风光秀美的好地方。

附近的百姓都说，河中住着一只水犀牛，它是这里的河神。每到夏、秋水涨的时节，水犀牛就在夜里出来巡视，浑身发出柔和的白光，所到之处，水势就会平缓下来。由于水犀牛镇住了河水，两岸百姓才得以安居乐业，所以人们都很尊敬河神水犀牛，经常给它烧香上供表示感谢。

在河东岸有个小村，住着一个勤劳勇敢的青年，名叫石牛。他自幼父母双亡，靠着一条小船捕鱼度日。河中鱼虾很多，他又有好水性，日子倒也过得无忧无虑。他每天除了捕鱼捉虾外，就是游水练武，不知不觉间长成了一个身强力壮、武艺过人的棒小伙儿，尤其是一杆鱼叉使得十分出众，不管多远，只要看见大鱼，一叉飞去准能捕获。

石牛虽说长大成人了，但是一直牢记着乡亲们对他的抚育之恩，所以总是尽力帮助乡亲们排忧解难，关心照顾四邻老少。乡亲们都很喜爱他，叫他"陆地河神"，将他和河中的水犀牛一样看待。

石牛呢，他也早就听过河神水犀牛的故事，很敬仰这只水犀牛，所以一直学着水犀牛的样子为两岸乡亲做好事，心里还一直希望见见水犀牛，跟他交个朋友，好多学点本事。

这年夏天，河水突然暴涨，变得浑浊不堪，乡亲们也一直没见到河神水犀牛出来镇水，都感到不安起来，连忙烧香上供。可是一连几天，只是在夜里听到风呼水啸，却一点儿不见河水下降。俗话说"靠山吃山，靠水吃水"，乡亲们不能下水捕鱼，活路就断了一半，就一齐来找

卢沟桥与龙蛇龟兽的传说

石牛商议。

石牛这几天也没下水捕鱼，见到乡亲们来找，心想：自己父母死后，全靠乡亲们拉扯大，现在遇上了难处，自己理应挺身而出。于是他就答应乡亲们去下水，看看究竟是什么东西在水中作怪。

石牛驾船来到河里，只见河水浊浪翻腾，把小船晃得像片树叶一样忽上忽下，还不时地听到一阵阵怪吼。他定睛望去，只见不少大个儿的鱼虾在浪头里瞎蹦乱跳，好像是在匆忙逃命一般。这是来了什么怪物？连这些鱼虾都吓成这样。他艺高胆大，就摇着小船向浪头最大的河中冲去。

到了河中，浪头翻腾得更凶了，像小山似的向他压来。他使劲睁眼望去，只见两股大浪好像在打仗，一股白的，一股黑的，互相撞击着，中间还夹杂着吼声。石牛心中一惊，心想莫不是河中真来了怪物，河神水犀牛正在同它拼斗？就连忙驾着小船乘浪向着那股黑浪冲了上去，只听到"轰"的一声，小船就像撞到了小山一样，一下子退回好几丈远。石牛心中不由得一惊，猛然间，只见水面上白光一闪，一个白乎乎的东西掉进了小船中。石牛一看，原来是个遍体鳞伤的小伙子，他躺在船上说："石牛，快帮我一把。"石牛一看是个人，心里又佩服又恨。他佩服这个小伙子，敢在这么大的水中与怪物拼斗，更恨那个怪物竟敢行凶伤人。

正当石牛要去扶小伙子时，那股黑浪又高高掀起，向他扑来。石牛一眼望去，看清是个黑光油亮的怪物，猪嘴獠牙，眼睛像两个小灯笼，放着蓝色的凶光。他心中怒火上升，心想原来就是你这个怪物在作怪，害得乡亲们不能打鱼，又险些害了这个小伙子的性命。石牛就把手中的鱼叉一抖，冲着那怪物的眼睛掷去，只听得一声怪吼，那怪物跌回水中去了。

石牛知道这怪物伤得不轻，有心下水去追那怪物，可又放心不下船中的小伙子，只好先把小船划回岸边，背起小伙子跑回家中。

小伙子一会儿就醒了过来，拉着石牛的手说："谢谢你救了我的命，早就知道你是条好汉，真是名不虚传呀！"石牛一听忙说："别夸了，比起你来，我可差远了。就是不知道那是什么怪物，也不知它伤得怎样，等你养好伤，咱们一块儿去斗那怪物，准能把它杀了！"也不知为什么，石牛一见这小伙子，就像见到亲兄弟一样，好像他们早就认识了。

那小伙子一听石牛的话，忽然叹了一口气，说："唉，你太善良啦，既然伤了怪物，为什么不追上去杀它，只要它还有一口气，用不了几天就会养好伤，那时再想杀它就不容易了。"

石牛听了也不分辩，只是连连点头称是。小伙子又说："我知道你是为了救我才没去追那怪物，可是错过这个机会太可惜了。那怪物是只南方来的母猪龙，非常厉害，我同它斗了几天几夜了，今天要不是你来帮助我，我非得丧命不可。不过，要不是它同我斗了这几天，又不知道你武艺高强，没有防备，你恐怕也伤不了它。你要是当时不管我去追它，它伤后无力，真没准儿能把它除了，岸边的百姓也就能平安度日了。"

石牛一听，就要去找怪物，小伙子拦住了他，告诉他来不及了。石牛后悔得握着手里的鱼叉直跺脚，这时才发现，鱼叉的夹齿上还插着一个大肉球，原来是那个怪物的眼珠被石牛扎下来了。那小伙子又惊又喜

◎ 镇水犀牛的来历 ◎

地说："这下子那母猪龙伤得不轻，不过它要再来就得更拼命了，咱们要是除不掉它，恐怕两岸乡亲们就再也没有安生日子过了。"

原来，这小伙子正是河神水犀牛。那母猪龙一日从南方到此，一看河中鱼虾成群，两岸风光如画，比自己南方的青龙潭强多了，就想强占这条河。水犀牛当然不答应，就同它斗了起来，这一斗，河水就变得又浑又脏，水势也暴涨了。这母猪龙不但凶猛异常，而且有着使不完的力气，越斗越凶，要不是石牛赶来，水犀牛还真不成了。

石牛一听小伙子就是水犀牛，高兴极了，而水犀牛也早就知道石牛的大名，两人就一齐商量对付母猪龙的事。这时，乡亲们也来到石牛家打听消息，一听此事，也都要帮助他们除去母猪龙，夺回永定河。水犀牛一见乡亲们这样热心，当然很高兴，就同他们约定，待母猪龙来时，多准备石灰和石头，帮助他和石牛。

过了没几天，水犀牛的伤好了，就和石牛领着乡亲们沿河修堤筑坝。在堤坝顶上准备好不少石灰和石头，石牛就准备到河中去寻找母猪龙决斗。没想到母猪龙这时伤势也好了，气势汹汹地来到坝下找石牛报仇。

仇人相见，分外眼红。母猪龙掀起巨浪冲向坝岸，还大吼大叫着叫水犀牛和石牛下水同它决一胜负。可是水犀牛只是指挥乡亲严阵以待，一见母猪龙冲到岸边，就往水中扔石灰、石头。原来，水犀牛知道母猪龙穷凶极恶、力大无穷，就是和石牛两人合力也不一定能胜它，所以先和乡亲们一起耗费它的力气。

只见石灰一入水中，河水就沸腾起来，呛得母猪龙手忙脚乱。石头虽然砸不死它，可众乡亲一齐扔，也砸得它晕头转向。它越来越怒，不由得飞身腾起，从半空中向岸上扑来，随身刮起的狂风把乡亲们吹得站立不住，都趴在地上。

这时，只见水犀牛大吼一声，现出原形迎了上去。原来它是一只体白如雪的犀牛，浑身像宝玉一样发出柔和的白光，头上的犀角像宝剑一般锋利无比，寒光闪闪。石牛一见，也大吼一声，挥动着手中的鱼叉向母猪龙叉去。就这样，石牛和水犀牛合力斗起母猪龙来，从岸上斗到水里，又从水里斗到岸上，斗得天昏地暗，血水迸溅。也不知过了多长时间，风声、吼声才渐渐平息下来。乡亲们偷眼望去，只见石牛和水犀牛都浑身淌血，成了血人，可是石牛的鱼叉仍然紧插在母猪龙的那只独眼上，双脚紧踩着母猪龙的头。水犀牛呢，只见它四只大蹄子踩住了母猪龙的尾部，大嘴紧紧咬住母猪龙的腰不松口。

原来，母猪龙虽然拼命了，可到底还是被石牛和水犀牛打败了，只剩一口气硬撑着没死。不过，水犀牛和石牛也累得一下也动不了了，只是牢牢制住母猪龙不放，也没力气再杀死它。乡亲们一看，急忙冲上来帮忙，眼看就要来到母猪龙身边时，只听一声惨叫，母猪龙的半个脑袋和前半截身子飞了起来。原来，母猪龙一看乡亲们来了，又急又怕，拼着一死往上一蹿，可是石牛和水犀牛也在拼命用力，母猪龙的身子顿时成了三截，再也活不成了，尸身落入河中。水犀牛和石牛也用尽了全力，"哇"地一下各自喷出一大口鲜血，再也支撑不住，身子晃了几晃，也跌入滚滚河水中，被河水卷走了。

乡亲们望着被血水染红的河水万分悲痛，含着泪水雕了一只镇水犀牛安置在河边。这只犀牛是用来纪念石牛和水犀牛的。据说，每到夏、秋河水上涨时，人们说这是石牛和水犀牛又回来了。

后来，镇水犀牛随年代消失了，直到最近才被人们发现，于是人们又想起了这个传说。

搜集整理：**杨明瑞**

摘选自丰台区文化馆内部资料

第一节

卢沟晓月

"卢沟晓月"是"燕京八景"之一，自从乾隆题了碑就更加有名了。

这块石碑在卢沟桥东头立着，周围还有四根盘龙宝柱护着。据说，这四根柱子上原来还有个宝顶，叫皇亭子。"卢沟晓月"这块碑是怎样题下的呢？民间有这么一段传说：

从前，卢沟桥这地方十分荒凉，桑干河一片浑浊，号称"小黄河"，时常泛滥。可是自从有了卢沟桥，河水就变清了。但当地人说，卢沟桥的神奇还不在这里，在于这地方的月亮比别的地方出得都早。别处初一、初二看不见月牙，卢沟桥这地方，每到初一、三十晚上就能看见月亮，大年三十夜里看得更加真切。一到五更，东南方向就衬出一弯明月，渐渐上升，照得桥上的石狮子都清清楚楚的。不过，这种奇景只有两种人才能看到：一种是15岁以下的童男童女，一种是大命之人。人们都这么传说，传来传去这话慢慢传到了乾隆皇帝的耳朵里。

乾隆是个好游山玩水的人，他几次下江南都从这桥上路过，可是就没有看见这种奇景。如今，他听说卢沟桥的月亮有这么神，又觉得自己是大命之人，就打算专程去瞧瞧。

这天，正是大年三十晚上。乾隆想这可是到卢沟桥看月亮的好时候，于是就叫人预备八抬大轿，说是要上卢沟桥。这时宫里正忙着过年，一听皇上要上卢沟桥，大家都愣了。照老规矩，这天无论谁也不能离开皇宫。今天，皇上怎么突然要上卢沟桥呢？这不是发疯了吗？可是皇上下了命令，谁敢说个"不"字？只得照办。于是就用八抬大轿把乾隆抬到了卢沟桥。

宛平县令正在忙着过年，一听说皇上驾到，吓了一身冷汗，赶紧点上灯笼、火把，列队迎接。

乾隆下了轿二话没说，直奔卢沟桥上，众人也都随了上去。这时乾隆两眼直直地向东南方向望着，可是只见星斗满天，却不见卢沟明月。乾隆十分扫兴，询问左右："怎么不见月亮？"左右也不知来由，只好上前瞎说一气。有的说，灯笼、火把多，看不清楚。乾隆一听，觉得这话有理，立即下令把所有的灯笼、火把吹熄。顿时，卢沟桥变得一片漆黑，只有一片寒星照着那河水。乾隆又使劲望了一气，还是没瞧见。他心里发起急来，叫来宛平县令，大声斥道："你这个官是怎么当的？这卢沟桥不是三十晚上出月亮吗？"

　　县令连忙说："是，是！"

　　"那为什么看不见？"

　　"小的也只是听说，这月亮只有大命之人才能看见。"

　　乾隆想，我是一朝之主，命还不大？怎么会看不见呢？这一定是瞎说。可是又一想，我兴师动众来看月亮，要说看不见，还称什么大命之人呢，岂不叫百官耻笑？想到这里，就说："你们都退下，叫我仔细看看。"左右退在一边，他自己在桥中间往东南方使劲地看，看着看着，就觉得仿佛有一弯明月挂在天上，他仔细看着，越看越觉得真有月亮。于是他叫来左右，说："你们看月亮，月亮就在那里。"

　　众人个个上前，也都看了一会儿，可是谁也没看见。乾隆在那里还

◎ "卢沟晓月"石碑 ◎

一个劲儿问："看见没有？看见没有？"众人齐声说："我们命薄，没有眼福。"乾隆听了更是高兴，觉得自己确是大命之人。随后，他吩咐说："给我预备笔砚，我要写诗。"宛平县令急忙令人抬出雕漆书案，呈上文房四宝，灯笼、火把立刻点亮起来。乾隆坐在那里沉思，一会儿背诵："河桥残月晓苍苍，照见卢沟野水黄。树人平郊分淡霭，天空断岸隐微光。"一会儿吟咏："河声流月漏声残，咫尺西山雾里看。远树依稀云影淡，流星寥落曙光寒。"想从中找点好句，可是吟来诵去，都不满意。

这时，有一个臣子说："陛下，臣闻徐渭有一首竹枝词，不知可用否？"乾隆说："讲来。"这位臣子放声吟道："沙浑石涩夹山椒，苦束桑干水一条。流出卢沟成大镜，石桥狮影浸拳毛。"

乾隆没等听完就摇了头，他觉得徐渭这首诗写得太凄凉了，应该写出这卢沟幽美的月色才好。另有一个翰林看出了他的心思，上前说："臣有几句不知如何？"乾隆说："讲。"

翰林吟道："霜落桑干水未枯，晓空云尽月轮孤。一林灯影稀还见，十里川光淡欲无。"乾隆一听，连说："好，好。"他当即想了一下，随后提起笔来，写了四个大字："卢沟晓月。"

众人一看，齐声喝彩，急忙吩咐刻碑。就这样，这块"卢沟晓月"的石碑就立在了卢沟桥桥头。从此这处风景也就出了名。

搜　　集：**唐天然**

整　　理：**晨　子**

摘选自丰台区文化馆内部资料

第二节
三十晚上看月亮——乾隆赏月

有一年夏天月末，吏部天官刘墉陪同乾隆到南苑海子墙里打围。回来时，乾隆说："朕好长时间没去卢沟桥了，今天天色还早，咱们绕远点走一趟。"君臣骑着马，带着猎物，顺着东河堤来到了卢沟桥龙王庙行宫。

吃过晚饭，天气特别闷热，君臣漫步来到东桥头乘凉。乾隆说："朕前几年路过这里，当时正值初秋，仰望蓝天，疏星淡月；远眺河水如带，西山时隐时现；俯桥眺水，月亮光照在水面，像镜子一样明亮，真好似身临仙境。朕触景生情，写了'卢沟晓月'诗。等一会儿月亮出来，朕要再写一首夏季美景，咱们君臣乘凉的诗！"随从大臣纷纷叫好。前来接驾的宛平县令赶紧接着说："凡是从这儿经过的文人墨客，看到万岁爷的诗无不赞叹，都说写得景美情深，是诗中极品啊！"

这帮大臣光顾着逢迎皇上，谁都没想起来今天是农历月末三十，根本没有月亮的。乾隆当时说完也明白过来了，可是已经晚了。皇上说话

◎ "卢沟晓月"夜景 ◎

卢沟桥与皇帝、臣子的传说

是金口玉言，不好改口啊。

刘墉躲在一边没敢言声，心说："今天算完了，回不了家了，等月亮出来得等到什么时候呀！该怎么办呢？"就见他罗锅一挺，主意来了。等一会儿，他开口问乾隆："万岁，月亮该出来了吧？"乾隆心想：你不是也长着眼睛吗？干吗问我呀？你这不是成心吗。乾隆没有言语。

刘墉紧接着又问乾隆："万岁，月亮出来了吗？"乾隆心里这个气就大啦，心说：刘罗锅你这是想叫朕当众出丑啊，今天是什么日子，月亮能出来吗？

刘墉又说："皇上，您是真龙天子，是大命之人，月亮出来不出来您都能看得见。臣等是凡夫俗子，肉眼凡胎，不问您问谁呀？"

这时，乾隆醒悟过来了，就见他使劲向天空眺望，隐隐约约地觉得有一弯月亮挂在天上，于是赶紧说："朕看见啦！你们看，那不是月亮出来了吗？"随行大臣们都睁大两眼、踮着脚看，可什么也没看见。

刘墉赶紧又给乾隆找台阶下，说："万岁，凉风刮起来了，该起驾回宫了，娘娘等万岁回去，恐怕都等急啦。"

乾隆说："对对，咱们是该回去了。"

说完，众官员簇拥着乾隆，顶着满天的星光起驾回宫了。

根据郑福来手稿整理

摘选自孙涛主编2002年版《卢沟桥的传说》

乾隆与斩龙剑

提起卢沟桥，人们就会想起乾隆皇帝的御笔亲书"卢沟晓月"。这"卢沟晓月"虽早在金代就名列"燕京八景"之一，但真正名闻天下，还真亏了乾隆呢。

不过，乾隆最初到卢沟桥时，可并没有这番闲情逸致，不但没有欣赏到美景，还险些送了性命。至今，卢沟桥一带还流传着乾隆初到卢沟桥时的传说。

那还是乾隆登基不久的时候，他最喜欢游山玩水、微服私访。一天午后，宫中又闷又热，乾隆就悄悄和刘罗锅溜出皇宫去游玩。由于私自出宫，所以也没带护卫，只是随手抄起了他那柄龙泉宝剑作为防身之用。

君臣二人雇了两头毛驴随意往西走，不知不觉来到了广安门外。刘罗锅对乾隆讲起了卢沟晓月，乾隆一听龙颜大悦，扬鞭催驴就向卢沟桥奔去。一路上二人张口闭口卢沟桥，尤其是刘罗锅背诵起明代诗句"浑河东去日悠悠，斜月偏直入早秋。曙色微涵波影动，残光犹带浪花流"时，乾隆更是喜欢得不得了，恨不得一步跨上卢沟桥。

小毛驴的腿脚也的确挺快，没用多大工夫就来到了宛平县城。君臣二人刚刚出了宛平县城，身后就"哗啦啦"一阵声响，城门紧紧关了起来。二人不由得一愣，心想这是怎么回事？正在琢磨呢，就听到街上乱哄哄一阵吵嚷。人们都挤到城门口来，君臣二人夹在人群中也走不动了。

原来，今天君臣二人来得不是时候，正赶上永定河恶龙闹水。大水马上就要漫上东堤，城上官兵紧闭城门，抢运沙袋准备堵水。这还正是乾隆的圣旨啊：无论水势多大，也不准淹了北京城。城上守军只知圣旨，哪管百姓死活，可谁想得到能把皇帝也关在外面呀。

乾隆一听大水马上就到，吓得魂飞胆破，拉着刘罗锅就要砸城门。刘罗锅一看，忙说："不可，咱们是微服出游，谁认得你是皇帝呀，守军早有命令，闹事者立斩，要误伤了陛下可就全完了。"乾隆一听就急了，说："我有御剑在身，谁敢不敬，杀无赦！"刘罗锅一听又说："那就更不行了，陛下一亮明身份，官兵当然不敢犯上了。可眼下百姓都急红了眼，一看见皇帝见水都逃命，他们不更得逃了。皇帝，皇帝，万民之主嘛。"

乾隆一听又急又恼，心想：刘罗锅呀刘罗锅，都什么时候了，你还耍嘴皮子，回去我非斩了你不可。可眼下他还真没主意，他身为皇帝，怎能不知道百姓要是急了，那可比洪水厉害多了。没办法，只得再向刘罗锅要主意。

刘罗锅一见乾隆问他，嘿嘿一笑说："我大清朝以弓马得天下，历代君主都英武过人，陛下更是文采过人、英武盖世，难道还怕什么小小恶龙？更何况邪不压正，陛下乃真龙天子、一代英君，恶龙再胆大，也不敢逆天意而行呀。"

乾隆一听这话，心里倒也受用，他向来以圣明英主自居，刘罗锅的话正说到他心坎儿里了。不由得手扶剑柄跃跃欲试，不过他还是有点不放心，问刘罗锅："咱们这就到卢沟桥去斗那恶龙吗？"刘罗锅就等着

◎ 美丽的卢沟桥（十）◎

听这句话了，马上跪下说："臣领旨！"乾隆不由得一愣，心想这小子又在玩什么鬼把戏，刚才还不让我暴露身份呢，怎么转眼就变了？正在琢磨，只听得刘罗锅扯开大嗓门儿喊上了："众军民听清，圣上巡游至此，闻知恶龙作乱，欲御驾亲征，去斗恶龙，众军民不得惊慌，随同圣上去斗恶龙，退后者斩！"

百姓和守军一听皇上来了，还要前去斗恶龙，齐呼"万岁"！争先恐后又向卢沟桥冲去。乾隆至此是骑虎难下，也只得硬着头皮向前了。刘罗锅跟随在后说："陛下莫慌，那龙泉宝剑乃是兵刃中的至宝，专斩妖邪，再说有为臣和众军民保驾，要是真发了水，为臣用头顶也得保陛下脱险。"

乾隆心知胆怯也没用了，倒不如前去斩了恶龙，也好扬威显名，更得万民拥护。他也知道刘罗锅见多识广，且手中龙泉宝剑也非凡物，又见众军民前呼后拥，奋勇争先，胆气也不由得壮了几分，手举着寒光闪闪的龙泉宝剑大步走上卢沟桥。

只见那永定河浊浪翻滚，奔腾呼啸，河流中有一团黑雾上下翻腾，眼看河水就要漫上卢沟桥、冲垮东大堤了。他不由得龙颜大怒，龙泉宝剑直指河中，大声喝道："何方妖孽，胆敢为非作恶，惊吓百姓，快快退去，朕饶你一条性命，否则朕的龙泉宝剑专斩妖邪！"

要说那龙泉宝剑也真有威力，剑锋指处，河水纷纷退下，现出一条恶龙的身形。恶龙哈哈大笑着说："原来是真龙天子驾到了，失迎，失迎。不过你虽为一朝君主，遇到我真龙现身，恐怕也难讨便宜，还是把宝剑留下，逃命去吧！"

说着，恶龙涌起一股冲天巨浪向乾隆扑来。乾隆虽说自幼就苦练武功，能射虎擒熊，但还没见过恶龙这般凶猛的怪物，不由得头晕目眩，一声惊叫，手中龙泉宝剑落入永定河中。谁知道那恶龙正在此时向乾隆扑来，龙泉宝剑正好落在恶龙身上，只见寒光一闪，血水迸溅，恶龙被齐齐地斩为两截。永定河水顿时变得通红，一条巨大的龙身被洪水卷着冲到了一个土坡上，从此留下了"晾尸台"的名称。

再说，乾隆已被吓得晕了过去，靠在刘罗锅身上，忽然被一阵巨雷般的"万岁"声惊醒，睁眼一看，岸边无数军民正在雀跃欢呼，这才知恶龙已被龙泉宝剑斩了，精神顿时大振，心想多亏了刘罗锅，自己才平白挣了个大功绩。

这时刘罗锅轻声对乾隆说："恭喜陛下大功告成，陛下还是下桥去吧，桥上凶险。"乾隆此时胆气正壮，大声说道："朕在此，恶龙尚且授首，何惧区区洪水，爱卿放心，大水漫不过卢沟桥。"

众百姓一听，齐声喊道："谢皇上圣恩！"百姓一听乾隆亲口说了"大水漫不过卢沟桥"，以后能安居乐业了，所以齐声感谢。不知道是不是流水也怕皇帝，过了一阵，那水势还真落了点儿，乾隆皇帝更为得意了，这时才想起了龙泉宝剑。

龙泉宝剑上哪儿了呢？原来龙泉宝剑斩了恶龙之后就掉到了桥墩上，那宝剑锋利无比，一下子就牢牢地插进了桥墩，只露出了一半剑刃，迎着水流闪闪发光。

乾隆刚想拔龙泉宝剑，突然被刘罗锅一把拉住。乾隆抬头一看，原来上游的洪水卷下来不少树木，这些大树纠成了一团，正向乾隆脚下的桥墩撞过来，看样子桥墩非得被大树撞垮不可。乾隆心中惊恐万分，可嘴上还不服气，说："有朕宝剑在此，何惧树木？"正说着，大树已经撞上桥墩，只见寒光闪动，那些大树都被宝剑斩成碎段顺流而下了。乾隆一见喜出望外，心想此剑实为稀世之宝，又想取回，忽然又听到众人齐诵："谢皇上斩龙剑！"得，这一谢不要紧，乾隆也不好意思往回取剑了，只得又传下旨意，让工匠们把桥墩迎水处都改成尖（剑）形，前面铸上斩龙剑，夏斩巨木，春破冰凌。这就是卢沟桥上"斩龙剑"的来历。

乾隆此时又是后怕，又是兴奋，想起了半天还没吃东西，连忙打道回宫，直到半年以后才缓过劲儿来，又二次观赏了卢沟桥，留下了亲书御笔"卢沟晓月"，为自己和卢沟桥立碑扬名。

搜集整理：**申宝勤　郭　刚**

摘选自丰台区文化馆内部资料

有道明君

这个故事得从乾隆自江南回北京的路上说起。话说乾隆从江南归来，一路风尘仆仆到了卢沟桥。九门提督和珅带领守城营官、宛平县令接驾，在城南龙王庙行宫为乾隆和随行的吏部天官刘墉设宴接风洗尘。

这和珅很能办事，酒宴十分丰盛，款待也非常周到，乾隆禁不住多喝了几杯，一会儿就有了几分醉意。片刻，乾隆要起身如厕，和珅连忙随同前去。和珅是满族正黄旗人，因为善于逢迎巴结，是乾隆面前的大红人，他自高自大、心术不正，和刘墉是死对头，所以时常想着法子在皇上面前刁难、陷害刘墉。

这次，他趁着乾隆喝得晕乎乎的，悄悄地对乾隆说："万岁，都说刘墉是个大忠臣，依我看他对您老人家就不忠，而且他胆大包天，经常当面顶撞您，这次下江南朝里朝外都说。现在，微臣倒有个主意试探一下他对您是真忠还是假忠！"说罢，凑近乾隆耳边说如此这般、如此这般。乾隆捋着小胡子，微笑着频频点头。

◎ 有道明君 ◎

回到座位上，和珅又给乾隆斟了两杯酒。喝完了，就见乾隆把酒杯一放，哈哈大笑。席上众人面面相觑，都想皇上一定是喝醉了。刘墉抬眼一看和珅得意的表情，心说不好，指不定这个家伙又给皇上出了什么馊主意来刁难我！还没容他多想，就听乾隆说："诸位爱卿，从古至今都说'君让臣死，臣不死为不忠；父叫子亡，子不亡为不孝'，是这样吗？"大家不知皇上葫芦里卖的什么药，都赔着小心地说是这样的，这是古训，天经地义。乾隆扭头又问刘墉说："刘爱卿，本朝上上下下都说你是个大忠臣，朕今天叫你跳永定河，你可去跳？"刘墉毫不犹豫地站起来说："臣遵旨。"迈步出南门往西一拐，走向河堤，一边走一边想，好你个和珅，你想借着皇上的酒气害死我呀！不过刘墉毕竟是刘墉，罗锅一挺就是一个主意，抬脚迈步的工夫，他就已经想好对策了。

只见他走到堤沿就不往前走了，用手比比画画，又点头又哈腰，约莫有半个时辰，他转过头来就往回走。大家心说你怎么不跳了？这不是违抗圣谕吗？虽说皇上说的是醉话，可是君无戏言，定你个欺君之罪，恐怕不死也得脱层皮。这时，乾隆也在想：忠臣不怕死，怕死不忠臣，闹了半天，你也怕死呀，看你今天怎么向朕交代。

这时，刘墉走到乾隆跟前低着头不言语，乾隆问刘墉："刘爱卿，朕看你站在河沿儿上像是和谁在说话？"刘墉"咕咚"一声跪在地上说："回我主万岁的话，臣和一个屈死的冤魂在说话。"乾隆问他说什么来着，刘墉说："他说他是明代管理河道的一个把总，有个奸臣诬陷他贪污修理河道的银子，昏君听了谗言，不分青红皂白把他杀了，把尸首扔到了河里。"乾隆又问他那冤魂还说什么来着，刘墉说："他还说你们当今的皇上是有道明君，不会无缘无故叫你死的，你回去吧。这不，我就回来了。"乾隆先是一愣，马上哈哈大笑："刘爱卿不光是聪明过人，而且胆识过人，像你这等国家栋梁之材，朕怎么舍得让你去死呢，快快平身！"刘墉一抹脑门上的冷汗："谢主隆恩，吾皇万岁，万岁，万万岁！"

和珅站在乾隆身后，一脸的沮丧。

根据郑福来手稿整理

摘选自孙涛主编2002年版《卢沟桥的传说》

第五节

乾隆察民情微服私访

清乾隆年间，吏部天官刘墉微服私访，调查民情民意，解决了很多民间冤案。他不畏强暴，秉公执法，贪官怕他，清官夸他，百姓爱他，德高望重，是清代爱民如子的大忠臣。刘墉经常对乾隆说，要想听老百姓的真心话，必须以普通人的身份和他们交谈，取得他们的信任才行！

有一年，乾隆巡视山西回来，在城南龙王庙休息，吃完午饭，乾隆微服溜达出来，来到宛平城西门外小市场。小市场非常热闹，有卖各种小吃的，有杂耍卖艺的，有说书的，有看相算命的。乾隆来到一算命处，算命道士身边围了一圈人，道士身旁立着一个招牌，上写：九龙山人，能知过去未来、吉凶祸福。乾隆走到道士跟前说："道长，也给我相一相命运如何？"道士抬头看了看乾隆的相貌，就直言说："施主的命吗？是用人的命。"乾隆一听，就哈哈大笑起来。乾隆这一大笑不要紧，就见道士"咕咚"一声给乾隆跪下了，口呼："万岁，小道不知万岁驾到，罪该万死！"站在一旁的人都傻眼了，似信非信，不知如何是好。乾隆张开大嘴一笑，露出满嘴齐齐整整的银牙，龙颜显露。原来，

◎ 阳光照耀下的卢沟桥 ◎

道士聪明过人，他听说皇上就在卢沟桥，又看眼前算命的这位老爷气宇不凡，心想或许是皇上私访来了。

这时，西路飞虎厅的官员陪同刘墉找到这儿来了，护驾回到了龙王庙。乾隆还想着看相算命的道士，心想此道不凡，于是便差人传道士见驾。道士见了乾隆，一点儿也不惊慌，双膝跪倒，口呼"万岁"。乾隆问道士为什么年纪轻轻的在九龙山出家，道士一五一十地回答了乾隆。道士说："我原籍是苏州府元和县人，姓朱名垣，父亲去世早，老母纺织，哥哥务农，供我上学，巧遇名师，发奋苦读十年，进京赶考，因家中贫寒，无钱买动考官而落榜，无颜回家，于是就在九龙山出家了！"乾隆听了，非常恼怒地说："在我朝也有卖官的？待查清后，一定要严惩。"

然后，他命刘墉考核一下朱垣是否真有真才实学。经过刘墉的考核，朱垣还真是有才有识之人。于是，刘墉禀告乾隆让其留任当官，并亲自送诗一首：

> 刚正不阿胸坦荡，
> 妒贤嫉能心地奸。
> 廉洁奉公广扶善，
> 溜须拍马言必谗。

手　　稿：**郑福来**
搜集整理：**陈　宇**

鸡和骆驼没税

卢沟桥修成以后，可风光了。一天从早到晚，人欢马叫，过往客商络绎不绝。走在石桥上的人们，总像身处诗情画意当中。进京的客旅，再有半天的路程就能同妻儿老小或亲朋好友团聚了；出京为官、为商的，由这儿也算踏上升官发财的大道；至于亲友送行，也大多一直到卢沟桥桥头，这才折柳饯行、话别。一桩桩、一件件，尽是诗情画意中的悲欢离合。

这样慢慢地，卢沟桥左右的店铺兴隆起来了，拱拯城（那时候还不叫宛平城）里住上了拱拯营的兵，税卡也设下不止一个，人们对这热闹起来的咽喉道口也产生了一些坏印象。不知从哪年起，人们开始管拱拯城叫"蝎子城"了，说得有鼻子有眼儿：城圈儿是蝎子肚子，东门外左、右各一眼井是蝎子眼睛，东沙岗西侧延续的住户是两只前爪，一里长的石桥是尾巴。细心的人还去观察桥面的大青石，确实是一条横纹、一条横纹的，看起来很像尾巴。可真正的意思不在这儿，而是说这个地方的官吏、兵丁、地保等都比较歹毒。甭管是商是民，路过这里就得留些买路钱，名义上是"纳税"，但是只要有点势力的就能立名目设税卡。连住个小店，都有诸多

◎ 鸡和骆驼没税 ◎

要钱的名目——马槽钱、草料钱、喂牲口钱、水钱等，所以人们说这地方是"雁过拔毛"，你从天上都飞不过去。可说来也怪，偏偏这个鬼地方，贩小鸡和拉骆驼的就没税，据说还是受过"皇封"的。

按说鸡和骆驼不上税，也用不着"皇封"。偏巧有这么一年，乾隆皇帝带着刘罗锅下江南，在卢沟桥驿站过夜，夜静更深时分，乾隆睡醒一觉，再也睡不着了，就问刘罗锅："什么时辰了？"刘罗锅答道："启禀万岁，快三更了。"又说了一会儿话儿，驿站外边传来鸡叫声，此起彼伏。乾隆听来好像是叽叽喳喳说话的声儿，顺便就问了一句："深更半夜，谁还没睡呢？"刘罗锅赶紧回答："启禀万岁，鸡没睡！"正在这时候，骆驼队戴着沉重的大铁铃铛，传来瓮声瓮气的"哐当，哐当"声，刘罗锅随口又向乾隆说："万岁，骆驼也没睡！"乾隆顺口答道："噢！鸡和骆驼没睡。"

刘罗锅是个机敏的人，对"雁过拔毛"的卢沟桥早有耳闻，心想：何不借此为老百姓办点好事。灵机一动，高声传道："圣上有旨：鸡和骆驼'没税'！"这一传就不是原来的"没睡"了，而是皇上说出的"没税"了！一声声传了下去，降旨张榜，小鸡和骆驼过卢沟桥就不再纳税了。

从此，小鸡和骆驼受过"皇封"以后，有段时间，鸡叫的声音更尖了，骆驼过桥的铃铛摇晃得更响了，好像是在表示对刘罗锅的感谢！

根据郑福来手稿整理

摘选自孙涛主编2002年版《卢沟桥的传说》

第七节

一个饼子一锭金

清乾隆五十一年（1786年）二月中旬，乾隆亲笔写下"重葺卢沟桥"的碑文，由赑屃驮着，立在桥西头路北。

这时，乾隆接到工部大臣的一份奏章，说桥需要彻底进行重修，要把桥的洞门拆了再建，不然就不坚固。因此，乾隆亲自视察了卢沟桥，并让施工人员拆开桥面的石头，亲眼看了里面的结构，还找来修桥工匠一起商议，最后认为此桥设计精细，施工巧妙，质量高超，坚固耐用。乾隆还训斥了掌握修桥工程的人，说他们故意夸大事实，想在修桥中捞一把。

乾隆和群臣上上下下地查看桥身后，感觉又渴又饿。这时微风吹来一阵香味儿，乾隆随口问身边一位官员："这是什么味儿？怎么这么香！"这位官员说："不知道。"这时伴驾的刘墉回过头来对乾隆说："皇上，这是刚出锅的贴饼子的香味儿。"乾隆又问："刘爱卿，你怎么知道是贴饼子的香味儿？"刘墉说："我经常吃，怎么会不知道。"乾隆嘴上没说，心里想：好你个刘罗锅，这么香的东西就你一个人独吞，真够可恶的。乾隆又说："刘爱卿，你经常吃，怎么

◎ 郑福来在村头讲故事（一） ◎

不叫朕吃一回？"听到乾隆这么一说，刘墉顿时醒悟了，原来这是皇上肚子饿啦！那今儿个我得让皇上尝尝这贴饼子。

刘墉接着给皇上介绍起了贴饼子，他说："贴饼子是用新玉米面掺些黄豆面，用水和好，用柴火锅烧热水，开了锅就用两手把面拍成饼子往锅上贴（凉锅贴饼子就出溜啦），然后烧微火，等饼子熟了，再用扁铲铲下来，香味儿就是这么出来的。"刘墉说完，用手一指南边说："万岁您看，这个香味儿就是从那里飘过来的，肯定就是那家做的，烟囱还冒着烟呢！说不定这会儿还煮好了小米绿豆糊呢。"

可巧这天君臣都是微服，于是乾隆说："刘爱卿，你带朕到这家去看看吧！"君臣二人进了这家门，一看做饭的好像是个刚过门的新媳妇，见了生人还有点害羞呢！这时，新媳妇的公婆都出来了，老人家很热情地招呼着君臣二人。小院收拾得很干净利落，主人搬凳子泡茶，主客坐下来，一边喝茶一边闲聊天。不久，家人全回来啦，新媳妇把饭桌摆好。主人让乾隆、刘墉二位客人先入座，君臣二人也不客气。乾隆往桌上一看，一盘辣椒油拌咸菜、一盘臭豆腐、一盘小葱拌豆腐、一盘大葱蘸酱、一大碗粉条豆腐白菜，桌子旁边有一锅小米绿豆糊、一簸箕金黄黄的贴饼子。于是，君臣二人甩开腮帮子一通吃，这顿饭吃得甭提有多香了。

乾隆平日山珍海味、鸡鸭鱼肉吃惯啦，冷不丁吃一顿农家饭，还少吃得了？一口气儿吃了俩贴饼子、三碗小米绿豆糊，出门的时候打着饱嗝儿，走路都不敢低头，嘴里还和刘墉开着玩笑："不要碰朕，碰洒喽赔哟。"走到桥上，乾隆还记得问刘墉给人家留下饭钱了吗？还说："咱君臣二人可不能凉锅贴饼子——溜了啊！"后人传说，乾隆那顿午餐是一个饼子一锭金。

手　　稿：**郑福来**

搜集整理：**陈　宇**

第八节

饮水井村

清代的乾隆皇帝有几个特殊的爱好：游山玩水，微服私访，题字写诗。一年夏天，他在宫中觉得烦闷无聊，猛然想起郊外西山的高山密林、深谷清泉，在这夏日景色一定更加幽静迷人，就想到那里游览一番，以去除胸中烦闷。于是乾隆就带着几个随从悄悄溜出了皇宫，直奔西山而去。

到了卢沟桥下，乾隆勒缰住马，极目远望：修葺一新的卢沟桥显得更加雄伟壮丽，桥下波涛汹涌，桥上车马奔驰，往来客商如流。远处，金色的麦浪随风起伏，人推、车拉，百姓们正忙着收割。

乾隆心中十分快慰。他在马上默默祝祷："苍天赐福，愿岁岁丰收，百姓富足，天天太平。"

过了卢沟桥，他们打马踏上一座山岗，镇岗塔遥遥在望。这时，太阳渐渐升高了。夏日当空，热气蒸腾，山岗连绵，地旷人稀。乾隆骑在马上，不觉有些闷热、疲倦。

马到镇岗塔，乾隆唇干舌燥，正想找个地方休息，忽见塔后闪出一个五六岁的小男孩，身着白裤褂，面似朗月，黑发齐眉。他跑到乾隆马前施礼道："陛下，请随小童子到家中小憩。"

乾隆见这孩子生得眉清目秀，一团灵气，心里十分喜爱，高高兴兴地跟着他踏上一条小路，转过一棵茂盛的古槐，一眨眼来到三间茅屋前面。屋子旁边有一口白石栏

◎ 传承人在卢沟桥桥头讲故事 ◎

井。绿荫遍地，香气袭人。

小男孩请乾隆坐在树荫里，自己从屋里捧出一只白玉杯递给乾隆。乾隆揭开杯盖品了一口，井水清香甜美直沁心脾。他虽贵为天子，但仿佛从来没有饮过如此清爽甜美的水，不禁连连称道："好！好！"待他饮完准备再要一杯时，小男孩忽然不见了。乾隆睁大眼睛四处张望，周围依旧是夏日普照的山岗和刚刚过了的镇岗塔，原来是梦。

乾隆下意识地舔了下嘴唇，奇怪，唇边分明留着一股细细的清香，不由得在马上向四野寻觅，猛然看到不远的小路旁有一棵茂盛的古槐，同梦中的一模一样。乾隆带着随从踏上小路，绕过一座山坡，空气顿觉清爽，阵阵奇香扑面而来。远处，两棵高大的龙须柳迎风摇曳，宛若两把碧罗伞盖。近处，数条小溪宛如条条银链在阳光下闪闪发光，杂花、芳草引得蜂飞蝶舞。

乾隆与随从们从马背上下来。绿柳荫里，一眼清泉汩汩涌流，溅起的水珠像晶莹的珍珠在跳动。乾隆走过来，俯身喝了一口，竟同梦中饮的水一样清香、甜美，不觉心中大喜。

乾隆回宫后，依梦中所见拟了一张草图，传旨在两棵龙须柳旁修三间草房，挖一口白石栏井，并派专人看护，专供皇帝到西山时中途休息饮水。

年复一年，日复一日，皇帝没有了，这里却留下一个小小的村子——饮水井村。村前小路上，有一口古老的石井。

讲　　述：**王　金**

整　　理：**赵美琳**

摘选自丰台区文化馆内部资料

第九节

卢沟桥畔的桑歌

传说，月朗星稀的春夜，站在卢沟桥上可以听见两岸林中传出隐隐的桑歌：

> 春风轻轻桑林绿，
>
> 采桑姑娘心儿喜。
>
> 快快采呀快快采，
>
> 织出云锦做嫁衣。

相传这春夜唱歌的姑娘是金代一位贵妃。

金代，永定河名卢沟。金迁都北京后，为了解决东西交通问题，大定二十九年（1189年），金章宗下诏，在卢沟河上修了一座石桥。三年后，一座汉白玉筑成的石拱桥，像一道长虹飞架在波涛滚滚的卢沟河上。金章宗赐名"广利"，这就是举世闻名的卢沟桥。

石桥竣工的时候，正是阳春三月。金章宗决定率百官，登"广利"观卢沟春色。

金都在今北京城的西南角。广安门外的莲花池，就是当时皇宫的御花园。

君臣离开皇宫，飞马扬鞭，很快就来到卢沟河畔。雄伟壮丽、洁白似玉的广利桥，好像一条跃出碧波的巨龙在春光中闪闪发光。

金章宗登上了广利桥，他倚着石栏向桥下看去，滚滚滔滔的卢沟河水撞击着花岗岩桥墩，腾起一片片浪花。抬眼远望，卢沟河两岸春草如茵，野花似锦，绿林深处，百鸟飞鸣。

金章宗游兴大发，顺口向文武百官问道："寡人闻卢沟河又名'桑干'。从字面上看，河水深而黑可以名'卢'，可这'桑'字如何解释？"

一位年纪较轻的大臣抢先答道："回陛下，臣是山西人。这卢沟河发源于山西桑干山，所以又名'桑干'。"

金章宗点了点头。

一位银须飘飘的老臣摇了摇头，接着禀道："据老臣愚见，卢沟河之所以又名'桑干'，是因为自古蓟城多桑。古人云：'桑叶纷纷落蓟门。'"

金章宗赞许地点了点头。文武百官都暗暗佩服老臣学识渊博。

这时，一阵春风从岸边吹来，送来一首清脆甜美的桑歌。

金章宗更是暗暗称奇。金宫中歌者无数，却从来没有听过这样甜美动听的歌声。他忽然想到古诗《陌上桑》，心想，这唱歌的女子莫非也是一位罗敷？想到这里，他对左右大臣说："今天风和日丽，不如到岸边的桑林中转转，顺便看看民女采桑，问问今春桑事。"

那位年轻的大臣也被刚才的歌声迷住了，正想见见这位采桑的姑娘，听了金章宗的话，心里立刻明白了八九分，于是就恭恭敬敬地说："陛下欲问桑事，不如派臣下把刚才那位唱歌女子叫到桥上来。"

金章宗笑着说："也好。"

不一会儿，年轻的大臣带着一位手提竹篮的姑娘登上了广利桥。这位姑娘年纪大约十七八岁，生得袅袅婷婷，十分俊美。她走到金章宗面前，放下竹篮，急忙跪下言道："民女叩见皇上。"

金章宗满脸带笑地说："快快请起。"

这姑娘唇红齿白，柳叶眉下一双明亮的眼睛好像两颗闪闪发光的星星。金宫粉黛无数，和这位民女相比，顿时失了颜色。金章宗又惊又喜，看了半晌才问："你叫什么名字？家住哪里？不知这嫁衣是给谁做的？"

采桑姑娘见金章宗和文武百官都死死地盯着自己，心里又惊又怕，又不敢走，只好垂着头站在广利桥上。她听见金章宗问话，就壮着胆子答："回皇上，民女姓李，名月仙，家住广利桥西的梨树林。今秋，民女就要出嫁了。这嫁衣……"说到这里，脸儿红成了一朵花。

金章宗点着头赞道："'月仙'，好美的名字！果然是月中仙

◎ 卢沟桥畔的桑歌 ◎

子。"说完，从自己的龙袍上摘下一块美玉，送到姑娘手中，说道："寡人赐你一块美玉，留着做嫁衣吧！"

姑娘谢过金章宗，匆匆下了广利桥。

原来，这广利桥西有个小小的村子，家家种梨。一到四月，满树梨花如云似雪，十分美丽。

村西头住着李、刘两户人家。李家只有母女二人，刘家只有母子二人。李家的女儿叫月仙，刘家的儿子叫玉山。两家早就结成了儿女亲家。

月仙和玉山一块儿长大。小时候，两个人常常一块儿到卢沟河岸边采桑，拾柴，挖野菜。有一次，月仙正仰着小脸儿采桑叶，忽然听见玉山叫她，转身一看，只见玉山手里拿着个刚扎好的野花环从岸边走来。五颜六色的野花，有的含苞，有的怒放，散发着淡淡的清香。玉山把花环轻轻地戴到她的脖子上，站在前边左看右看，最后笑着说："月仙妹，快到河边照照去，看看你有多美！"

月仙走到卢沟桥边，低下头一看，水中的姑娘果然十分秀美。脖子上的花环随着波纹轻轻地摇晃着，身旁是芳草、野花、桑林和碧蓝碧蓝的长天。

卢沟桥传说

玉山走到月仙身旁，神秘地说："月仙妹，听俺娘说，咱俩定了娃娃亲。等咱们长大了，就把院墙推倒，两家合成一家，你高兴吗？"什么叫娃娃亲，她似懂非懂，不过能和善良、勇敢的玉山哥住在一起，当然高兴了，月仙立刻点了点头。

日子一年年过去了，到了金明昌三年（1192年），月仙长成了百里挑一的好姑娘，玉山长成了百里挑一的好青年。双方家中老人决定秋天给月仙和玉山办喜事。

开春以来，月仙天天忙着采桑。她要把自己养的蚕所吐的丝织成彩锦，缝成美丽的嫁衣。玉山从去年冬天就到都城一家店铺当杂工，把挣的工钱一点点攒起来，准备给月仙买一支凤钗。

再说，月仙提着篮子下了广利桥，无心再去采桑，就急急忙忙地回了家。她手里拿着金章宗赐给的那块美玉，不知是福是祸，心一个劲儿地跳。

第二天，太阳刚刚从东方升起，月仙吃完早饭正要出门采桑，忽然听见一片人喧马嘶。一个老太监在一帮官差的簇拥下进了自家的院子，一进门，就高声喊道："李月仙接旨！"

原来，金章宗率百官回宫后就丢魂失魄似的，念念不忘广利桥上看见的那位民女。他顾不得吃晚饭，立刻进了书房，提御笔写了一道圣旨，册封月仙为李贵妃。

老太监读完圣旨，月仙立刻被人拥进花轿，吹吹打打，抬进了皇宫。

李家虽然成了皇亲，可惜骨肉分离，何况李母深知女儿的脾气，只怕祸多福少。刘母见好端端的一个没过门儿的儿媳妇被皇帝抢走了。她深知月仙在儿子心中的地位，如今月仙成了贵妃，儿子只怕性命难保。这圣旨就像晴天霹雳响在两位老人的心上。她们各发各的愁，各流各的泪，一齐望着远去的花轿，哭得死去活来。

这天，玉山正好从城里回家。他揣着一支刚刚买好的凤钗，兴冲冲地走着，走到广利桥头，忽然看见一顶花轿被一帮人簇拥着迎面而来，一看那派头就知道是皇亲，他急忙闪到一边。等他回到家中才知道，那花轿里坐的原来是月仙。

母亲哭哭啼啼地劝慰着，玉山像傻了似的，一句话也没说，直挺挺地站在院子里，半天也没动一下。左右邻居连说带劝，总算把他拉进了屋子里。夜深了，玉山趁刘母不注意，独自踏着星光来到桑影婆娑的卢沟河岸。他踩着岸边的野花，捧着凤钗，低声呼唤着月仙的名字，走进了波涛汹涌的卢沟河。

月仙被抬进皇宫后，浑身绫罗，一头珠翠，比月里的嫦娥还美，喜得金章宗团团转。可惜，月仙终日蛾眉紧锁，茶饭不思，任金章宗百般劝慰也不见效，这又把金章宗急得团团转。

一日，月仙在莲花池畔望着满园春色暗暗垂泪。金章宗轻轻地走到她的身边，说道："爱妃，你为什么又垂泪？我贵为天子，难道还比不上一位村夫？实话告诉你吧，刘玉山早就跳了卢沟河死了，爱妃还想他干什么？还是和寡人一起共享荣华富贵吧！"

月仙日夜担心的事终于发生了。她想，玉山哥已经死了，自己独留人世还有什么意思？她忍住满腔血泪，沉默了一会儿，对金章宗说："陛下，既然玉山已经死了，请让我到广利桥畔烧几张纸，表表心意吧！"金章宗立刻说："这有何难？只要爱妃从此断了思念，高高兴兴地留在宫中。明日，寡人亲自送爱妃到广利桥。"

第二天，金章宗骑马，月仙坐轿，一起来到广利桥桥头。金章宗从马上下来，走到轿边，携李贵妃一同登上广利桥。他一边走一边低低地说："爱妃，你看在哪儿烧纸好哇？"月仙也不言语，下了广利桥，沿着河岸向北走了几十步，来到一片桑林旁边。金章宗一看，知道是月仙平日采桑的地方，笑着说："爱妃，以后再也不用采桑了，你喜欢穿什么样的绫罗绸缎，寡人都有。"

月仙看了看绿油油的桑林，看了看远处梨花盛开的家乡，禁不住热泪盈眶。她转过身，默默地看着波涛汹涌的卢沟河，儿时同玉山哥在岸边挖野菜、采桑叶、扎花环、照水影的往事又浮现在眼前。她想着往日的欢乐，迎着日夜奔流的卢沟河水，一步一步地走着。突然，她挣开金章宗的手，疾跑几步，纵身跳进卢沟河里。

金章宗一下子惊呆了。等他清醒过来，一切都晚了，他的身边只剩下默默不语的桑林、肃立的广利桥和奔流不息的卢沟河水。

从此，每到夜深人静的春夜，卢沟桥畔的树林里就传出隐隐的桑歌。传说，这是月仙姑娘唱着歌在寻找她的玉山哥呢。

搜集整理：**赵美琳**

摘选自丰台区文化馆内部资料

卢沟胜三潭

俗话说："北有卢沟，南有三潭。"说的是北京的卢沟桥和杭州的西子湖上的三潭，两处都是赏月胜地。

传说，清代的乾隆皇帝曾七次下江南，玩尽了江南的青山绿水，最使他流连忘返的就是西子湖上的"三潭印月。"

三潭月色虽美，可惜不在北京，乾隆常常和身边的人说到这件事。有一天，乾隆又和身边的人谈论起三潭。一位老太监凑到他身边，恭恭敬敬地说："万岁何必念念不忘三潭？小的听人们说，京西的卢沟桥才是赏月的宝地呢。三潭虽好，可惜只能在有月亮时才能赏。这卢沟桥，却可以在无月时赏月。凡是下凡的神仙，或者百年之后可以升入天堂的人，都可以在三十晚上鸡叫三遍的时候，看见一轮明月从河中升起。"

乾隆一听，心中大喜，心想：我是当朝天子，总该有些来历，人间再好，也比不上天堂，不如到卢沟桥上看看。想到这里，乾隆立刻传旨，多多准备灯笼火把，三十晚上要到卢沟桥赏月。

◎ 卢沟桥美景 ◎

再说三十晚上这天，乾隆生怕误了看月亮的时辰，早早就带着文武百官出了紫禁城。赶到卢沟桥时，还不到三更，数不清的灯笼火把把卢沟桥照得如同白昼。

乾隆在文武百官的簇拥下登上卢沟桥，扶着桥栏，目不转睛地盯着河水。三更眼看就要到了，北京城里已经响起了鞭炮声。乾隆呢，眼睛都瞪酸了，也没有看见月亮从河中升起。正在焦急，那个老太监不慌不忙地走到乾隆面前，恭恭敬敬地说："小的忘了一句重要的话。这月亮是从桥东南侧的水中升起，万岁要仔细朝那边瞧瞧。"说完，用手向东南一指。

乾隆顺着老太监指的方向仔细一看，果然发现一团圆圆的亮光在水中摇晃，虽然有些模糊，可总算看见了。乾隆不觉心中大喜，脱口而出："看见啦！看见啦！朕已经看见了！"

再说跟来的文武百官，谁不想看见水中的明月？一个个把双眼都瞪直了，可惜谁也没看见，忽听乾隆说看见了，一齐围上来，高呼"万岁"。

乾隆神采飞扬。随行的人早就摆好了御案和文房四宝。他走到御案前，提起御笔，在欢呼声中，就着灯笼火把，挥毫写了一行行书——卢沟晓月。

不久，卢沟桥东北侧就竖起一座圆顶、有四根盘龙石柱的碑亭。亭内矗立着一块巨大的石碑，上面刻着乾隆的题字——卢沟晓月。

乾隆三十晚上在卢沟桥上看见月亮的事一下子传开了，人们纷纷效仿。乾隆年间，每逢三十晚上，到卢沟桥赏月的人络绎不绝。

从此，"卢沟晓月"的名声胜过了"三潭印月"。

搜集整理：**赵美琳**

摘选自丰台区文化馆内部资料

卢沟桥边的"知县柳"

很久以前，卢沟桥东不远处，有一株枝繁叶茂的大柳树，低垂的枝条像把大遮阳伞，用树荫遮挡着树下乘凉和过路的人。树荫下，有两块大青条石临水而置。据说明万历年间，有个叫李嗣善的人，在宛平县当知县时亲手栽下了这棵柳树，又因他在任时常在大青石上钓鱼，所以后人就把这棵柳树称为"知县柳"，把大青石称为"钓鱼石"。

不过，"知县柳"和"钓鱼石"名称的由来，还得从知县李嗣善的为人说起。虽然人们常用"三年清知府，十万雪花银"来形容当时的大小官吏，不过李知县却为官清廉，勤于政事，体察民情，三年的县太爷做下来，仍是两袖清风，家无余财。

百姓们世代受官府欺压，难得遇上这么个好官，自然庆幸万分，私下都称李知县为"李青天"，对他十分爱戴。

◎ 卢沟桥边的"知县柳" ◎

李知县不搜刮民财，当然也就没钱去巴结朝中权贵，所以虽说在天子脚下为官，可多年也没得到升迁。不过，他倒也不想去讨好权贵和升官发财，只是一心治理分内政事，闲时去卢沟桥边临河垂钓。上有浓荫遮日头，下有流水哗啦啦，倒也别有一番意境，落得个心旷神怡，扫去了不少官场的烦闷。

一日清晨，李知县刚刚升堂就有人鸣冤告状。他接过状纸一看，不由得怒火升起，拍案大叫："来人，把冯彪抓来，打入死囚牢！"

原来，他接的状纸是一桩人命案，一位百姓家中的姑娘在出嫁途中被抢，迎亲的新郎被打死，姑娘被逼自尽，娘家父母一听此讯都气疯了。好端端的一场喜事，顷刻间闹得家破人亡。行凶作恶的正是冯彪。

这冯彪是宛平县内出了名的花花公子，倚仗着他养父冯进朝的势力，在宛平县横行霸道，欺男霸女，无恶不作。那冯进朝是皇宫里的总管，太监一向勾结朝官，结党营私，权势遮天。因是宦官，家中无子，特意收了弟弟的儿子冯彪为养子，并且娇宠异常，所以冯彪一向有恃无恐，到处胡作非为。

李知县早就想惩治冯彪，苦于冯进朝势力太大，总是不得机会，今天一见此案，就决意严惩恶徒，以平民愤，心想，你冯进朝再得皇上偏信，一手遮天，今天这人命关天的大案，也不能再让你那儿子逃脱。我李嗣善就是丢了官职，没了性命，也要为民做主。

再说，众差役刚把冯彪抓入死牢，冯府的管家就前来求见。原来，冯彪为抢民女闯下大祸，连夜就派人到宫中给养父冯进朝送信求救。那冯进朝一听就着了急，因为他早知李知县为人刚直不阿，不好对付，多次告诫过冯彪收敛些，可想不到还是犯在了李嗣善的手里，于是连夜行动，想出个好办法，赶忙派管家到李知县家中。

管家一见李知县，就对他说："李大人，我家公公久慕大人清名，常在皇上面前为大人美言，今天请下圣旨，升任大人为杭州知府，并有意高攀，想与大人结为联姻之好，知道大人家中有位千金，我家公子又年少英俊，尚未婚配，如果……"

李知县不等管家把话说完，就冷冷地一摆手说："我李嗣善虽身为芝麻官，但既受皇命，便应秉公执法，为民做主。管家之意我已明了，请转告冯公公，王子犯法与庶民同罪！"说着，转身拂袖而去。

冯进朝万万想不到小小的知县竟敢如此，一面连忙赶回宫内，买通官员，按住宛平县一案不报；一面指使人诬告李嗣善诽谤朝政，自己又在皇上面前添油加醋。皇上一向以冯进朝为心腹，当即派人去抓李嗣善问罪。

就这样，李知县为民做主不成，反而被加上罪名问斩，宛平县失去了一位清官，只留下了他生前栽下的大柳树和河边的大青条石。乡亲们为了纪念他，就称大柳树为"知县柳"，大青条石为"钓鱼石"。

随着岁月流逝，"知县柳"和"钓鱼石"也渐渐消失了，但关于李知县的传说还一直流传在卢沟桥一带，被人们世代传颂着。

搜集整理：**赵美琳**

摘选自丰台区文化馆内部资料

东门是喜门

宛平城的修建于明崇祯十三年（1640年）八月完成，此城只有东、西两门，东门名曰"顺治"，西门名曰"威严"。城的四角有角台、角楼，南北正中心有中心台和中心楼，城里有南马道、北马道、南营房、北营房。

东门是喜门，西门是丧门。因为东门是喜门，所以皇帝和重要官员出京理事时必经此门。他们在此经过时都要张灯结彩，黄土铺道，净水泼街，是"吉庆"之事。西方是丧门，办丧事都从西门出。为什么会有这个规定呢？都因清康熙皇帝的一次巡视而来。

1701年，康熙皇帝带着三个皇子专程来卢沟桥巡视，永定河水利城内官员在东门外迎接圣驾。君臣们正兴高采烈地进城门的时候，突然远处迎面来了一支披麻戴孝、哭哭啼啼的送葬队伍，这下可吓坏了迎驾的官员们，因为那时的皇上大臣都很迷信，出门办"吉祥事"就得说"吉祥话"，这可好，碰上送葬的，真是触霉头，不吉利。官员急忙命军士们把送葬人群堵回去，让他们走西门。

◎ 宛平城（二） ◎

康熙皇帝心里不悦但也没说什么，可是三个皇子却满脸怒气并斥责官员们做事不谨慎，若惊了圣驾都罪该万死。官员们一听都吓得哆哆嗦嗦，直呼"请皇上恕罪"。送走了皇上和皇子后，为了避免这种事情再次发生，地方官员就定下了一条规矩：东门是喜门，西门是丧门，城里死了人送葬不准出东门，一律出西门，如果京城里送灵的误入东门，必须烧香纸，放一阵鞭炮，然后绕道过去，绝对不准进东门，违者治罪。

手　　稿：**郑福来**
搜集整理：**陈　宇**

第六章 卢沟桥与普通百姓的传说

城隍好见　小鬼难缠

以前，卢沟桥南边有座城隍庙，是周围百姓供拜城隍爷的地方。现在早已经物是人非，城隍也早已被毁了金身，难觅踪迹，不过这个关于城隍庙的有趣故事却一直在当地流传。

那还是新中国成立前的事情。宛平县城里有家唐家油炸果子铺，掌柜的姓唐，长得白白胖胖，生就一副和气生财的模样。他家可算是人丁兴旺，共有四个女儿和一个儿子。因为只有一个儿子，所以格外金贵，是全家人的掌上明珠。儿子名叫索柱，年方12岁，总爱跟邻居孩子玩"藏蒙歌"（捉迷藏），直弄得满身是土才回家。

这一天，唐掌柜收了摊，正在清点一天的钱款，忽然发现钱匣里有两张"丰都（鬼城）银行"字样的万元大钞。前几天拢钱的时候，唐掌柜也看到几张这样的钱，不过数额小，唐掌柜以为是小孩跟他开玩笑，当时没往心里去。这次居然又出现了，还是面额那么大的钞票，唐掌柜的心里不禁有些恼火。

这时，只听得"哐当"一声门被撞开了，小索柱气喘吁吁地跑进来："爹，跟我们一起玩的小孩不见了！"

唐掌柜赶紧收拾一下手头的钱物，问："谁家的孩子不见了？"

索柱答道："我们也不知道是谁家的孩子。今天下午，我们在城隍庙玩藏蒙歌，有个小瘦孩子说要和我们一起玩，结果不管我们藏在哪里，他都能找到。最后，我们让他藏起来，找了一下午也没找到，天都黑了，我怕……您快去看一眼吧！"

唐掌柜对这个宝贝儿子一向是百依百顺，于是便由小索柱领着去了城隍庙。到了那里已是掌灯时分，只见庙里城隍很威严地端坐在上边，下边判官拿着生死簿，小鬼拿着引魂幡、三班衙役站在两旁，挺吓人的，难怪孩子会害怕。唐掌柜找了个遍，也没看见索柱说的什么小瘦孩子。无意中一抬头，唐掌柜发现小鬼嘴角油汪汪的，好像刚吃完油炸果子，他顿时明白了，脱口说道："闹了半天，原来是你用假钱买了我的果子吃啊？还变作小孩跟人玩捉迷藏，你坑得我好苦啊！"

唐掌柜的这一句话不要紧，就把小鬼给告下了。为什么呢？因为这天城隍正在坐堂审案，唐掌柜的话让城隍给听见了。城隍一气之下，说小鬼阴阳不分，坑害百姓，责打二十大板，打得小鬼屁股肿得老高，疼得要命。

小鬼因为唐掌柜的一句话被痛打了一顿，自然不肯善罢甘休。一天，他趁着唐掌柜不在家，把小索柱带到城隍庙后院，让他看看在阳间损人利己、作恶多端的坏人所受的惩罚。作恶受罚的人形形色色，就见有的被剜眼，有的被掏心，有的变猪狗，有的下油锅，惨不忍睹，这下可把索柱给吓坏了！回家后就病倒在床，光说胡话，急得唐掌柜夫妇俩求神请医，坐卧不宁。

正发愁间，门外来了一个道士，就听他嘴里喊道："能知人间吉凶祸福、过去未来。"唐掌柜赶紧出门，把道士请进门来，上茶让座。

唐掌柜问道士："道长仙居何地，尊姓大名？"

道士说："贫道出家九龙山，人称九龙仙人。施主叫贫道是看阴阳，还是看相卜卦？"

唐掌柜说："不瞒仙长，不知怎的，我的小儿最近几天神魂颠倒，光说胡话，求医也说不清是何病……"

道士站起身说："让我去看看少爷。"一看索柱不睁眼，浑身乱抖。道士说："是惊吓所致。"

唐掌柜说："仙长救救孩子吧。您给治好了，叫我怎么酬谢您都行。"

道士说："恕贫道无能为力。"

夫妇二人一听就急了，哭着给道士跪下："我们家就这么一个儿子，求求道长发发慈悲，救救孩子吧！"

道士沉吟片刻，说："我倒有个主意，不知施主干不干？"

唐掌柜说："只要我儿能得救，叫我怎样都行。"

道士说："此病得自城隍庙，你得去走门子疏通，疏通。俗话说得好'城隍好见，小鬼难缠'。你去求求判官老爷给帮帮忙吧。无量佛，贫道告辞。"

唐掌柜救治孩子心切，第二天一早就带着酒肉到城隍庙去求判官。进到大殿，他把酒肉摆在判官面前，也不知该从何说起，拜了几拜就匆匆忙忙回家了。

第二天夜里，唐掌柜睡得正香，听外面有人叫门，开门一看，来人很面熟，好像在哪里见过，仔细端详，认出来了，这不是城隍庙的判官吗？再一看，判官手里还提着礼物。唐掌柜以为是来给孩子看病的，好像救星到了一样，赶紧让座。

没容唐掌柜说话，判官老爷先发话了："唐老哥，我看你人厚道，心眼儿好，想和你交个朋友。就拿前天说吧，城隍爷交给我一个紧急任务，让我连夜把案卷整理出来，以便上交，我连饭也没顾得上吃。那个时候，我又渴又饿，肚里没食，心里发慌。幸好您老哥给送来了酒饭，真是帮了我的大忙。赶完活，城隍爷还表扬了我，说我办事认真。这

◎ 城隍好见，小鬼难缠 ◎

不，今天特意过来看看您！"

判官这么一说，唐掌柜就哭了，说："老弟呀，我给你送酒饭，是有事求你呀！你侄子头几天得了病，像丢了魂一样，净说胡话。"

判官说："我看看。"判官摸了摸索柱的脑门、心口窝，然后说："侄儿怎么给吓丢了魂啦？"回过头来又问唐掌柜："您最近得罪过什么人没有？"

唐掌柜想了一下说："没有呀，买卖人和气生财，对顾客连一句错话也没说过。"

判官说："您再想想，您前几天都去过哪儿？"

唐掌柜说："前几天我去过城隍庙，在大殿看见小鬼嘴上油汪汪的，我说他用假钱买我油炸果子吃，坑了我。"

判官一听就笑了，说："原来如此，根子就在这儿。您的一句话正说在金钱眼儿上，在城隍爷那儿把小鬼告下来了。城隍爷说他阴阳不分，坑害百姓，责打他二十大板。我估计他是找碴儿报复您。等我回去问问他，让他把我侄儿的魂给找回来。"

第二天，判官给唐掌柜托了一个梦，让他拿一把扫帚到城隍庙院内，然后拉着扫帚往回走，不要回头，一边走一边叫着索柱的名字，一直到家门口，孩子的病就好了。唐掌柜赶紧照着做了，果不其然，没过多久，小索柱的病就好了，简直像是做了一场噩梦。

后来，据说小索柱刻苦读书，考中进士，在宛平县做了一任知县。因为他深知善有善报，恶有恶报，所以为官清廉，深得当地百姓的拥戴。

根据郑福来手稿整理

摘选自孙涛主编2002年版《卢沟桥的传说》

第二节

马屁精受审

卢沟桥距北京城25里，是通往南方各省的交通要道，自古就有"九省御路"之称。处在这样一个位置，这个小镇相当繁华，桥头两旁茶园、酒楼密集，行人如织，车水马龙。特别是大官来临，大街上五步一岗、十步一哨，官兵来回走动。要是皇帝驾临，则黄土铺道，净水泼街，路断行人。

明崇祯年间，卢沟桥出了一个土皇帝，这个人好似茅厕的砖头又臭又硬，因此人们背地里都叫他"臭砖头"。"臭砖头"的长相就与众不同，一张长白脸、大嘴巴、满口的黑牙根。他是肩不能挑，手不能提，可是他有个擅长之处——会拍马屁，对有权有势的人矮三辈都行，不是亲者也强是亲。就靠着溜须拍马，"臭砖头"发家得势，成了当地一霸，平日里欺压百姓，横行乡里，无恶不作。

40岁生日那天，"臭砖头"大摆宴席，宴请他的一帮狐朋狗友。这一伙人猜拳行令，大喊大叫，乱哄哄的。这时，门口来了一个老道，人称"九龙仙人"，善看阴阳八卦，能知过去未来。"臭砖头"正在酒兴上，就让家人把老道请进来。

老道进门问道："施主叫贫道是看阴阳宅还是算命看相？"

"臭砖头"说："请道长先给我相相面。"

◎ 马屁精受审 ◎

老道端详了一下"臭砖头"的面容说："施主，您的长相绝啦！真是天下少有，世上难见！您长得天庭饱满，脸比别人长，比别人白，比别人大（整个是个大白脸）。天生的福相，就凭您长的这张嘴能吃八方（白吃白喝），命大造化大……"

说到这里，老道掐指一算："贫道还要告诉施主一件喜事，最近当地当权的一个贵人要请您啦！"

"臭砖头"听了，这个高兴劲儿就甭提了，连说："道长果然是神通广大，算得真好，相得真灵。来人，请道长去用些斋饭。"

过了几天，果然有一个"当地当权的贵人"来请"臭砖头"了。你道这个贵人是谁？既非官，亦非富，乃是当地的城隍。因为平时"臭砖头"欺压百姓作恶多端，让城隍知道了，就派了一个小鬼把"臭砖头"捉拿到城隍大殿问罪。

"臭砖头"跪在下面，心里面直打鼓。

就听城隍厉声质问："'臭砖头'，你在阳世间溜须拍马，祸害百姓，好事不做，坏事做绝，实在是罪大恶极，死不足惜！来人啊，把这厮给我下油锅炸了！"

"臭砖头"吓了一跳，妈呀，原来是要我小命啊！赶紧跪在地上连连磕头说："城隍爷爷，不是小人低三下四拍他们的马屁，而是那些人吃这一套。如果他们都像您一样公正廉明、执法如山，我怎么拍也没用啊。"

城隍听了这话很入耳，于是点头道："说得也是，像本官这般公正，是不会随便冤枉好人的。这次赦你无罪，回去以后好好做人！"说完就把"臭砖头"放了。

唉，连城隍也免不了俗，爱听吹捧，难怪"臭砖头"在世上能左右逢源，活得逍遥自在了。

根据郑福来手稿整理

摘选自孙涛主编2002年版《卢沟桥的传说》

第三节

光脚丫不怕穿鞋的

　　自古以来，卢沟桥就是通往南方各省的咽喉要道，皇帝出巡、官员进京、举子应试、商人贩卖都要经过这里，完了事还可以顺便游览一下两岸的风光。有些公子哥儿则专程来卢沟桥玩，有的从南方来，兴尽而返；也有京城的公子哥儿出城30多里来卢沟桥散心。因在城里花天酒地地玩够了，所以就来卢沟桥郊游找点乐子。如元代的杨奂就是一个自命不凡的纨绔子弟。

　　有一天，风和日丽，他骑着高头大马，得意扬扬、忘乎所以地来到卢沟桥，行人纷纷给其让路。后来，他来到了卢沟桥东桥头的一家酒店。这家酒店是一对青年夫妇开的，两间门脸，屋前搭着天棚，天棚底下放着两张八仙桌，桌上打扫得很干净。酒店老板娘20多岁，腰系花围裙，头上罩着一条花布巾，面带笑容，跑里跑外，热情地招待着来客。这时，杨奂到门前下马，老板赶忙上前，把马拴在旁边一根柱子上，打开一捆青草给马喂上。杨奂一步三摇地坐在八仙桌前的凳子上，看样子很有派头，一看就知道是一个有钱的阔少爷。他要了一壶酒和几个小菜，自斟自饮起来。酒一下肚，不由得诗兴大发。他回过头来向老板娘说："你店里有纸笔吗？借用一下。"老板娘把记账用的笔、糊窗户剩下的纸拿出来递给他。杨奂把纸铺在桌子上，提笔就写他想好的诗句：

> 燕姬歌处啭莺喉，
> 燕酒春来滑似油。
> 自有五陵年少在，
> 平明骑马过卢沟。

　　写完了，他很得意地歪着头看着老板娘，嬉皮笑脸地说："大姐，

◎ 非遗工作人员在搜集资料（二）◎

你看这诗写得如何啊？"老板娘似笑非笑地说："我们平民百姓，文墨粗浅，我说了公子你可别生气，我一看公子的诗，就知道你是一个悠闲自得、吃喝玩乐的花花公子。"杨兵听了，不但不生气，反而不知羞耻地拉住老板娘的手说："大姐，你真有眼力！"这时，只听"啪"的一声，就见杨兵捂着左脸，又听"啪"的一声，又见杨兵捂着右脸。老板娘见杨兵如此轻薄，而且不知羞耻，气得是左右开弓，打了杨兵两个大嘴巴。这时，门外又进来两个光膀子、光脚丫的小伙子，把杨兵打得鼻青脸肿。只听其中一个小伙子大声斥责说："今天打你一整百，今后再不准你们这些有钱有势的纨绔子弟为非作歹。你记住，自古就有这么一句话：'光脚的不怕穿鞋的！'"杨兵吃了苦头，灰溜溜地拉着马逃跑了。小伙子哈哈大笑说："有钱的就是怕死，你要是真急了，能吓得他们拉尿。"

手　　稿：**郑福来**

搜集整理：**陈　宇**

第四节

拴娃娃

清雍正十年（1732年），久旱不雨，灾情严重，官府横征暴敛，迷信活动盛行，老百姓叫苦连天。在那个年月，求神拜佛是大多贫苦百姓的选择。

那时，宛平城城里城外的庙宇，包括城内的兴隆寺、娘娘庙，城东药王庙，城南龙王庙、九神庙，桥西大王庙、观音庙、望海庙、老爷庙，城北回龙庙等，香火都特别旺盛，而香火最旺的就是城内的娘娘庙。这年四月二十八，善男信女在娘娘庙烧香，求娘娘保佑儿女平平安安，无病无灾，特别是婚后未生育的女人更是求神心切。庙中的僧人也抓住这些女人的心理，准备了许多布娃娃，让未孕的女人买上一个，用红头绳拴上抱回家，放在一个安静的地方，一日三餐都要喂一喂，以表示求子诚心，说如此这般，100天就能身怀有孕。

娘娘庙左边住着两户人家，一家姓王，一家姓张。张家夫妻有一男孩，取名大宝；王家夫妻有一女孩，名叫杏花。这两家的关系也处得相当好。两个孩子青梅竹马，长到十七八岁，都有了各自的心事，双方父母看在眼里，喜在心上。特别是杏花姑娘，出落得特别好看，被人们称为"宛平城中一朵花"，不但人长得美，还是一个心地善良、非常贤惠的女子。因此，城里城外给她提亲的特别多，可都被她家一一婉言谢绝了。

东门外路北有

◎ 郑福来在村头讲故事（二）◎

一个有钱人家的子弟，乳名叫狗子。狗子有他爹的遗传基因，吃喝嫖赌，为富不仁，街坊四邻都骂他家上辈子缺了大德。狗子娶过两个媳妇，可好几年也不生育，都被他给打跑了。他娘也骂两个媳妇是"丧门星"，连个孩子也不会生。狗子听说王家的杏花姑娘长得漂亮，就动了歪念头。于是，他引诱杏花爹进赌场赌钱。开始杏花爹得了一些甜头，因此越赌瘾越大，由小赌发展到大赌。这样就上了狗子的圈套，最后久了一屁股赌债，无法偿还。杏花爹为了还赌债，只好答应把杏花嫁给狗子。过门那天，杏花哭得死去活来，好端端的一个姑娘被送进了火坑。

杏花自打进了狗子家，时刻都想念着她的心上人大宝，有时还在睡梦中哭醒。大宝失去了杏花，大病一场，病好后发誓不再娶，在庙里当了一名杂工。杏花婚后一年多，仍未生育，公婆又着急了，担心如此大的家业无人继承，就多次催杏花去娘娘庙烧香拜求娘娘早送贵子。杏花无奈，这天梳洗打扮一番，一早来到娘娘庙，一进门，就见一个青年在躬身打扫佛堂。青年抬头一看是杏花，扭头就走。杏花看见是大宝，就叫住了他。二人相见，全红了眼圈儿，泪含在眼眶里，想起从前的情分，两人都十分动情。过了一段时间，果然娘娘有灵，杏花怀孕了。公婆见他家就要后继有人啦，不胜欢喜，狗子更是高兴得不得了。杏花怀胎十月，一朝分娩，生了个大胖小子。孩子长得眉清目秀，狗子家像开了锅一样沸腾了，全家上上下下都乐得合不拢嘴。可是，杏花却依然闷闷不乐，愁眉苦脸。

不久，公婆去世了，狗子旧症复发也死了，杏花执掌了家中的大权。在杏花的辛勤养育下，孩子慢慢长大了，苦读十年考中了进士。在拜祖的时候，杏花对其子说出了实情：原来他的亲生父亲是娘娘庙里的杂工大宝。于是，一段父子相识的故事又开始了。

手　　稿：郑福来
整　　理：陈　宇

第五节

荆轲[1]与高渐离

一、击筑石的传说

战国时期，永定河名"浴水"。燕国的都城蓟[2]就在浴水岸，也就是现在的卢沟桥附近。

那时，浴水岸有一块一丈见方的巨石，石旁长着一棵古槐。传说，燕国善于击筑的乐师高渐离[3]曾在这块巨石上临水击筑[4]。

高渐离击筑不仅闻名燕国，在其他六国也享有盛名。

有一天，高渐离在琴室聚精会神地击一支曲子。他完全沉醉在美妙的旋律中了，曲毕，放下手中的竹尺，不由得长叹了一声。叹声未息，就听见有人敲门。他走出琴室，打开院门。

高渐离一见来人，心里猛然一惊，明明是陌生人，却觉得像久别重逢的老朋友。此人相貌出众，身高七尺，眉宇呈现出一股豪侠之气。

来人见高渐离一言不发，只是不断地打量自己，便道："先生刚才击的可是《高山流水》[5]？"

高渐离心中大喜，抢前一步挽住来人的胳膊，笑着说："正是。我盼子期[6]久矣，不想今日得与先生相见，请进。"

这个登门拜访高渐离的人，名叫荆轲。他是齐国人，通琴、棋、书、画、骑、剑术。他胸怀壮志，曾游说各国君主，广交天下名士，最后来到燕国的都城蓟。

高渐离与荆轲一见如故，两人携手进了琴室，高渐离请荆轲击筑。荆轲稍稍客气了几句，接过竹尺，坐在筑前，左手按弦，右手击弦，时而急促，时而缓慢，曲调时而高亢，时而婉转。击着击着，两行热泪沿着双颊滚下来。

高渐离不觉听入了迷，心想，荆轲果然是天下奇才，曲击得如此动人。曲毕，高渐离不由得长长地叹了口气，说道："阳春白雪[7]，和者盖寡。"

从此，二人形影不离，常常携手燕市饮酒。酒酣，高渐离击筑，荆轲和而高歌，引得市人争相观看。

荆轲到蓟城不久，经田先生引荐，成了燕太子丹的上卿。

燕太子丹平日陪荆轲玩乐，宝马、香车、美女、佳酿、金银财宝……任荆轲取舍。

荆轲被尊为上卿后，高渐离再也不能像以前那样日日与他相见了，不觉有些寂寞。荆轲虽然什么也没说，高渐离心里明白，燕太子丹一定有重任委于荆轲，他既为朋友高兴，又替朋友担心。

为了散散心中的郁闷，有一天，高渐离独自出了蓟的西门，来到浴水岸边。三春时节，浴水两岸绿树如烟，野花似锦，一片片丛生的蓟草，在春风中摇着淡紫色的花蕾。他一边走，一边看，不知走了多长时间，也不知走了多远，突然听见一阵隐隐的击筑声，心里一惊，顺着声音走去。

绕过一片小树林，他看见一位三十开外的中年人，坐在一块一尺见

◎ 荆轲与高渐离（一）◎

方的巨石上，临水击筑。筑声慷慨激昂，震得四周树叶沙沙作响。高渐离听后，不觉热泪奔涌。高渐离是击筑的大师，凡人间流传的曲子，没有不知晓的，可从来没听过这样慷慨悲壮、催人泪下的曲子。于是，他悄悄地躲在一棵大树后面，咬破食指，把这支曲子记在自己的袍襟上。

那人把这支曲子反复击了几遍，最后放下竹尺，仰天长叹："壮士啊，壮士！"

高渐离觉得此人不同凡响，为了及时向他请教，急忙从树后走出来，对着此人施礼道："先生从何处来？为什么一人临水击筑？烦请先生告诉我，刚才击的是什么曲子？为什么这样慷慨悲壮？"

击筑人还礼道："先生可是燕国的高渐离？我住易水[8]，到浴水访友，无事，在岸边击筑。此曲名《易水》。为谁而写，先生到时自知。高先生是击筑大师，今日有幸相见，请多多赐教。"说完，把击筑的竹尺递到高渐离的手中。

高渐离正想试试刚才听见的曲子，顾不得客气，坐在巨石上聚精会神地击起筑来。高亢的筑声直冲云霄，响彻了天空和大地。刚才那个击筑的人和着高渐离的筑声放声高歌："风萧萧兮易水寒，壮士一去兮不复还[9]！"

歌声、筑声融为一体，高渐离忘记了一切，完全沉醉在这高亢悲壮的旋律里了。他用尽全身力气，拼命地击着筑弦。忽然"啪"的一声，13根弦一齐击断了，高渐离才从筑声里清醒过来。他看着击坏的筑，觉得十分抱歉，一时不知说什么好。

筑的主人却毫不介意，拿起断弦的筑，微微一笑，说道："先生果然筑艺精湛！这支《易水》经你一敲更加感人了。今秋，你我将在易水重逢。"说完，举手把筑投进浴水。那筑在水中打了几个旋儿，转眼不见了。高渐离觉得十分可惜，回头再看筑的主人，早已无影无踪。

高渐离惊诧不已。他环顾四野，天近黄昏，夕阳似血。远处的山、远处的人都变得朦朦胧胧的，只有刚才那慷慨悲壮的击筑声，仍旧清晰地回响在浴水两岸。

战国至今，已经2000多年了。永定河边的击筑石和高渐离临水击筑的传说，随着滚滚滔滔的永定河水，一直流传不息。

　　搜集整理：赵美琳

摘选自丰台区文化馆内部资料

二、永定河边埋侠骨

　　永定河西岸有一片连绵起伏的山岗，古名蓟陵。传说，战国时期的荆轲就埋葬在这里。

　　燕王喜二十八年（前227年）秋，燕太子丹派荆轲入秦刺杀秦王。

　　燕国著名的击筑大师高渐离是荆轲的好朋友，他随太子丹到易水为荆轲送别后，终日心惊肉跳，坐立不安。他既为朋友的铮铮侠骨而自豪，又为朋友的安危担心。秦，乃虎狼之国，入虎狼之国，杀虎狼之首，非同一般。万一事情败露，必死无疑。高渐离自易水归来，不思茶饭，一天到晚坐在琴室里，一遍又一遍地击着《易水》，耳边终日回响着那慷慨悲壮的歌，"风萧萧兮易水寒，壮士一去兮不复还"。

　　一天，更深人静，高渐离坐在琴室，迷迷糊糊地睡着了，梦中忽然听见有人敲门。他放下竹尺，匆匆打开房门，荆轲一步跨进门槛，高渐离喜出望外，一把拉住荆轲的手，说道："轲卿，你可回来了！"两行热泪随着话音从脸颊上滚下来。

　　荆轲淡淡一笑，说："我回来了，回来与渐离卿告别。生不能啖秦王肉，完成太子使命，替天下人报仇；死也要变成厉鬼，饮秦王之血，为天下人雪耻！"说到这里，他慢慢地撩起衣襟，只见他浑身血肉模糊，横七竖八的刀口一齐向外喷着鲜血。高渐离大叫一声，惊醒了。他环视琴室，除了欲灭的烛光外，什么也没有，想想刚才的梦，不由得打了几个寒战。他流着泪，自言自语地说："荆轲休矣！"

　　第二天，天刚蒙蒙亮，高渐离就跑到大街上，在皇宫前后转来转去。他看见宫门口有两个卫兵正在交头接耳，就急急地向他们走过去。

在蓟这个地方谁不认识高渐离？谁不知高渐离是荆轲的好朋友？两个卫兵一见高渐离朝他们走过来，一齐招呼道："高先生，是不是打听荆轲的消息？"

"正是。不知宫中近日得到荆壮士的什么消息没有？"

两个卫兵一听，惊讶地说："先生还不知晓吗？秦将王翦已经率领重兵占领了下都武阳。荆轲被秦王剁成了肉泥，裹在马皮里，悬挂在武阳北门。昨天上午，王翦抓住一名从武阳逃跑的燕兵，给太子丹送了一封书，要太子丹到武阳取荆轲的尸骨。三日不到，就把荆轲的尸骨投入易水喂鱼虾……"

高渐离一听，只觉得头晕眼黑腿发软，一头栽到地上，不省人事了。当他醒来时，看见自己躺在东宫里，太子丹涕泪满面地守在旁边。

高渐离爬起来，"扑通"一声跪到地上，痛哭流涕地说："太子，千万要把荆轲的尸骨取回来呀！"

太子丹急忙扶起高渐离，说："荆壮士遭此苦难，丹之罪也。如今，秦兵压境，燕危在旦夕，王翦把荆壮士的尸骨悬在武阳北门，其用心有二。一为激怒燕国，发倾国之兵与之决战，从而一举灭燕；二为诱饵，引丹上钩自投罗网，再以丹为人质，要挟燕王。丹即使有熊心豹胆也不敢去武阳。"

高渐离听太子丹说得有理，然而就这么眼睁睁地看着荆轲的尸骨被投进易水吗？他沉思了片刻，毅然地说："我有一计，请太子恩准。太子应当以国家为重，不要轻举妄动。渐离不过是一介普通民夫，生死无足轻重，我想扮成太子，入武阳，冒死取回荆壮士的血肉、碎骨，死而无怨。"

太子丹一听十分感动。高渐离筑艺高超，人品出众，在这危难的时刻，为国家、为朋友挺身而出，怎能不叫人敬佩呢？太子丹立刻拿出自己的衣冠，替高渐离穿戴好，亲自套好自己平日乘坐的车马，扶高渐离登车，出了蓟。

高渐离日夜兼程，第三日下午，来到了武阳。

王翦正与众偏将商议向蓟进兵的事，忽然听到禀报，"燕太子丹到"。王翦不觉一惊，他万万没有想到，燕太子丹竟然有这种视死如归的气概，敢到他的兵营取荆轲的碎尸烂骨。他立刻下令，传太子丹进帐，又和身边一位偏将低声说了几句，那位偏将转身出了军帐。

高渐离从车上下来，只见大营内外刀枪林立，冷飕飕，阴森森，杀气腾腾。高渐离刚刚走进辕门，两排侍立的卫兵"唰"地举起雪亮的长矛，挡住了去路，矛头不高不低，正对着高渐离的咽喉咽喉。高渐离眉不皱，眼不眨，如入无人之地，迎着矛头大踏步地走过来，眼看就要撞到矛尖上了，两排长矛"唰"地收了回去，笔直地立在卫兵的身边。

高渐离走进大帐，只见王翦端坐在帅案后，旁边肃然地站着两排偏将。

王翦在帅案后大喝一声："太子丹，你知罪吗？"

高渐离侃侃而答："丹赴将军之约，到武阳取荆轲的尸骨，何罪之有？"

王翦大怒道："你派刺客刺杀秦王，难道无罪？"

高渐离微微一笑，说道："王将军，国各有界，人各有家。秦王举虎狼之师，吞食六国疆土，百姓遭兵刃之苦。刺杀秦王者已被剁成肉泥，秦王杀天下百姓无数，又该当何罪？"

王翦冷笑一声，说道："太子丹，此处是驻有十万大军的兵营，不是咸阳。你可以从咸阳逃生，难道还想从我这里逃跑不成？燕国指日可灭，你还敢当着本帅之面辱骂秦王！来人，把太子丹推出营帐斩首！"

话音一落，几个彪形大汉手持钢刀、绳索拥到高渐离的身边，立刻把高渐离五花大绑，推推搡搡地往外走。

"慢！此人不是燕太子丹！"随着喊声，一位偏将跨出行列，站到王翦面前。大家吃了一惊，一双双询问的眼光投到这位偏将的身上。

偏将向王翦拱手道："我站在帐前观察了多时，此人不是燕太子丹，是燕国著名的击筑大师高渐离。他和荆轲是好朋友，定是假扮太子，冒死来取荆轲的尸骨的。我曾经向高先生请教过击筑。将军闲暇时常常教卑职于帐前击筑，夸奖卑职击得好，其实与高先生相比，相差甚

◎ 荆轲与高渐离（二） ◎

远。请将军息怒。"

王翦一向爱惜人才，早就听说燕国的高渐离击筑的技艺精湛、人品出众。今天，又目睹了他为朋友视死如归的凛然气概，心里十分敬佩。他立刻从帅案后站将来，走到高渐离的身边亲自替他松了绑绳，客客气气地说："翦不知道是高先生，多有冒昧，请先生原谅！"说完，立刻吩咐赐宴。

酒过三巡，王翦道："久闻先生筑艺精湛，不期今日相见。请先生当面击筑，以享视听。"

高渐离起身道："遵将军命。"说完，坐到筑前，左手按弦，右手持竹尺，叮叮咚咚地击起《易水》来。随着慷慨悲壮的筑声，高渐离含泪高歌："风萧萧兮易水寒，壮士一去兮不复还！"在座的人听了，无不涕泪沾裳。

宴后，王翦对高渐离说："荆轲的尸骨已放入棺材，先生可速载之而去。人各为其主，我受命秦王，不久就要从武阳发兵至蓟，燕国危在旦夕。秦王的脾气先生是知道的，何况先生是荆轲的好朋友，请先生回蓟城后，早做准备。"说完，送高渐离出了辕门。

高渐离载着荆轲的尸骨，日夜兼程，正是深秋，寒风萧瑟，落叶纷纷，田野一片寂寥。稀疏的村庄死一般地立在大地上，没有人影，没有炊烟，也没有鸡鸣、狗吠，到处呈现出一派国破家亡的凄凉景象，使高渐离触目神伤。

高渐离赶回蓟时，蓟已经陷入一片慌乱之中。百姓四处逃散，燕王已经弃了蓟，带着精锐部队逃到辽东，皇宫里只剩下太子丹和一些留守的军队。

太子丹看见荆轲的棺材，扑过去，抱着棺材大哭起来。他一边哭，一边说道："荆卿死而归蓟，丹他日不知死于何地！"

哭毕，太子丹命人连夜在浴水西岸的蓟陵挖好墓穴，掩埋了荆轲。

夜已经很深了，奉命掩埋荆轲的人都走了。坟前只剩下高渐离一个人。高渐离跪在荆轲的坟前，迎着寒冷的秋风，披着惨淡的月光，含一腔血泪，击筑高歌："风萧萧兮易水寒，壮士一去兮不复还！"这歌声随着呜呜咽咽的浴水，激荡着蓟的大地和天空，激励着这块土地上的热血男儿。古语"燕赵多慷慨悲歌之士"即由此而来，并为历代人们所传颂。

搜集整理：**赵美琳**

摘选自丰台区文化馆内部资料

第六节

荆轲赛马的故事

　　传说，大雨过后，在卢沟桥畔的沙石中偶尔可以捡到豆粒般大小的黄金。原来，战国时期荆轲曾在浴水东岸撒过一次金沙雨。

　　荆轲自接受刺杀秦王的重要使命之后，燕太子丹日日陪荆轲行乐，千方百计满足他的心愿。燕太子丹知道荆轲善骑，就从御厩中挑了一匹千里马送给他。

　　这匹千里马浑身雪白，没有一根杂毛，四只蹄子却像火炭一样红艳，跑起来好像四朵飘飞的红云。荆轲一见，心中大喜。正是阳春三月，荆轲立刻建议，到郊外骑马踏青。

　　浴水岸边的蓟陵，是蓟城西郊著名的自然风景区。荆轲同燕太子丹并辔出了城门，直奔蓟陵。

　　蓟陵位于浴水两岸，河水拍打着山脚下的石崖，飞扬激溅。陵上草木繁茂，葱茏青翠。登上蓟陵，沿一条小径往西北走半里路，就是著名的龙泉谷。龙泉谷三面环山，西北边的半山腰中，有一个碗口大小的泉眼。清澈的泉水从泉眼里喷涌而出，沿着山崖滚下来，落进一潭春水，溅起一串串珍珠般的浪花。潭水沿着山涧，由西北向东南曲曲折折地流入浴水。溪水两岸，郁郁葱葱，花奇草异，百鸟争鸣。.

　　荆轲站在岸边，不由得轻轻地长叹一声，说道："轲如果能从秦生归，就隐居在此谷。"

　　燕太子丹一听，忙说："轲卿归来，丹在此谷为卿造一处宫殿。蓟陵山水有幸，与轲卿芳名一起，永垂青史。"

　　出了龙泉谷，他们策马来到浴水东岸。岸边绿草如茵，繁花似锦。荆轲轻轻一扬长鞭，千里马一声长嘶，四蹄腾空，飞一般地驰向古渡口。一会儿，又从古渡口归来。荆轲骑兴骤起，对太子丹说："太子何不在浴水岸边举行一次赛马，胜者赏金沙千两，以尽天下骑者之兴。"

浴水东岸是一片空旷的草地。以前，燕国每年都在这里举行一次赛马。近两三年，由于秦率重兵吞食各国，燕国已是四面楚歌，因此一年一度的赛马大会也就停止了。今听荆轲提及此事，燕太子·丹满口答应，说道："此事不难，丹回宫后立刻筹办。三日后，准时在这里举行。愿荆轲养精蓄锐，在赛马大会上一举夺魁。"

浴水岸边举行春季赛马大会的消息立刻传遍全国。虽然大兵压境，燕国危在旦夕，但一帮纨绔子弟仍旧沉浸在吃喝玩乐之中。听说浴水岸边举行赛马，他们个个欢欣鼓舞，带着金银、美女，骑宝马，坐香车，从四面八方涌进蓟城。客栈处处爆满。燕市骤然变得十分拥挤，呈现出一派繁华。

赛马的前一天，一个名叫马龙的人求见太子。燕太子·丹早在秦国当人质的时候就有耳闻，马龙是赛场上的一霸。他曾经用种种手段夺魁九次，靠赛马赌博挣得家财万贯，成了燕国屈指可数的富户。马龙早就扬

◎ 荆轲赛马 ◎

言，要接连夺魁十次。两年前，他用重金买了一匹千里马。这马浑身乌黑发亮，没有一根杂毛，只有四只蹄子是白的，取名"四蹄踏雪"。太子丹心里明白，马龙求见一定是为了赛马的事。太子丹瞥了一眼礼单，有些竟是连皇宫里都没有的奇珍。

太子丹传见马龙后，立刻屏退左右，开门见山地说："马先生莫非为了赛马的事？"

马龙立刻起身回答："正是为了此事。贱民听说，此次赛马，有太子的上卿荆轲参加。请太子在荆上卿跟前替贱民周旋几句，如果荆轲能让我半个马头，除一千两金沙如数给他外，我另出一千两黄金作为酬谢。"

太子丹听后，心里骂道："竟敢在我太子头上行贿，我难道能为一个赌徒去扫荆上卿的兴？"但是太子丹表面上仍旧十分客气，他说："丹听说马先生一直称雄燕国赛场，两年前又得宝马，今日碰上荆轲，可谓棋逢对手，将遇良才，正好比个高低，再展赛马场上的雄姿，有什么可虑的呢？何况，那荆轲重气节而不贪小利，如果弄巧成拙，反而不美。马先生还是早早回家，争取明日在赛马场上夺魁吧！"

马龙从皇宫出来，心里总有些忐忑不安。这次赛马，他下了万两黄金的赌注，万一输了，就会倾家荡产。他转念一想，荆轲虽然有些名气，但毕竟不是天上的神仙，他荆轲也是人，也是血肉之躯，岂能没有七情六欲？不如直接去找荆轲谈谈，最多比别人价码高，多破费些银两罢了。

荆轲正同高渐离在家中饮酒，忽然听见有人敲门，高渐离笑着说："必定是马龙。"

荆轲打开门，马龙满脸带笑地走进来。荆轲早想替众骑手出口闷气，没等马龙开口，就客客气气地说："原来是马先生。轲早先就听说马先生九次赛马夺魁，这次有幸同先生比赛，请先生多赐教。轲参加这次赛马是为了尽驰骋之乐，不想以此创家立业，万一侥幸夺魁，得一千两金沙足矣，如果名落孙山也不介意。我正陪朋友饮酒，马先生有什么话，请明日赛马场上再谈吧。"

马龙碰了一鼻子灰，气得咬牙切齿。荆轲被太子丹尊为上卿，他无可奈何，只好横下一条心和荆轲比个高低。

赛马的日子到了。浴水东岸，用五色彩旗标出十条跑道。赛场四周挤满了黑压压的人群。那些有钱有势的人家，在赛场四周搭起了看台，亲朋好友坐在看台上谈笑风生。

参加比赛的骑手共100名，分成十组，每组十人。荆轲在第一组，马龙在第二组。观众的眼睛一直盯着荆轲的白马和马龙的黑马，叽叽喳喳地议论着，翻身下着赌注。

一声高亢、响亮的牛角号响过之后，第一组的十匹赛马一齐向终点奔来。荆轲那匹白色的千里马好像一道白色的闪电，三分像跑七分像飞，刹那间就冲到了终点，把其他九匹马远远地抛在后面。赛场四周响起一阵暴风雨般的喝彩声。马龙得了第二组的第一名。

决赛开始了。赛马大会出现了高潮。十个小组的第一名一字排开，进行夺魁赛。牛角号响过，浴水岸边，喝彩声、锣鼓声响成一片。十匹宝马同时腾空而起，直向终点冲来。马龙把身子紧紧贴在马背上，一只手频频扬着马鞭，拼命抽着马屁股。那匹马疯了似的往前奔跑，累得大汗淋漓，好像刚从浴水里爬上来。

再看荆轲，轻松自如地骑在马背上，只轻轻地踹了一下马镫，那马立刻昂首长嘶一声，箭一般地冲到前头。

马龙一见急红了眼，立刻从腰间抽出一把短刀，朝着马屁股狠狠刺去。那马痛得惨叫一声，不顾死活地奔跑起来。鲜血顺着刀口流出来，染红了蹄下的跑道。眼看就到终点了，可惜那马已经筋疲力尽，"扑通"一声倒下了，马龙一头栽倒在地上，摔得鼻青脸肿。就在这一刹那，荆轲的马从马龙身旁一闪而过，首先冲到了终点。欢呼声、喝彩声顿时响彻浴水两岸。

荆轲满面春风地登上领奖台，从燕太子丹手中接过一千两金沙。其他赛手蜂拥而来，纷纷向荆轲祝贺。荆轲分赠每位骑手五两黄金，与众骑手同享赛马之乐。

等观众散尽后，荆轲拎着剩下的金沙骑在千里马上，一边跑一边撒。浴水岸边好像下了一阵金沙雨。豆粒般大小的金沙，噼噼啪啪地落下来，掉进飞扬激溅的浴水中，滚进岸边丛生的杂草里。

　　金沙撒完了，荆轲骑在千里马上，迎着滚滚滔滔的浴水仰天大笑，尽兴而归。

搜集整理：**赵美琳**

摘选自丰台区文化馆内部资料

高庙故事

一

离卢沟桥不远的地方，有一座具有传奇色彩的庙宇，叫作高庙。虽说这座庙宇已经毁坏了，但据老人们流传下来的"跑马关山门"的说法，就可知高庙的规模之大了。不过，流传最多的还是关于庙中那座铜佛和金鸡的故事。

明万历年间，有个姓李的工匠，因自幼家庭贫寒，只得小小年纪就漂流四方，打工糊口，历尽艰难辛苦。他本性勤劳，又好动脑筋，苦熬了20多年，倒也学成了多般技艺，成了一名技艺高超的工匠。不论是木匠活、瓦匠活、石匠活，遇到了什么难处，只要到了他手中，总会想出办法解决。因此手艺人都叫他"活鲁班"。

他的名气大了，生活也逐渐好了起来，有时也爱去游逛些名胜古迹，他最喜爱看的是寺庙的佛像。那些佛像一个个造型逼真、栩栩如生，不由得让他从心里敬佩，决心学会这门手艺。俗话说："天下无难事，只要有心人。""活鲁班"心灵手巧，又有各种技艺在身，没用几年工夫，他不但能塑泥佛、木佛，而且更善于铸造铜佛、金佛，名声传遍各地。

有一天，"活鲁班"来到京城西南郊外卢沟桥附近的义井村（现叫大井），发现这里大小庙宇林立，其中最为雄伟壮观的是一座正在兴建的佛寺，叫作万佛延寿寺。由于他是个手艺人，最爱看修建中的建筑，就走进去观看。刚一进寺，他就碰上了意想不到的事情，只见主持建寺的长老和尚同众多的工匠一齐跪在地上迎接他。"活鲁班"大吃一惊，连忙扶起众人，询问其中的缘故，才知道这座万佛延寿寺确实非同小可。这是皇家修建的寺庙，为超度皇上的三公主而建。眼看期限已到，庙宇将成，而后殿供奉的千手千眼佛却至今尚未立成，所以众人才跪求他帮助铸佛。说是昨夜众人齐得一梦，今日有异人前来相助，异人指的就是"活鲁班"。事至如今，"活鲁班"也实在无法推辞，因为他也深知工匠之苦。再说，众人异口同声称他为异人，其中又有不少知道他"活鲁班"称号的，如不答应，也怕败坏了自己的名声。

其实"活鲁班"还不知道自己上当了。原来，这里的工匠中本有不少京城高手，技艺不比"活鲁班"差，只是铸

◎ 高庙的故事（一）◎

佛时遇上了一件怪事：佛像铸好后请上莲花宝座，可佛首却突然脱落下来。无论众工匠用什么办法，佛首再也安置不上。这可把众人急坏了。这座佛像耗资无数，如今快到期限了，却只有佛身立在那里，不见佛首，众人性命眼看难保了。正在万般焦虑，想请能人相助。可巧，今日"活鲁班"出城，刚出广安门外关厢，就被认识他的工匠看到了，马上就到寺中报信。众人忙商议这个办法来请他，使他不能拒绝。

"活鲁班"答应下来后，才知自己遇上了大难题。千手千眼佛虽然造型奇特复杂，但对他来说也不是难事。他用尽全身本领，并焚香拜神敬请神灵保佑，谁知到头来也没把佛首安好。接连几次失败，众人惶恐万分，低头垂泪。"活鲁班"也是骑虎难下，后悔当初未考虑后果，满口应承下来，闹得自己名声扫地不说，就连性命也难以保住了。

眼看只有三天期限了，"活鲁班"昼夜难眠，一筹莫展，独自来

到酒店中借酒浇愁。想到命中注定要在这里身败名裂，他不由得仰天长叹，泪水长流。这时，外面进来一个老汉，见他一副愁苦的样子，就坐到他身旁来，要给他说上几句笑话解闷。"活鲁班"一听更是烦恼万分，可一看老汉衣衫破烂，满身污垢，像个乞丐，也就明白老汉不过是想讨几个钱花，只得按下心中怒火，长叹了一声。他为老汉要来了几样酒菜，让老汉随意吃喝，不要再多言多语。老汉也不客气，把桌上酒菜一扫而光，随后蘸着残酒在桌上写了"车到山前必有路"几个字，转身就走。"活鲁班"一看到字迹，感到有些意外，连忙叫住老汉，向老汉请教，以为是碰上个世外高人。哪知老汉听完他的讲述之后，只是傻笑一阵说："我是一个眼看着黄土就埋到脖子上的人了，生来只会讨饭，哪有什么办法教你呢？"说完扬长而去。"活鲁班"讨教不得，反遭耻笑，心中更为恼怒，回到寺中倒头便睡。这一觉竟睡到第二天下午。这时，寺中工匠眼看第二天期限就到了，逃也逃不掉，都聚在寺中面面相觑，准备听天由命，可突然听到"活鲁班"一声大叫，急忙前去观看。

原来"活鲁班"虽然睡着，可在梦中也是离不开佛像的事，不知怎么办。他在梦中又见到了老乞丐，猛然醒悟到老汉的话确有道理，大叫着"惭愧"爬起身来。众工匠听到他有办法了，喜出望外，连忙照他的吩咐，把佛像用沙子埋起来稳住，只露个安佛首的地方。"活鲁班"忙生火开炉，又一次铸好佛首。大家小心翼翼，连大气也不敢出，一直忙到半夜才算完工。等到大家把沙子清出寺外，猛听得一声金鸡长鸣，外面正好打起三更鼓。众人觉得三更鸡鸣得奇怪，忙回到殿中，只见千手千眼佛金光灿灿，稳如泰山。众人不由得欢呼跪拜，庆幸大功告成，等大家抬起头来，却早已不见"活鲁班"的身影。

原来"活鲁班"见佛像铸好，也是喜出望外，不由得学着金鸡报晓长鸣一声，来庆贺自己又能重见天日。见众人正在庆贺，他就偷偷溜出寺外，回到自己家乡去了，从此隐姓埋名，再也不出外做活。可寺中却从此流传下了各种传说：有的说"活鲁班"本来就是工匠的祖师爷鲁班现身，前来指点；也有的说老乞丐是张果老下凡点化，佛像才立成；更有人说，寺中有金鸡显圣，三更鸡叫定佛心，佛像才稳住，众人才得活命。这些传说流传越来越多，越来越广，万佛延寿寺的名声也就传开了。

搜集整理：**郭　刚**

摘选自丰台区文化馆内部资料

二

话说万佛延寿寺建成以后，因为气势宏伟，据说与皇宫紫禁城的建筑并肩，所以被称为"高庙"，万佛延寿寺的正名倒不大被人提起了。

由于高庙在修建时就流传下了许多传说，所以建成后香火很旺盛。来进香的人中，有不少是来朝拜千手千眼佛的，可也有不少人是为了传说中的金鸡而来。当时关于金鸡的传说很多，有不少人都说见到了金鸡在三更显圣。每当金鸡出来时，整座高庙都笼罩在一片金光之中，金光灿灿，色彩斑斓。金鸡振翅抖动，跃跃欲鸣，但从来没有听到过金鸡长鸣。于是，人们纷纷传说，谁要是能亲眼见到金鸡，并且能听见金鸡鸣叫，就会延年益寿，得道成仙。金鸡时常显现，也正是为了寻找有缘分的人，度他踏入仙界。

于是，东南西北各地，不知有多少人不辞辛苦来到高庙进香。有的甚至不惜千里迢迢来到这里，一心希望能见到金鸡显圣。不但有钱的信佛人来这里烧香拜佛，就是穷得饭都吃不上的穷乞丐，也纷纷到高庙求神保佑，希望见到金鸡后，即使不能得道成仙，也能免去穷困之苦，过上温饱的日子。

由于当初曾有过张果老化成乞丐点化工匠的传说，大井村一带的人对乞丐都不敢怠慢，连高庙的僧侣也常舍粥救济四方乞丐，所以乞丐来得很多。一年夏天，一个江南的老乞丐来到了高庙。他多年在江湖上行乞，饱经沧桑，阅历丰富。听到金鸡的传说后，他一连几天在高庙里察看，有一天终于找到了金鸡。

原来高庙真有一只金鸡。不过它既不是金铸的，也不是泥塑的，而是用笔画的一只金鸡。那只金鸡就在佛像前面、香房上方的房梁上。一般人谁也想不到站在佛像的位置上去看炉顶，所以大多数人都是失望而归，从来未见到金鸡。金鸡不大，但画得像活的一样神气，金光灿灿，好像随时都要鸣叫似的。

　　老乞丐心中大喜，暗自想着，这金鸡不但画得好，而且位置好，正好接受人们供奉的烟火，又天天俯视着铜佛，说不定真是一只有神灵的金鸡。只是不知道这只金鸡什么时候能显灵现身，不知道自己有没有这份福气见到。从此，老乞丐更是多方打听金鸡的消息，有时还在半夜三更来到佛殿偷看金鸡，因为他听说金鸡有时在三更时分出来吃供果。说来也怪，老乞丐每到半夜来偷看金鸡，那金鸡就越发显得金光耀眼，好像马上就要飞下来吃供果一样。老乞丐这下更加信服金鸡的灵验了。

　　其实，这只金鸡本是铸佛像的"活鲁班"画的。因为铸佛像时，工匠没留神碰破了梁上的一块漆皮，"活鲁班"就随手蘸着金粉画了一只金鸡。那金鸡是纯金制成的，不比一般颜色，在佛殿长明灯下自然金光闪烁，活灵活现。当初，佛像在三更铸成时，"活鲁班"就是一抬头看到了这只金鸡，心里一轻松，才长鸣一声，不辞而去。后来众工匠也都陆续离去，所以谁也不知道金鸡在哪儿，也更不知金鸡的来历了，只是根据那鸡鸣传开了不少说法。真正又看到金鸡的，还是这个江南来的老乞丐。

　　话说老乞丐见到金鸡后，心里暗自欢喜。他知道天机不可泄露，只是偷偷地独自等待时机。可一连多少天过去，他什么也没见到，心里也是万分焦虑。不过急中生智，他也想起了一句老话"心诚则灵"。觉得老等着也不是办法，应该上点儿供，表表诚心。可是老乞丐身无分文，哪来的供品呢？思来想去，他也有了一个主意：有钱人供佛一把银，穷人供佛一片心。他每天出去讨饭时，就留下一碗粥，夜半时分悄悄给金鸡上供。如果有了几个铜板，他就再买几炷香点上。说来也怪，每天早上老乞丐去佛殿查看，总发现饭碗被摆在一旁，里面的粥却一点不剩。他心里高兴极了，看来自己没有白费精神，供的粥都被金鸡吃了。只要

卢沟桥传说

◎ 高庙的故事（二）◎

金鸡吃自己的粥，那就说明准有一天能对自己显灵。

一天夜里，老乞丐做了一个梦。梦里看到金鸡来了，说他的真心可嘉，告诉他只要连续一百天都在三更天去供粥，到了第一百天就会看到金鸡显灵。到了那一天，不但老乞丐会得道成仙，一步登天，金鸡也会一鸣惊人，冲天而去。原来，不但人们在寻找金鸡，金鸡也在寻找着有缘分的人，而这个有缘人恰恰就是老乞丐。老乞丐这下可乐坏了。从此以后，他每天准时去供粥，而且更加小心翼翼，不让别人发觉，生怕别人冲撞了金鸡，

败了他的缘分。就这样，一天接一天，老乞丐白天讨饭，晚上去供粥。转眼间已经到了第九十多天，眼看就要大功告成了。可俗话说："若要人不知，除非己莫为。"老乞丐的奇怪举动渐渐引起了别人的注意。

首先是高庙中的和尚，发现每天夜里总有个粥碗供桌上，感觉有些奇怪。不过，寺庙是不许拒绝任何人的供品的，所以倒也没引起太大的风波。可是那些与老乞丐住在一起的乞丐们，真的觉得纳闷了。他们觉得这个老乞丐有点特别，每天要饭回来总得留下一碗粥不说，还老是深更半夜往外跑，也不知到底要干什么。老乞丐编了个瞎话，说是早年许下的愿，要在半夜去寺庙舍粥才能去除灾祸。别的乞丐虽然当面没说什么，背后可就嘀咕上了：一个穷要饭的，自己还吃不饱呢，天天半夜去舍粥，这里面准有名堂，说不定这个老头发现什么宝物了，想要自己独吞。越说越觉得奇怪，众乞丐就商量好了，到了夜里跟着老乞丐，有什么好处不能让他一人独吞。

这天夜里，老乞丐又偷偷溜出去了，心里又高兴又紧张，因为这是第九十九天了，明天就到了百日的期限，金鸡就要显圣了！老乞丐边走边想，哪里想得到身后有人相随，何况路上黑得伸手不见五指，天上的阴云好像压得人喘不过气来。偶尔的，有闪电一亮，过后显得更加漆黑一团。看来是快下雨了，老乞丐深一脚浅一脚地向高庙走去，众乞丐跟在后面连大气也不敢出。眼看着老乞丐溜进了佛殿，众乞丐趴在门缝中一看，都愣住了。

只见老乞丐把粥碗放在供桌上，点燃了几炷香，就跪下来磕头，嘴里念念有词。佛殿内的长明灯一闪一闪的。众乞丐看见老乞丐双眼放光，精神十足，跟平时的精神大不一样，不由得面面相觑，把耳朵紧贴在门缝上去听。原来老乞丐正在念叨着："金鸡金鸡快显圣，吃了供品显神灵。"这下乞丐们可都红了眼，早就听说过金鸡的故事，要是老乞丐得到金鸡了，那哪行啊？！大伙儿都想见着金鸡长命百岁呢！就是能得到根金鸡毛，这辈子也用不着再要饭了。于是不由分说，众乞丐一齐拥了进去，把佛殿大门都挤掉了。

就在这时，只听见一声霹雳巨响，一道闪电把寺庙照得通明。老乞丐一见众人闯进来，绝望地大叫一声，跳了起来。突然，一阵强风吹来，佛殿里的长明灯被风扑灭，闪电也已经消逝，四处又漆黑一团。众人都被这景象吓坏了。随着老乞丐的又一声怪叫，乞丐们连滚带爬地向外跑，转眼间就跑了个一干二净。

众乞丐逃出高庙后，一个个气喘吁吁，惊魂不定，都凑到一起想定定神。想不到高庙又传来了巨大的响声，接着又是雷鸣电闪，大雨像石子一样打来，众乞丐都哭喊而逃。

回到了住处，众乞丐都跌得头破血流，相互埋怨。老乞丐更是捶胸顿足，大骂众人冲撞了神灵，一定没有好下场。就在这时，外面又响起了巨大的霹雳，震得房子直往下落土。一时间电闪雷鸣，风雨交加，好像外面在进行着一场生死厮杀。风声、雨声、雷声，一阵紧过一阵。乞丐们吓得面无人色，以为真是金鸡发怒了，生怕大祸就要临头。过了足有两个时辰，外面才逐渐风消雨停，静了下来。乞丐们也才放下心来。

卢沟桥传说

可谁也没想到高庙会发生一件大怪事。乞丐们早上起来到高庙去，发现佛殿的房顶竟然不翼而飞，只剩下千手千眼佛站在露天里，可庙中的其他建筑和佛殿的四壁却丝毫没有损坏。众乞丐不由得惊叫起来，又怕周围的人知道了昨晚的事，都悄悄溜走了。从此以后，高庙的佛殿没了房顶，乞丐们也都不再来了。

搜集整理：**郭 刚**
摘选自丰台区文化馆内部资料

三

自从发现高庙佛殿的房顶不翼而飞后，乞丐们都以为是自己冲撞了金鸡，才惹下了这场大祸，当天就都跑掉了。寺中的和尚和周围的人们都议论纷纷，说什么的都有，其实这件事早就有了苗头。

千手千眼佛虽然每天享受人间香火供奉，可心里一直就不大痛快，老是憋着一口气。它跟谁生气呢？就是跟那只金鸡。俗话说："人争一口气，佛争一炷香。"千手千眼佛一抬头，看见金鸡在自己的头顶上，心里的气就不打一处来。再说，总是听到烧香的人议论金鸡，金鸡又在香炉的上方，铜佛的气就更大了。明明是自己的佛殿，可先享受烟火的却是一只金鸡！何况画这只金鸡时，用的还是自己身上的金粉。千手千眼佛怎么能甘心咽下这口气呢？！于是它每天都瞪着金鸡，想把金鸡赶走。

自从老乞丐每夜给金鸡供粥以来，千手千眼佛的火气就更大了。来庙中烧香上供的人很多，成千上万的舍钱的人也不在少数，可像老乞丐这么诚心的人还真是头一个。可就这头一个诚心的人，却偏偏是给金鸡上供。千手千眼佛又是眼红又是生气，心想，老乞丐要是真的连续上供一百天，金鸡得了正果，还不得老踩在自己头上？它不由得怒火万丈。到了第九十九天，老乞丐到来时，千手千眼佛的肚子都快气炸了。又赶巧众乞丐一拥而入，殿门顿开，一股狂风扑灭了佛殿的长明灯。千手千眼佛实在忍耐不住心中的怒火，大发雷霆了。这一下可了不得了，那真是怒气冲天，把佛殿震得四处乱晃。千手千眼佛一看，心想，既是这样，豁出房顶不要了，也不能让你一只小金鸡有出头之日。

千手千眼佛念头刚一转，就被别人知道了，那就是四川长江的水龙王。这个龙王统管四川境内的整个长江。当地人为了求得风调雨顺、行船安全，在江边给龙王建了一座龙王庙。这座龙王庙建得高大宏伟、金碧辉煌，龙王心中非常高兴。可是想不到工匠们把大殿的房梁计算短了，殿顶至今还没上去。这个龙王又是个急性子，看见自己的庙宇马上要大功告成了，却又半路出了毛病，心里暴躁不安，每天半夜都要飞到空中观看。这一天，龙王刚刚飞上天空，就看到京城方向一阵骚动。仔细一看，原来是千手千眼佛正在发怒，一股怒火直冲云霄，连殿顶都要冲飞了。龙王心中大喜，心想，你不爱要房顶了？正好，我还为找不着房顶着急呢！干脆咱们来个互相帮忙，两好换一好，我帮你把房顶拆下来，安到我的庙上，于是龙王挟雷带雨地急忙赶到高庙。这一来，可就

◎ 高庙的故事（三） ◎

凑了大热闹了。

乞丐们看到的电闪雷鸣、风雨大作，就是这个龙王到了。龙王到了以后，千手千眼佛在下边运气，龙王在上面用力，居然将整个殿顶拆了下来。这下千手千眼佛算是心里踏实了，终于把金鸡赶走了！龙王也挺高兴，虽说折腾了半宿，可白得个大殿顶也挺合适。龙王哈哈大笑着，刮起一阵龙卷风，带着殿顶回四川了。

等龙王赶到长江边，向下一看，不由得心中叫苦。原来，他这一走，把手下的虾兵蟹将给乐坏了。因为龙王平日性子又急又暴，谁也不敢乱走乱动，今天龙王突然走了，虾兵蟹将连忙趁机去寻欢作乐，连龙王的龙子龙孙也都四处乱逛去了。这下可真出了大乱子了。平日长江就是无风三尺浪，这下更是白浪滔天，四处泛滥，连江边的土地都被吞没了，龙王庙也泡在了水中。龙王看到这种情景，心里是又疼又气又急，一失手，殿顶就从天上掉了下去，不偏不斜，正好砸在龙王庙上，把龙王庙一下砸进了地里，只剩个房顶露在水面上。等龙王收回了大水以后，龙王庙早被沙子埋住了，只有高庙的殿顶在沙滩上隐隐露出点儿头角。

从此以后，高庙就没了殿顶，而长江边的龙王庙也埋在了沙滩下。一直到那个老乞丐四处寻找金鸡，在长江边上发现了埋在沙滩中的高庙顶，大声号哭，人们才知道殿顶的来历。高庙的名声从此更大了。人们都说高庙中的铜佛确实灵验，庙小神灵大，能把殿顶冲到几千里地外的长江边上去，来烧香拜佛的人就更多了。可也苦了千手千眼佛。都说它神灵大，再也不敢重盖殿顶，只是在它头上搭了块挡雨的石板。而金鸡呢？从此以后再没见过天日，真没出头的机会了，所以到底也没人知道金鸡能不能真的显灵。不过，听人讲，如果谁能把石子扔过佛像头顶，撞到墙上，再落到地上，就会听到"吱吱"的鸡叫声，这就是金鸡在向佛像示威呢。

搜集整理：**郭　刚**

摘选自丰台区文化馆内部资料

第八节

神鞭

很早以前，卢沟桥南有个小小的村庄，名叫张家庄。村东头有座篱笆小院，小院中央长着棵干粗几围的古桑，春天撒一院嫩绿，夏天酿满院甜香。绿桑荫里，一字儿排着三间旧草房。小院里住着一对年老的夫妇和一个身强力壮的后生。

老汉名叫张青山。人们说，在张青山的旧草屋里藏着一杆价值连城的神鞭。这鞭打山山开，指水水断。冲着天空甩三下，玉皇大帝的灵霄宝殿也要摇摇晃晃；冲着地皮抽三下，阎王老子也害怕。一根七尺长的竹子鞭杆，系着一丈有余的红缨鞭梢，表面看起来，同一般鞭子也没什么两样。

张青山是个孤儿，一落地就死了娘，长到10岁，爹又一病不起。那是一个风雨潇潇的秋夜，秋雨打着枯黄的桑叶，沙啦啦地响着。破草屋里，一盏熬尽油的灯忽明忽暗地闪烁着。青山爹拉着小青山的手，吃力地说着："爹不行了，再也不能管你了。可怜你一个10岁的孩子，孤零零地留在世上，往后可怎么过？爹一辈子敬神、一辈子拼命干活，白了头发，累断了筋骨，到头来还是地无一垄，只有一杆祖传的放羊鞭子……"说到这里，两行热泪沿着苍老的双颊滚下来。

爹死以后，小青山提着鞭子当了放羊娃，一天到晚待在荒山野岭。为了壮胆解闷，他无事就站在山坡上甩鞭子。这鞭子越甩越响，越甩越灵，渐渐地和小青山的身心融为一体。小青山高兴时甩出的鞭声，就像新春的爆竹一样清脆动听；烦闷时甩出的鞭声，就像炸雷一样惊心动魄。森林里的豺狼虎豹，听了小青山的鞭声，吓得屏声闭气，逃之夭夭。

青山长到18岁，成为一个身强力壮、仪表英俊的青年。他起早贪黑开了两亩荒地，从此以种地为生。

◎ 神鞭 ◎

　　卢沟桥西北的镇岗塔下有一座娘娘庙，每年从四月十八开始举办庙会，为期三天。庙会期间，娘娘庙外人山人海，唱戏的、跑马卖艺的、耍猴的应有尽有，各种摊贩也从四面八方涌来。娘娘庙里更是热闹，终日香火缭绕，许愿还愿的人络绎不绝。

　　青山21岁那年的四月二十八，他随着人群到娘娘庙看热闹，刚走进大街，忽然听见一片哭喊声："快跑啊！马惊了！"那些摆摊的听见喊声，也顾不得收拾，扔下摊子就跑，老弱妇孺顿时挤成一团。

　　青山放眼望去，只见远处扬起一片烟尘。一匹枣红马拉着一辆车发疯似的飞奔而来，眼看一场灾祸就要发生。就在这千钧一发之际，青山从腰里抽出鞭子，站在大路中央，迎着奔跑的惊马用力甩了一个响鞭。

这鞭声如同晴空响了一个炸雷，狂奔的马车随着鞭声戛然而止。青山顺势抓住马嚼子，像一座山似的稳稳地立在大路中央。

惊慌的人群一下子静下来了。人们从四面八方涌过来，纷纷赞叹这个顶天立地的年轻人。

大车上坐着一位年轻美丽的姑娘，脸吓得刷白，双手紧紧地抓住车帮。她看见青山拦住惊马，一松手，倒在车上不省人事了，叫了她半天，才渐渐地醒过来。

这位姑娘名叫珠妹，家住在离卢沟桥100多里的地方。她从小体弱多病，3岁上又死了娘。爹为让她长大成人，年年到送子娘娘庙许愿、烧香。今年女儿18岁了，老人特意雇了一辆马车，带着女儿来还愿。谁知马车在穿过一片山林时，马忽然惊了。老人从车上栽下来，掉进了深深的山涧。惊马拉着魂飞魄散的珠妹，顺着大道横冲直撞地跑起来。

青山听了姑娘的哭诉，立刻赶着车送姑娘回家，路过那片山林，又把老人的尸体从山涧里背上来。青山一直把珠妹送到家，又帮着珠妹掩埋了老人。珠妹从心里感激、喜爱这位勇敢、善良的青年。她大胆地吐露了自己的心事，卖掉家里的破烂家当，跟着青山回到了卢沟桥南的张家庄。

一对孤苦伶仃的年轻人，结成了夫妻。从此，青山在地里耕田，珠妹在家里养蚕织锦。珠妹模样俊，手儿巧。她养的蚕，身壮体大，吐的丝又多又匀；她织的锦，比天上的彩云还美。乡亲们人人见了人人夸。夫妻俩你勤我俭，小日子越过越甜美。

青山是百里挑一的好青年，就是不信鬼神。日子一天天过去了，夫妻俩恩恩爱爱，可是总也没有孩子。珠妹暗暗着了急，她常背着青山往送子娘娘庙里跑，也不知给送子娘娘烧了多少香，磕了多少头，总也不见效。一些好心人也开始劝青山早点到送子娘娘庙里许个愿，求送子娘娘降生一个孩子，珠妹也常常在青山耳边恳求。青山听了总是笑嘻嘻地说："别着急，慢慢就会有的。再说，生不生孩子和泥塑的娘娘什么关系？"

一转眼十几年过去了。夫妻俩已经是年近四十的人了，还是没有孩子。说闲话的人越来越多了，什么青山不信神得罪了送子娘娘啦，什么送子娘娘显灵要惩治青山啦，等等。青山听在耳里，气在心里。

这一年的四月十八，青山早早地吃了早饭，把鞭子往腰里一别，随人群去娘娘庙赶会。正是花红柳绿的春天，庙会上人很多。唱戏的锣鼓声、跑马的铃铛声、各种小贩的叫卖声交织在一起，显得十分热闹。

青山什么也不买，什么也不看，径直朝送子娘娘庙走去。走进庙内，一不烧香，二不磕头，从腰间抽出鞭子，一鞭子把送子娘娘从神座上抽了下来。青山冲着倒在地上的送子娘娘，扬起鞭子，雨点般地抽起来，泥塑被一片片地抽飞了，顷刻间，美丽端庄的送子娘娘变成了几根横七竖八的烂木头。

唱戏没有人听了，跑马没有人看了。人们从四面八方涌进送子娘娘庙，瞪着眼睛，伸着脖子，看张青山鞭抽送子娘娘，一个个吓得目瞪口呆。

张青山看着四周围观的人，把鞭子往腰里一别，转身就走。围观的人们急忙向两旁闪开，眼睁睁地看着他走出了庙门。

整个庙会炸了。人们纷纷议论着这件事。有的说："张青山鞭打送子娘娘断子绝孙！"有的说："他呀，从来不敬神！"有的说："他现在就是个老绝户，没儿没女……"

第二年四月二十八，卢沟桥南的张家庄传出一件新鲜事，鞭打送子娘娘的张青山居然得了个胖儿子。

这下，村里人就说开了。有的说："哼！送子娘娘也是个欺软怕硬的，吃了一顿鞭子，反而乖乖地给人家送了个儿子。"有的说："张青山那杆鞭子大概是件宝，连送子娘娘也降得住。"有的说："对呀！他21岁那年，一鞭子就降住了惊马。普通鞭子哪有这么大的威力！"有的说："怪不得他一天到晚鞭子不离身……"人们七嘴八舌地附和着，越说越有劲。

于是，张青山这杆祖传的放羊鞭，随同他鞭打送子娘娘、40岁得子的奇闻，越传越远，越传越神，终于成了一杆上管玉皇、下管阎王，能降龙伏虎的神鞭。

张青山是哪朝哪代的人，谁也说不清，然而他不信神、不信鬼，用神鞭教训送子娘娘的故事，却一直在民间流传着。

搜集整理：**赵美琳**

摘选自丰台区文化馆内部资料

注　释

[1]荆轲：战国末年刺客，齐国人，游历燕国。燕国人叫他荆卿。后被燕太子丹尊为上卿，派他刺杀秦王。燕王喜二十八年（前227年），荆轲带着秦逃亡之将军樊於期的人头和夹有匕首的燕国督元地图进献秦王。献图时，图穷匕首现。刺杀秦王不中，被杀。

[2]蓟：古城名。战国时期为燕国的都城。在今天北京城西南角，丰台境内，西临永定河。

[3]高渐离：战国末年的音乐家。燕国人，善击筑，与荆轲是好友。

[4]筑：古击弦乐器。形似筝，颈细而肩圆，有十三弦，弦下设柱。演奏时，左手按弦的一端，右手执竹尺击弦发音。

[5]《高山流水》：古曲名。相传是春秋时期音乐家俞伯牙的作品。

[6]子期：钟子期，楚国人。他是春秋时期著名音乐家俞伯牙的知音，伯牙鼓琴子期听之。子期死，伯牙鼓琴绝弦，终身不复鼓琴。

[7]阳春白雪：古代歌曲名。传为春秋时期音乐家师旷所作。"阳春白雪，和者盖寡"在这里比喻荆轲怀才不遇。

[8]易水：河名。它是大清河的一条支流，流经战国时期燕国的下都城武阳。

[9]风萧萧兮易水寒，壮士一去兮不复还：这是荆轲到秦国刺杀秦王，告别燕国渡易水时唱的一首歌。

第七章

卢沟桥抗战事迹的传说

第一节

夜袭敌营斩敌酋

1937年7月13日，正是七七事变一星期以后。219团的一个班长郝占鳌，准备带领全班弟兄夜袭敌营。

这个20多岁的年轻人，不但作战英勇，而且是个棋迷。他准备把棋术用到战术上来，出奇兵夜袭"当头炮"（日军的炮兵阵地），趁混乱再"将上一军"，偷袭日军指挥部。

日军的炮兵阵地就在五里店村南小河东岸。那里树木林立，可抵挡夏日炎热，又有小河冲凉，且紧依公路，交通便利。这个阵地离宛平县不过几里地，日军凭借有利地形，用重炮轰击宛平，给城内守军219团和老百姓带来极大威胁。所以，郝占鳌决心组织"敢死队"，去拔掉这个眼中钉、肉中刺。

郝占鳌回到班里，把八个弟兄召集在一起，打开一包"大婴孩"烟分给大家，说："这烟还是8日晚上偷袭龙王庙时吉星文团长发给我的，我一直没舍得抽。你们知道，我是带着四个人去的，可只回来我一个，这烟我抽不下去。我早想好了，不给弟兄们报了仇，就没脸抽这烟！"大家一听这话都愣住了，把烟熄灭了。

郝占鳌又说："抽吧，今天让大家抽，就是因为我有个报仇的好主意，不管生死如何，我也要去干一家伙！"

几个弟兄一听，热血都往上涌，说："班长平日待我们如同手足，死去的又都是咱们共患难的弟兄，咱们就是掉脑袋，也应该掉在一起！"

郝占鳌说："好！我想今儿夜里去摸日军的炮兵阵地，先破他的当头炮！日军不敢和咱们硬打，就仗着他们的大炮伤人，吉团长就……"

"对，搞掉他！为团长报仇！"几个人同时喊起来。有个战士说："这得多思量思量，听说日本驻屯军司令田代把指挥部设在了那里，守卫一定很严。"

"好! 那就更值得干了, 破当头炮外带将军!" 郝占鳌拍着大腿叫起来, 又瞅了大伙儿一眼, 说, "这是玩命的事, 不想去的、家里有牵挂的, 都可以留下。"八个弟兄一听这话, 都争着要去。

"好, 那就这么定了, 我不懂什么道理, 可保卫国土、打日寇, 为弟兄们报仇, 就是我们应该干的。今天咱们每人带上大刀, 背上马步枪, 不到万不得已不开枪, 偷偷从青纱帐里绕过去。大伙儿都换上日军军装, 现在先休息, 晚上多吃点儿, 抡起大刀来有劲儿。"

7月中旬, 暑气蒸人。天擦黑了, 战士们都在一起等候。郝占鳌说: "大伙儿都坐下, 有什么要交代的, 快点说, 时间不多了。"大伙儿互相看看, 不知说什么好, 就推让郝占鳌替大伙儿写两句。

郝占鳌掏出小本写了起来, 写完后说: "这次去不知能回来不, 我写了几句, 大伙儿听听。"说着, 就念了起来: "公历1937年, 也就是民国二十六年, 7月13日夜, 班长郝占鳌带领八个弟兄夜袭日军炮兵阵地。此去生死不计, 若不能回来, 请其他班排弟兄念同团吃粮的分上, 将我等尸骨殓到一起, 埋在卢沟桥边。并请长官告知亲属, 我等丢命不丢脸……"

大伙儿听了挺满意, 签上了各自的名字。

◎ 宛平暮色 ◎

卢沟桥传说

再说敌人自7月7日夜挑起战火，已经一个星期了，几次增兵都没攻下宛平县。天津日本驻屯军司令田代特意前来指挥，临行夸下海口：三五日请上司香月清登上卢沟桥。可至今他们还是住在帐篷里，没能靠近卢沟桥一步，反而阵亡几百人，旅长河边被擒，田代被上司一顿臭骂，要撤他的职。

田代又急又恼，刚召开过会议，准备等明天炮弹运到后就炸平宛平城，炮口再直对北平城，迫使二十九军撤出北平。他开完会后准备睡觉，可天气又闷又热，蚊虫又多，烦得翻来覆去难以入睡，就穿着拖鞋、搭着毛巾来到河边，准备洗个澡再去睡。刚走几步，他就听见传来了脚步声，抬头一看，朦胧的月光下几个钢盔在闪亮，知道是自己的部下，就继续向河边走去。

田代万万没想到，这就是他罪恶生命的最后几步了。河边的苇塘中跳出两个人来，大刀对准了他。田代一看是日军，就厉声喝问，可是听到的都是中国话。"班长，这家伙是日本兵，看他这肥劲儿，兴许是个大官。"

田代一听中国话，顿时醒悟，转身就跑。可是来不及了，只见郝占鳌手起刀落，把田代从脖子处斜劈两半。接着，他们就冲进了帐篷，日军睡得像死猪一样，被他们抡起大刀一阵砍。只见刀起头落，就像切西瓜一样，转眼间他们杀了五个帐篷的日军。当第六个帐篷里的日军被惊醒后，郝占鳌一声令下："射击！"九支枪齐放。日军炸了营，有的死了还是个糊涂鬼，有的穿着内衣就乱打一气。郝占鳌趁乱带着八个人全部安全撤出，只剩下日军在那里瞎打。

步兵阵地的日军指挥官森田听到炮兵阵地枪响后，吓得让士兵都进了阵地，不敢去增援，怕中埋伏，打电话又不通，也是担惊受怕地过了一夜。

再说郝占鳌往回走，正巧碰上三个老乡。原来他们是被日军押来运炮弹的，三个人路上打死了押车的两个日军和司机，劫了一车炮弹，想去找二十九军。

郝占鳌一见大喜，他曾经学过开车，就把一车炮弹又运回了宛平城。

再说宛平城里，排长李进去找郝占鳌，人没找到，却看见了纸条，连忙报告了上级。等那阵乱枪过后不久，郝占鳌回来了，一个人不少，还带来了三个老乡和一车炮弹，大家都非常高兴。

这时，师长冯治安已经得到情报赶来了，让旅长何基沣奖励九个人，每人二百大洋，通令嘉奖。郝占鳌等人坚决不要，他发了脾气，马上发布命令："郝占鳌奖励大洋三百，提升为连长。余下人，每人奖励二百大洋，提升为排副。三位老乡每人大洋一百五，留在二十九军效力。"

这就是郝占鳌夜袭敌营，手刃日军司令田代的故事。二十九军大刀队又一次显威风，立奇功，重创日本兵。

搜集整理：**赵敬强**

摘选自孙涛主编2002年版《卢沟桥的传说》

第二节

桥头浴血战

1937年7月8日深夜，也就是吉星文团长率敢死队夜袭龙王庙，夺回铁路桥的时候。日军也在深夜偷偷出动，袭击了卢沟桥。

原来，侵犯宛平城的日寇也没有睡大觉。田代、河边和森田等几个日军头目也正在策划着夜袭卢沟桥、截断二十九军向长辛店的退路的大阴谋，想包围宛平城，迫降城内守军。

日军由旅长河边带领200多名日军由城南迂回到永定河东岸，突然向二十九军驻守桥头的阵地发起猛攻。桥上的一个排守军，由于猝不及防，经过一番拼杀，全部阵亡，卢沟桥失守！

正在宛平城城墙上巡守的二连连长张文英来到西城门时，发现卢沟桥失守，却不见我军援军到来，又惊又急。他来不及请示上级，就急忙把一排长李进叫来，说："现在情况紧急，卢沟桥失守，守军可能已经全部阵亡，长辛店方面不见援军到来，想必是还未发觉。我们不能坐待命令，你马上带一排去增援，一定要消灭敌人，保护卢沟桥！"

李进心中也是又惊又气，说："连长放心，李进和全排弟兄誓死夺回卢沟桥，与桥共存亡！"

◎ 卢沟桥桥头 ◎

李进虽说不到20岁，可是足智多谋，命令战士全部换上日军军装，以蒙混敌人耳目。为了表示要决一死战，他令战士们留下枪支子弹，每人只带四颗手榴弹、一把大刀片。

准备完毕，李进手持大刀，带领全排战士沿着桥栏板隐蔽前进，悄悄接近敌军。因是夜间，日军一直没发觉。等到接近后，李进大刀一挥，高喊一声，杀进敌群，全排弟兄也抡起大刀冲入敌群。

日军一下被打得晕头转向，只知道被抄了后路，也不知二十九军来了多少人，睁眼望去全是日本军装，枪也来不及放，刺刀也来不及上，慌乱应战。一排的战士心中有数，见到有枪的就抡刀砍，听见说日本话的就杀。

等到日军剩下不多了，他们才发现中国兵都没带枪，只用大刀，知道这就是有名的二十九军大刀队，吓得不敢应战，纷纷向河下跳去。李进又指挥兵士们向河中扔手榴弹。随着爆炸声，河水变红了，跳河的日军也大都喂了鱼虾。

在这场桥头浴血战中，特别值得一提的是战士王运昌，他不足20岁，是宛平城东五里店人。父亲在丰台镇被日军无辜杀害，母亲带他找到营长金振中，他跪地不起，要求参军杀敌。金振中无奈，只得让勤务员王栓子带他去找团长吉星文，并且写信说明了情况。吉团长让他入伍，到了李进的一排。

在桥头上，仇人相见分外眼红。王运昌挥舞大刀，一人就杀死日寇13个，立下辉煌战功，向日寇讨还了血债。

这次战斗，不但消灭了进犯卢沟桥的日军士兵，还活捉了日军旅长河边，令中国军队军威大振，士气高昂，在卢沟桥的光辉历史上又增添了壮丽的一页。宛平县长王冷斋当时提笔写道：暗影沉沉夜战酣，大刀队里出奇男。

搜集整理：**赵敬强**

摘选自孙涛主编2002年版《卢沟桥的传说》

第三节

敢死队夜战显神威

1937年7月9日晚9点钟，指挥战斗的二十九军吉星文团长才回到团部休息。打了一天，虽说打退了日军的多次进攻，杀死了不少敌人，可自己的弟兄也伤亡不少，日军又占了铁路桥、龙王庙，控制了平汉铁路的咽喉要道。吉团长心急如焚，真恨不得光了膀子、抡起大刀去砍杀日寇。

一提抡大刀，他就想起了送磨刀石和磨刀水的两个小孩。那还是白天日军攻城正紧的时候，一男一女两个孩子，拿着磨刀石，端着磨刀水，冒着炮火来到了城门上，嘴里还叫着："叔叔！磨刀吧，我们知道你们的大刀队出名，磨好刀好多杀几个日军！"

吉团长和战士们被感动得都掉泪了，现在一想起来心里还非常激动。对了，大刀！吉团长心中一动，想到了二十九军大刀的威风，日军凭着大炮，我们就利用大刀，来个夜袭敌营！以己之长克敌之短，攻下龙王庙，抢回铁路桥！

吉团长顾不得吃饭了，马上传令各营营长和王专员来开会。人到齐了，他立即下令说："各营马上抽出一个排的人，组成敢死队！趁着雨夜去摸敌营，攻下龙王庙，夺回铁路桥！并请王专员（即宛平县长王冷斋）维持城内治安，协助守城。"

人员很快到齐，这些都是219团的骨干力量、全团的精锐。吉团长用赞赏和珍爱的目光扫视了一遍敢死队队员，正要说话，外面报告来了一位双目失明的老太太。吉团长觉得奇怪，连忙请了进来，问："老妈妈，您有什么难处吗？"

老妈妈拉着他的手，流下了泪水。原来老妈妈的儿子被日军打死了，她听到二十九军打日军的事，就想出点儿力。可她又穷又老又瞎，只得揣上家中仅有的两个鸡蛋，端来了一盆水。鸡蛋要送给吉团长补补身子，水是想让战士们磨磨刀，好多杀几个日本兵。

吉星文团长的热泪夺眶而出，让全体敢死队队员用白天小孩送来的磨刀石，蘸着老妈妈送来的水挨个儿磨一下刀，然后马上列队。吉团长站在队前激动地说："要是夺不回铁路桥，别说愧对国人，就连这位老妈妈和那两个孩子都对不起！明白了吗？"

"誓死夺回龙王庙，抢回铁路桥！"队员们异口同声地回答。这些人都是自愿参加敢死队的，早就抱定了以死卫国的决心，用不着再多说什么了。吉团长下令："出城！"

只听有人说道："慢！"吉团长一看，是自己的卫兵常小刚的爸爸常文富。原来，他是来给敢死队带路的，虽然吉团长极力反对，可是实在无法拒绝这位老人的心意。他根本不知道，常文富是共产党的地下交通员，是二十九军地下党员负责人张克侠的直接联系人。在这关键时刻，挺身而出是他的责任。

敢死队由吉团长亲自率领，只带大刀、短枪就出发了。夜静蛙鸣，河水滔滔，他们从南边城墙下水门悄悄出城，沿城墙向西，再由西而北，沿河堤向前摸去。

日军驻扎在铁路桥北侧的龙王庙内。庙建在河堤上，离铁路桥有几百米，桥上有日军岗哨架着机枪守卫，河堤外侧又布满地雷，内侧就是

◎ 勿忘国耻 ◎

波涛滚滚的永定河。要想进龙王庙，就得干掉日军哨兵才行。可是想干掉岗哨，只能沿永定河逆水而上，潜水过去。

"团长，我去吧，我水性好，路也熟。"常文富老汉请求着。吉团长实在不忍让一位50多岁的老汉去冒险，可是确实找不到像他这样合适的人了，只得硬着心肠，点了头。

常老汉背负大刀下了水，紧贴河堤逆水而上，游到了铁路桥附近，等日军岗哨走近，他猛地伸手将岗哨拽下了河，怕他不死，又补上一刀，才回来接众人。

吉团长带着敢死队摸了上去，越墙而入，庙内日军还在梦中，二十九军的大刀已经砍在了脖子上。经过20分钟激战，除一名逃脱外，300多名日军都做了敢死队的刀下鬼。

这一仗不仅收复了铁路桥，缴获了大批枪支弹药，更使日寇听到二十九军大刀队就魂飞胆破。这一仗极大地鼓舞了全国抗日军民的战斗勇气，沉重打击了日寇的猖狂气焰。

搜集整理：赵敬强

摘选自孙涛主编2002年版《卢沟桥的传说》

第四节

卢沟桥的狮子能杀敌

卢沟桥上的狮子是很有名气的。据说从卢沟建桥起，桥上的狮子就有了灵性。多少年来，只要卢沟桥和永定河一遇到危难，桥上的狮子就会大显神通出来保护。现在，人们要是到卢沟桥去看看，细心的人还会发现许多狮子身上还有着伤残。听老人讲，这都是抗日战争那些年留下来的。

1937年7月7日，日军在卢沟桥挑起战火，发动了七七事变。有血性的中国人早恨透了日军，驻守在卢沟桥的二十九军官兵们跟日军干了起来。日军的装备好、兵又多，气势汹汹地想一下子攻下宛平城，占领卢沟桥，根本没把中国军队放在眼里。可没想到二十九军的官兵们，就凭着破旧的步枪和大刀片同他们展开了战斗。白天，二十九军坚守阵地；晚上，他们就组织大刀队去摸营夜战，把日军闹得胆战心惊、日夜不安，做梦都用手捂着脑袋，怕大刀队的好汉让他们的脑袋夜里搬家。

日军在吃过几次亏后，就想办法来对付二十九军的大队刀了。一天夜里，一个姓高的小伙子带着几十个弟兄又去偷袭日军的兵营。借着夜色掩护，他们悄悄摸到了日军的床前，没想到兵营里没有日军。他心想不好，准是日军有了防备，就急忙向外撤退。刚退到兵营门外，日军果然就围上来了，双方在黑夜里混战起来。

姓高的小伙子领的这队人，都是打仗不要命的棒小伙儿，杀起敌来大刀一抡，一个比一个厉害，杀得日军哭爹喊娘。可是，这次日军来得太多

◎ 暮色中的石狮子 ◎

卢沟桥传说

了，大刀队的弟兄再勇猛，也难以冲出日军的重围，只得边打边退。等退到卢沟桥上时，只剩下姓高的小伙子一个人了。这时，天有些蒙蒙亮了，日军端着刺刀喊叫着冲上了卢沟桥。姓高的小伙子看见同伴都牺牲了，也杀红了眼，抢刀就向日军冲去。

就在这时，卢沟桥突然晃了一下，从桥栏边蹦出来几百个浓眉大眼的小伙子。一色的青衣短打扮，虽然赤手空拳，但个个武艺高超、刀枪不入，抬手起脚之处，必有日军应声倒下。日军吓得哇哇乱叫，大败而逃。姓高的小伙子杀到此时，也已筋疲力尽，口吐鲜血，倒在卢沟桥上。随着一声鸡叫，桥上的小伙子突然都不见了。刚才还是一片生死拼杀的战场，转眼却鸦雀无声，只有桥下的河水在不停地流动着。

天大亮后，附近的乡亲们赶来给战死的大刀队队员殓尸。人们来到卢沟桥上，只见桥上布满了日军的尸体。可这些尸体上却找不到刀枪的伤痕，好像被人用大石头砸死的一样。在桥中间，乡亲们发现了姓高的小伙子，连忙上前抢救。可是他只是用手指了指桥栏杆上的石狮子，就连吐几口鲜血死去了。乡亲们这才发现，桥上的石狮子有不少身上有了伤残，嘴和爪上还都带着斑斑血迹。这才明白，是桥上的石狮子不愿看到日军在中国横行霸道，在夜里显灵，帮助二十九军打败了日军。于是乡亲们不分老少，都来到卢沟桥上为石狮子洗去身上的血迹，并且找来了能工巧匠，修补石狮子身上的伤残之处。不过，由于石狮子太多，所以有些石狮子的伤残处没能补好，可是卢沟桥的狮子能杀敌的故事却流传开了，鼓舞着所有决心抗战的人们去英勇杀敌。

讲　　述：**卢世海**

整　　理：**李昌仑**

摘选自孙涛主编2002年版《卢沟桥的传说》

第五节

川岛惠子和田代一郎

春天的宛平城草长莺飞，一派春意盎然的样子。城西一处四合院里却传出一个日本女子凄婉的歌声，歌词大意是，"春天来了，花儿开了，在山上开，在地下开，树上也开了"。歌声忧伤婉转，好像在怀念远方的亲人。

这个唱歌的日本女子是被征来的随军慰安妇，名叫川岛惠子，年方二十，长得十分秀气。在她来中国之前，她的未婚夫田代一郎就被征入伍了。她和未婚夫从小青梅竹马，感情很好，马上就要结婚了。这时候战争爆发，两人一个当了侵华日军，一个当了随军慰安妇，从此天各一方。

川岛惠子来到中国以后，一直很想见到她的一郎，可是她被分到加藤大尉的联队，成了加藤大尉的宠妓。加藤四十来岁，秃头顶，一双圆眼，扁鼻子大嘴，留一撮小黑胡，外号"大狗熊"。川岛惠子从内心非常讨厌野兽般的加藤，但在表面上还得应酬他，不然就会遭到打骂。这个善良的日本女子在加藤手里就像一只小绵羊，随意被欺凌，连一口大气都不敢出。只有在加藤外出的时候，川岛惠子才敢一个人默默思念田代一郎。

其实这个时候，川岛惠子日夜牵挂的田代一郎已经不在日本军队里了。在一次战斗中，他被八路军俘虏，经过教育他明白了日本侵华战争是一场非正义的战争，对中国人民和日本人民来说都是一场灾难。于是，他参加了反战同盟，并很快成为负责人之一。

有一天，八路军侦察兵老顾来向领导汇报情况，他说："中秋节那天，我化装成缝鞋匠去宛平城侦察，听我们的内线烧饼铺的陈老板说，加藤因为争风吃醋打了伪军中队长'一撮毛'。中秋前一天晚上，'一撮毛'在伪军大队长家喝了酒，晃晃悠悠地就进了加藤住的四合院。当

◎ 川岛惠子和田代一郎 ◎

时院子里只有加藤的宠妓川岛惠子一个人在给花浇水，她看见进来一个身材魁梧的中国上尉军官，以为是找加藤的，就向'一撮毛'深深鞠了一躬，'一撮毛'赶紧脚跟一碰，向川岛惠子行了一个军礼。二人相视一笑，态度友好。正巧加藤从门外进来，一见此景就醋性大发，他两只熊眼一瞪，嘴里叫骂着'八嘎'，抬手就打了'一撮毛'俩嘴巴，当胸给了一拳，心说：你一个小小中国军人也敢和我的女人眉来眼去。'一撮毛'本来就不把日本人放在眼里，哪里受得了这样的窝囊气，当时就要和加藤拼命。幸亏肖大队长追到这儿，把'一撮毛'劝走了。据说回去以后，'一撮毛'还一直嚷嚷着要报复。"

老顾接着说："'一撮毛'和伪大队长肖某称兄道弟，关系很好。我的意见是，为了加深日伪之间的矛盾，我们应采取……"刚汇报到这儿，就见在旁的田代一郎脸色骤变，眼圈也红了。原来田代一郎自从参军之后就和川岛惠子失去了联系，但他心中一直在默默地惦记、牵挂着她，不想这时从老顾嘴里听到了这个魂牵梦萦的名字，不由得神色大变。这时的他很想知道老顾所说的川岛惠子是不是他的心上人。会后大家一起琢磨了一个行动方案。

第二天，风和日丽。两个挑担人在宛平城门前被岗哨检查，一个是缝鞋匠，一个是剃头师傅。这个剃头师傅是哑巴，说话用手比画，检查完就进了城。他们走到陈家烧饼铺门前放下担子，进了屋。

一会儿，陈老板手提食盒出来，进了加藤住的四合院。看门的知道他这是给川岛惠子送早点，因此无人阻拦。这时，川岛惠子刚刚刷完牙、洗完脸，见陈老板给送早点来了，打开一看是油炸甜麻花，再一看食盒铺底的白纸上，写有田代一郎的字样。川岛惠子不看则已，一看就禁不住眼泪汪汪，嘴里不停地喃喃念道："田代一郎，田代一郎。"陈老板一看此情此景心里就明白了——川岛惠子就是田代一郎要找的亲人。

陈老板赶忙返回，趁加藤去日本大本营未归，立即回去引那个剃头师傅和川岛惠子见面。原来，那个剃头师傅就是川岛惠子念念不忘的田代一郎。二人久别重逢，抱头痛哭。

陈老板也在一旁一起陪着掉泪。老顾赶紧提醒："这里不是说话的地方，不宜久留！川岛惠子小姐赶紧这般，这般……"

过了片刻，只见川岛惠子身穿和服，坐着洋车，好像要出门拜访重要人物的样子，大摇大摆就往城外走。岗哨都知道川岛惠子是加藤大尉的宠妓，也不敢阻拦。出了西门，过了桥到了卧龙岗，川岛惠子马上又改装为村妇模样，在地下党的掩护之下顺利到达解放区。

解放区的同志们为了庆祝川岛惠子和田代一郎的重逢，特意召开了盛大的欢迎会，同时也是为他们二人举行婚礼。婚礼上，两人先按照日本的传统礼节，向大家深深地鞠了两个90度的大躬，然后用不太流利的中国话连说"谢谢大家"，眼角闪烁着感激的泪花……

根据郑福来手稿整理

摘选自孙涛主编2002年版《卢沟桥的传说》

第六节

龟田小队长学说中国话

1937年，七七事变爆发，驻守宛平城的二十九军奉命撤退，卢沟桥沦陷。第二年春天，日伪政权建立，他们为了讨好日本人，强行征派当地农民为日军当差服役。

卢沟桥桥西大王庙驻扎着一队日本兵，小队长龟田少尉，是刚从日本士官学校毕业的。这家伙剃一个光头，浓眉大眼，嘴往外努，还留一撮小黑胡，一笑起来满脸凶相。

一天，伪军又给龟田送来四个"拨役"（听差），里面有个叫铁柱的小伙子长得浓眉大眼，格外精神。龟田一眼就看上他了，让他留下来给自己做勤务兵，干些打水、扫地、买东西的杂活。

有一天，龟田正往墙上钉膏药旗，叫铁柱："喂！哈马地拿来。"铁柱在外边正扫院子，一听龟田要"蛤蟆"，不敢怠慢，放下扫帚就奔了河滩，在水坑捉了一小时蛤蟆，费了老大劲儿才逮着三只，串在柳

◎ 龟田与铁柱 ◎

条上提了回来。刚一进门就见龟田劈着两腿，双手叉腰，瞪着两只大眼睛，满脸怒气冲他咆哮。铁柱一听着了急："太君，捉三只还这么长时间，捉八只我得天黑了才能回来。"正巧这时翻译打这儿经过，问怎么回事。铁柱就把刚才的事学说了一遍，翻译听完差点儿乐翻。跟龟田一解释，龟田也一脸凶相地笑了。原来日本人管锤子叫"哈马"，铁柱还以为是叫他捉蛤蟆，结果闹了一场误会。

铁柱听不懂龟田的话，因此经常挨龟田的打骂。铁柱非常痛恨龟田这小子，一直想找机会出出这口恶气。

一天，龟田把铁柱叫到屋里说："我的说话你地不懂，你的说话我地不懂。"意思是咱俩互相学学。就见龟田指指桌上的烟说："大八……"又指指烟边的火柴说："嘛几。"指着眼睛说："迷迷。"指着鼻子说："哈那。"指着嘴说："哭泣。""你的明白？"铁柱点头说："明白。"龟田指着他嘴又问："这个，你们叫什么？"铁柱回答："屁股眼儿。"龟田又指指他的胡子问："这叫什么？"铁柱说："这叫护眼毛。"这时龟田又指着铁柱："喂！喂！你的？"铁柱心里明白，你是问我叫什么呀？于是笑了笑说："我的名字叫爸爸。"龟田学了一声"爸爸"。铁柱点头"嗯"了声，心里暗暗发笑。

后来，龟田找铁柱时就在院里喊"爸爸"，铁柱听见了就高声答应着跑过来。时间一长龟田有所察觉，他发现，喊铁柱"爸爸"就有人偷着笑。于是他问翻译这是怎么回事，翻译说"爸爸"在中国就是"父亲"的意思。龟田一听就急了，心说好个小东西居然敢骗我，害得我堂堂少尉军官管一个中国杂役叫了这么长时间的爸爸。这小子气得脸红脖子粗，手里提着洋镐把，满院要找他的铁柱"爸爸"算账。

这时候的铁柱早就得到消息，脚底抹油逃走了。

根据郑福来手稿整理

摘选自孙涛主编2002年版《卢沟桥的传说》

卢沟桥抗战事迹的传说

259

第七节

三青爷惩罚日本兵

卢沟桥街头有座观音庙，庙前有一眼井，井深三丈多，可供一条街的人畜吃水。卢沟桥被日军占领后，日军经常在光天化日之下光着身子在井台洗澡，把水井周围糟蹋得一塌糊涂。人们迫于日军的淫威，敢怒不敢言。

第三年的夏天，井水突然凉了起来，凉得如同冰水一样。这年夏天又特别的热，因此方圆十几里的人们闻讯都提着水壶、水桶前来打水。一传十，十传百，男男女女，老老少少，来的人可多了。还有人传说，这井水能治百病，小孩子跑肚拉稀，一喝这水能立刻止住，老人咳喘，一喝这水就立刻不喘。当地人有的偷偷地说："咱们平民百姓经不起天灾人祸，就是神通广大的三青爷，一时也惹不起日本兵。自从日本兵住进了观音庙，断了香火，三青爷一气之下就从大王庙迁到这井里来啦。因此，井水就凉了起来。那为什么能治百病呢？因为三青爷是千年蛇精，吐出的气就是能治百病的冰片（中药名）。庙里救苦救难的观音菩萨又指引住在附近的三个童子，早晨起来把一宿的童子尿洒在井里，所以冰片、童子尿加在一起，就成了一种治病的良药。"反正说得有鼻子有眼儿，不由得你不信。

不过奇怪的是，日本兵喝了这井里的水，不但不能治病，而且跑肚拉稀，拉得一个个萎靡不振，几天吃不下饭。日本兵认为一定是井水受了污染，于是再也不敢在观音庙驻扎，没多久就跑到别的地方去了。卢沟桥的老百姓再也不用在日本兵眼皮底下受罪了，心里暗暗高兴。

说来也怪，自从日军迁出了观音庙，井水就不凉了。这时候人们才明白，这是三青爷惩罚日军呢！

根据郑福来手稿整理

摘选自孙涛主编2002年版《卢沟桥的传说》

第八节

石狮戏中村

　　卢沟桥是我国古代桥梁建筑史上的一颗明珠。震惊中外的七七事变之后，这里又成了中华儿女抗击日本帝国主义侵略者的前沿阵地。至今，当地还流传着众多关于二十九军大刀杀日寇、浴血保卫宛平城的故事。不过，我们这里要讲的不是子弟兵英勇杀敌的故事，而是卢沟桥的石狮戏弄日本军官的故事。

　　卢沟桥被日军占领后，日军无恶不作，害得这儿的老百姓只要太阳一落山，就关门闭户不敢出门。有个名叫中村的日军，经常喝得醉醺醺

◎ 郑福来在村中讲故事 ◎

◎ 卢沟桥传说系列图书 ◎

的，挨门挨户地找花姑娘，借酒闹事。周围百姓不敢惹他，只好把家里的姑娘都送到别处藏起来，没地方去的姑娘就都剃了光头，打扮得和男的一样。

有一年除夕夜，中村又借着酒劲儿到处滋事。按旧俗，年三十家家户户吃饺子，人们一听他来了，就都把饺子藏了起来。中村砸开了几家的门，不但花姑娘没有，连饺子也没见着。他一生气，到处乱翻，找到几个饺子，也不吃，全都给扔在地上，用大皮鞋乱踩。

出门时，他鞋底沾了饺子皮，脚下一滑，脑门撞在门框上，顿时起了一个大青包。他手捂着脑门东倒西歪地走上了石桥，迎面看见桥头的大石狮，迷迷糊糊以为是个人，挥起拳头就打，嘴里还凶狠地骂着，直打得两手血淋淋的。

这时正是夜深人静，卢沟桥上明月当空，把石桥照得通明。中村左右一看，大小石狮全活了，一只一只都从桥上跑下来，活蹦乱跳地把他围在当中，戏耍起他来。中村心里一惊，酒醒了大半，转身想跑。说时迟，那时快，四面八方的石狮一拥而上，有的抱他的腿，有的搂他的腰，还有的小狮子趴在他的肩上咬他的耳朵，闹得中村跑不了，又打不过，手足无措，竟然满头大汗晕倒在桥上。后来，换岗的日本兵发现了他，才把他架回了大王庙驻地。

第二天一早，中村悠悠醒来，看见床头有个黑影，吓得大叫：“狮子的，快走开！”那个黑影赶紧解释：“我是翻译，不是狮子！您昨天喝醉了，看花眼了。"中村瞪着两只布满血丝的红眼说："不不，是我亲眼见了，是狮子！"那神情，好像狮子会随时从某个角落向他扑过来。

从那以后，中村再也不敢像以前那样飞扬跋扈了。当他一个人走在桥上时还是提心吊胆、左顾右盼，生怕石狮再来戏弄他。

根据郑福束手稿整理

摘选自孙涛主编2002年版《卢沟桥的传说》

卢沟桥传说

第九节

中国人民不是好欺侮的

亡国奴是什么滋味，卢沟桥的老人们最清楚。七七事变后，卢沟桥沦陷，日军在当地烧杀掳掠，无恶不作，人们生活在水深火热之中。

日军占领卢沟桥的第二年夏天，一个拉洋车的小伙子在桥上碰到了两个日本兵。两个日本兵一胖一瘦。胖的走路东倒西歪，满脸酒气，一副醉醺醺的样子，手里还提着一把驳壳枪；瘦的扛着一杆三八大盖，明晃晃的刺刀十分耀眼。瘦日本兵一看来了一辆洋车，不由分说就把拉车的拦下，让胖日本兵坐上去。胖日本兵摇摇晃晃地坐上去，往小伙子后背上踹了一脚："你的，快快地跑！"小伙子敢怒不敢言，撒开两腿就跑。瘦日本兵端着大枪跟在后面，不停地用枪托砸那个拉车的小伙子："快快地，再快！"下了西桥头，转到南沙同街里，两个日本兵还在吆喝着小伙子一直往南跑。

大夏天的太阳毒辣辣地晒着，小伙子头上、背上的汗水成片地往下流，两条腿已经累得发软。日本兵玩得开心，更加放肆地叫骂："你

◎ 团结就是力量 ◎

的，东亚病夫！"街两旁乘凉的人就听拉车的小伙子一边跑一边骂："小日本儿，你这是想要我的命呀。"虽说日军听不懂中国话，但街上的人都暗暗地为小伙子捏了一把汗。

等跑到街南头，忽然传来两声枪响，过了一会儿，就见瘦日本兵扶着胖日本兵往回走，胖日本兵身上湿淋淋的，两人一瘸一拐地进了大王庙营房。小伙子和洋车却再也没有出现，旁观的人们猜测，一准儿又是遭了日本兵的毒手了，纷纷感叹，暗地里咒骂日本兵丧尽天良。

过了一个多月，桥上走来两个人，一个50多岁，一个20多岁。两人坐在桥头杨家饭铺的天棚下，泡了一壶茶，一边喝水一边说着什么，说着说着就争了起来。就听那年轻的大声地说："大叔，您把车租给我，就够照顾我们娘儿俩的了，我要是偷偷地把车卖了，我还算人吗？要是没我说的这档子事，您要多少钱我都赔给您！那天俩日本兵拿枪逼着我，让我拉着车一直往南跑了好几里地，我都快喘不上气来了，不信您问问附近的老少爷们，肯定有人看见！"

这时在旁边乘凉的丁三爷搭腔了，他说："你们二位说的是个把月前掉河里的那辆洋车吧？那天出事的时候，我就在旁边。"年轻人连忙起身，把丁三爷请到桌前，倒上一杯茶："您老喝杯茶，把那天的事情给我大叔说一说。"丁三爷先把那天的事简单说了一下："后来听见两声枪响，都说那拉车的小伙子被打死了，不过到现在也没找到那小伙子的尸首。大家开始都猜，是不是那两天永定河发水，把尸首给冲跑了。后来发现日本兵老在那河边盘查年轻小伙子，所以大家估计那个小伙子跑了，不知您二位是不是知道……"

这时年轻人说话了："老爷子，不瞒您说，那个拉车的就是我。前些日子风声紧，不敢来，听说那拨日军换防了，我这才带着掌柜的过来找车。那天您也看见了，跑得我满身大汗不说，俩日本兵成心拿我寻心。我心想日本兵在咱们的地盘上还那么猖狂，我也得让他们知道中国人不是好欺侮的。我把车拉到河堤边，猛一使劲，把那个日本兵连人带车就一起摔到河里去了。当时河水很大，日本兵放了两枪，没打着我。我连扎几个猛子，总算保住了一条命，车就只好扔了。车是这位大叔租给我的，我回去说是让日本兵糟蹋了，掌柜的怎么都不信，真急死人了。这不今天就拉着他来看个究竟……"

听到这里，车主全明白了，拍着小伙子的肩膀说："好小子，果然不是个孬种，也让日本兵知道知道咱们中国的老百姓不是好欺侮的。那车不叫你赔了，今儿还要和你好好喝上几杯！"丁三爷和饭铺的其他人一听小伙子就是那天那个拉车的，也都纷纷聚过来，小小的饭铺顿时热闹了起来……

根据郑福来手稿整理

摘选自孙涛主编2002年版《卢沟桥的传说》

第十节

大水冲走半条街

老人们到现在还在说民国二十八年（1939年），永定河发大水冲走半条街、淹死七口人的事。

那是七七事变后，日军占领卢沟桥的第三个年头。这年雨水特别多，夏天六月中旬，连着下了七天七夜大雨，上游山西等地也下了大雨，因此河水猛涨，那真是大浪滔天，水满河床。水过膝盖深，天连水水连天，百姓们个个提心吊胆。特别是卢沟桥两岸的百姓，妇女抱着孩子披着麻包片坐在桥上，孩子哭、大人喊。那时因日寇的侵略，百姓给折腾惨了，有的百姓穷得连雨具都没有。雨下个不停，而且越下越大。这时就听有人喊：南头决口啦！快去救人哪！这时，会游水的男人们拿着绳子去救人，十多家几十口男女老少被救出来了，可唯独姓陆的一家六口人舍不得房屋财产，当家的认为在那年月逃出去也没法活，于是把一家老少六口用绳子拴在一起，说死就死在一块儿，不肯离开这个家。后来，他们真的被大水冲跑了，救人的高八也被淹死了。

◎ 郑福来在学校讲述卢沟桥抗战故事 ◎

267

◎ 《卢沟桥的传说》手稿 ◎

后来传说，驻守在大铁桥的日本兵看见桥北水中有一个大鼓包，见一怪物两眼亮得像两盏灯，吓得开了枪。这怪物也被惊吓得在水中横冲直撞，把石桥西南两岸河堤撞开个大缺口逃跑啦。于是，遭难的百姓都骂是日本兵造的孽。

手　　稿：**郑福来**

搜集整理：**陈　宇**

第十一节

火烧瓦剌军

　　1937年的卢沟桥事变曾震惊中外。事变发生后，二十九军的抗日官兵得到宛平县人民的大力支援，从而发起了宛平县人民反抗入侵者的斗争。

　　那是明正统十四年（1449年）发生的事，也就是历史上有名的"土木之变"。那一年，瓦剌军于土木堡大败明军，俘获明英宗后，统帅也先又率大军兵临北京城下。

　　其中一路人马由也先的弟弟也进率领，就驻扎在卢沟桥附近的永定河岸边。此时正值冬季，瓦剌军缺少粮草，四处又一片凋零，于是就派人到四乡传谕：各乡必须交纳粮草、牛、美女及金银贡物，如不按期交纳，就血洗村落，寸草不留。

　　第二天，也进带人到离军营最近的小杨庄去收纳贡物。可没想到，小杨庄的百姓不但没准备东西，反而全村人都走了，连鸡鸭都没留下一只活的。也进大怒，令手下把小杨庄一把火烧成废墟。接着，他又冲到附近几个村落，见人就杀、见东西就抢，临走还要放上一把火，所过之处，一片焦土，寸草未留。

　　瓦剌军的暴行很快就传遍宛平县四乡，百姓们都被激怒了，纷纷暗中联络，准备奋起抵抗瓦剌军。众人经过商议，一致推举宛平"三只虎"为首领。

　　这"三只虎"就是刘村的刘虎、张村的张虎、李乡的李虎。他们的父辈就是三个结义兄弟。到了他们三个这一辈，交情更是亲如手足。他们三个身强力壮、武艺高强，而且各有一手绝招。刘虎善舞狮子，张虎最会跑马，李虎专造花炮，百姓们都知道这样几句话："张村的马，李村的花，刘村的狮子人人夸。"

　　"三只虎"决定各用绝招打瓦剌军一个措手不及。就在晚上，李虎

◎ 火烧瓦剌军 ◎

让乡亲们准备好各种武器，带上引火的东西，悄悄接近瓦剌军大营的军帐和草料场。刘虎和张虎则带着一些人到瓦剌军营前的空地上，点起灯笼火把舞狮跑马。

锣鼓和光亮把瓦剌军吸引过来了，这些瓦剌军兵自幼生长在大草原上，从来没见过中原的舞狮跑马，顿时都看得入了迷，连守卫营房的卫兵都跑来看热闹。

就在这时，李虎早率领百姓偷偷进了军营。一声呐喊，千百个火把同时点燃，瓦剌军的军营、粮草顿时都熊熊燃烧起来。瓦剌军一看大事不好，呼喊着回来救火，可是风急火大，哪里还来得及呀。军营、粮草被火烧成了灰，战马烧得乱叫乱跑，李虎又趁乱发火炮，闹得人嘶马叫，乱成一团。百姓们早就恨得咬牙切齿，挥动手中的各种武器，向混乱的瓦剌军冲杀过去。

兵败如山倒，瓦剌军以为是明军攻来了，吓得四处逃窜，也进不但制止不住，反而被乱军拥着连连倒退。整个大营一夜之间烧个一干二净，兵士们死的死、伤的伤，全军溃败。

等到天明以后，也进才发现，除了自己的大军死伤以外，没有一个明军的影子，知道是上了百姓的当。气得火冒三丈，准备再集结人马血洗四乡。可就在这时，也先的大队人马也被于谦打得大败而逃。眼看大势已去，也进只得随着也先的大军灰溜溜地撤走了。

从这以后，宛平县的人民明白了，对于侵略者，就得奋起反抗才能有生路。这个火烧瓦刺军的故事也一直流传下来，鼓舞着人民去反抗一切入侵者。

搜集整理：**赵美琳**

摘选自丰台区文化馆内部资料

第十二节

"晓月轩"的故事

卢沟桥事变的枪声唤起了爱国志士的抗日热情，饱受日军欺凌的中国百姓都起来打击敌人了。在宛平县城的二十九军将士，常常看到各界同胞冒着敌人的炮火为他们送弹药、抢救伤员，从各方支援他们。

卢沟桥畔的"晓月轩"饭馆，是宛平县最有名的一家老字号。相传，"晓月轩"还是乾隆御笔亲赐，老掌柜姓胡。当他听到枪声响起后，见到城内百姓不分贫富纷纷出钱、出力支援守军，便很痛快地答应出资劳军，当即就指挥伙计们做包子、米饭、烙饼、馒头，准备慰问二十九军。胡掌柜还亲自做了几样拿手好菜，搬出了多年珍藏的好酒，送到吉团长面前，说："兄弟无知，但'无国无家'这个道理还是明白的，请吉团长体谅小民心意，从今日起，不必再办司任，一切食用全由我兄弟筹办，直到得胜之日。我胡某不取分文，以表寸心，望吉团长笑纳。"

◎ 阅读卢沟桥 ◎

吉星文望着胡掌柜和食物，转身对士兵们说："我们二十九军的军纪是冻死不入民宅，饿死不食民食。胡掌柜的饭菜我们是不应该吃的，可是这一顿例外，我们是非吃不可！因为这是胡掌柜的一片心意，我们不能违背。可是我们吃饭时要想一想，这顿饭是供给了英雄，还是喂了孬种？至于钱，得胜之后，再从军饷扣还。"

　　这顿丰盛的酒饭是那样可口，又是那么难以下咽，将士们都觉得这饭菜的分量太重了，重得粉身碎骨都难以报答，它代表着宛平父老的寄托和希望。说实在的，这些将士们是不大喜欢富人的，因为他们大多是穷苦农民出身，但是现在体会到了，在国难当头的时候，所有人都一样，都有一颗中国心。

搜集整理：**赵敬强**
摘选自丰台区文化馆内部资料

卢沟桥抗战事迹的传说

273

后记

AFTERWORD

20多年前，我从遥远的南方小城来到北京上学。在一个阳光明媚的星期日，我和几位同学几经转车，终于抵达久闻大名，却一直未见"尊容"的卢沟桥，那是我与卢沟桥的初次会面，令我一见难忘。

那天，我们沿着古老的永定河岸往前走着，老远就望见卢沟桥如一条苍劲的白龙飞跨两岸。等到走近细细观看，古老的石板桥面上印满了历史的蹄窝、脚印和车辙，坚固的桥身上既有被风霜雪雨洗礼过的透亮，又有被战争苦难刻下的伤痕，而最引人注目的则要数那护栏望柱上雕刻的大小不等、形态各异、数之不尽的石狮子了。这些石狮子是如此数量众多、憨态可掬，仿佛每一只都有鲜活的生命一样，简直百看不厌。我不敢相信，这些惟妙惟肖、活灵活现的石狮子，竟然穿越了800年历史风云来到我眼前，它们那或微倾或挺直的头颅、不怒自威的眼睛、尽情咧开的笑口，都仿佛要跟我诉说关于这样一座深沉、悠远和古朴的卢沟桥的一切。

许多年以后，当我拿着录音笔，带着摄影器材又多次来到卢沟桥采录它的气息、倾听它的心声、触摸它的脉搏的时候，我依然能记着这座历经近千年风霜的古老石桥一开始带给我心中的那份悸动。

卢沟桥传说

如今，作为丰台区文化馆一名专职非遗工作人员，因工作的需要，我从2007年开始就从事卢沟桥传说的搜集和整理，至今已经九个年头了。这些年，在对卢沟桥传说的搜集整理、论证、申报和保护工作中，有关卢沟桥波澜壮阔、历史浸染、充满神话的传说，让卢沟桥在我心里充满了神秘色彩，使我对卢沟桥的热爱与日俱增，也让我对生活在这里的百姓心中的那份卢沟情怀有了更深的感悟。

这次收进《卢沟桥传说》的故事分为七大类，共74篇。主要收录了流传于永定河两岸宛平地区民间乡村的有关卢沟桥和桥边一切的传奇故事。民间的传说故事虽说在流传过程中呈现出一定的文学色彩，但其本质在一定程度上反映了特定历史时期的人物或事件，表现了某一历史时期以及地域的民俗风情特色。由于流传年代的久远，每个讲述者人生经历各不相同，所以，一个传说有时候会有多种不同的版本。本书所搜集的民间传说，大多是历代百姓所创作并口口相传的民间口头文学，就像其他民间故事一样，它们记录了一条河（永定河）、一座桥（卢沟桥）、一座城（宛平城）的风风雨雨，传颂了从桥上走过的那些历朝历代的王侯将相、征夫戍卒、游商税官、黎民百姓的一幕幕世相百态，申发了人们生活中、记忆中、想象中的情感和图画，也折射出永定河沿岸人们的生产、生活和与社会抗争的情形，表达了当时民众的是非观念和理想愿望。有些传说是劳动人民从自身的善恶标准来讲忠孝节义，有的热情歌颂那些热爱祖国、热爱人民的忠义之士，也有称赞那些孝敬父母、尊老爱幼的诚实好人，真实反映了当时老百姓惩恶扬善的朴素心声。当大家一一读来，一定会不由自主被这些故事深深地吸引和打动，情不自禁将它们和卢沟桥一起铭刻进我们的心里。

此时此刻，我更多想到的是那些给我讲过民俗故事的人。他们主要有卢世海、张霖、郭文明、张忠祯、刘泽玉、王金、刘路非等，还有卢沟桥市级传承人郑福来老人，他不仅能讲述众多的卢沟桥故事，还把多年来自己讲述的故事写成手稿保存下来。虽然他们之中的有些人已经离我们远去，但他们在民俗事项传承方面起到了不可磨灭的作用，为编撰书稿提供了极为宝贵的第一手资料，因此，他们的名字与书中的故事应该同存。随着时间的流逝，这些年间，被誉为"古今疙瘩""故事篓子""活化石"的民间讲述者相继驾鹤西去，让我对卢沟桥传说的搜集有了更深的使命感和紧迫感。今天，它终于定稿并即将付梓印刷，我深感欣慰，喜悦之情油然而生。

本次修订编纂，按照北京市文联要求，对近些年挖掘上来的九十余篇与卢沟桥相关的传说、故事，再次进行梳理、审定、修正，并做了适量的增删，对有些资料做了进一步的修订。对增删内容较多和有疑点争议的篇幅，通过多次登门拜访讲述者，征求意见，反复查对史实，先后几易其稿，终于将明显的疑点之处得到佐证，讹错之处得到纠正，疏漏之处进一步补遗。

本书的汇编成果，也要归功于众多搜集整理者的辛勤努力，感谢赵子清、赵敬强、赵美琳、杨明瑞、锦霖、路素英、唐天然、郭刚、蔡振义、杨春槐、杨学恒等主要搜集整理者，几十年前他们通过走访，采集到了许多优美动人的传说。特别感谢丰台区文化馆冯维海、曹安佳、陈富明、黄文兴四位老师，他们将这些故事整理编印成内部刊物《卢沟晓月》，为今天我们将"卢沟桥传说"申报成为国家级非物质文化遗产保护项目，为我们出版此书打下了坚实的基础，功不可没。

由衷感谢北京群众艺术馆石振怀副馆长，多年来他为丰台区"卢沟桥传说"的申报、传承和保护倾注了诸多心血和汗水，并为本书遍寻资料，多次修改文稿，有求必应，使本书更臻完备。同时，他在百忙中为此书作序，这本新书能顺利地出版有一半是他的辛劳。

在本书的编辑过程上，感谢丰台区文化委员会、丰台区文化馆的高度重视和大力支持。感谢青年画家雷佐龙为本书绘制精美的手绘图，感谢摄影家李金涛、胡林庆为本书拍摄了高清优质的照片。

由于时间紧迫，水平有限，书中错漏之处在所难免，诚请各位读者批评指正。

陈　宇

2016年12月

非物质文化遗产丛书

Intangible Cultural Heritage Series

卢沟桥传说